高职高专"十二五"物流类专业系列规划教材

物流设施设备认知与操作

主 编 魏 波

副主编 施 雯 梁 飞 李 敏

西安交通大学出版社

XI'AN JIAOTONG UNIVERSITY PRESS

内 容 提 要

　　本书主要从物流设施与设备的认知与操作两个层次进行介绍。在认知方面，主要介绍设备的基本结构、特点、分类和用途；在操作方面，对一些操作性比较强的设施与设备，如叉车、起重机等进行了详细的介绍，并结合企业的实际应用，将安全操作理念贯穿其中。

　　本书分为九个项目，分别是物流设施与设备认知、仓储设施设备与技术、运输设施设备认知、包装与流通加工设备、物流装卸搬运设备认知与操作、连续输送与自动分拣设备、集装单元设备与技术应用、物流信息技术与设备、物流设备管理。

　　本书可作为高职高专物流专业学生的教学用书，也可作为物流设施与设备操作人员的参考用书。

前 言
Foreword

本书是为了满足高职高专"以服务为宗旨,以就业为导向"的目标而编写,以更好地满足高职物流管理和物流工程技术专业的课程实践性。本书以企业真实的作业项目为主线,主要从物流设施与设备的认知与操作两个层次进行介绍。在认知方面,主要介绍设备的基本结构、特点、分类和用途;在操作方面,对一些操作性比较强的设施与设备,如叉车、起重机等进行了详细的介绍,并结合企业的实际应用,将安全操作理念贯穿其中。本书的特色和创新之处主要体现在以下几个方面:

(1)新颖性。本书既注重基础理论的全面介绍,又注重实践与应用。每个项目开始部分都有学习目的与要求,让学生初步了解即将学习的内容在实际中的应用。每个项目结束部分都有一个案例,通过案例分析让学生将本项目的内容全面直观地理解和掌握。每个项目都安排了相关实训,对所学理论知识进行巩固并进行实际动手操作,更好地帮助学生掌握物流设施与设备在实际中的应用和使用,使教师能在教学中指导学生实践。学生边学边练,能达到更好的教学效果,使本书更具有新颖性。

(2)实用性。在本书编写过程中,得到了合作企业提供的大量应用案例和实训内容,使得全书内容更加丰富,能让读者从身边的企业去了解物流设施与设备的发展状况和应用情况,使本书更具有实用性。

(3)可读性。为提交教学效果,本书除了内容深入浅出、文字通俗易懂外,还引用了大量的实物插图,力求图文并茂,使本书更具有可读性。

(4)前瞻性。为了缩小理论与实际的脱节,每项目都安排了既与实际非常贴进而且又较容易实现的实训。在理论学习后,进行实际操作,进一步加强学生实际操作能力,实现理论与实际的零距离,使本书更具有前瞻性。

本书力求探索一种集读、讲、练于一体的新型教材模式,建立更加体现高职高专特色、更加科学与实用的物流教材体系。

本书由湖南现代物流职业技术学院魏波担任主编,黑龙江职业学院施雯、湖南现代物流职业技术学院梁飞、西安铁路职业技术学院李敏担任副主编。另外,丑振江、沈志国、陈进军、唐吉红等也参加了编写工作。

在编写过程中得到了湖南现代物流职业技术学院钟静教授的大力支持,并提出了许多宝贵建议,对此深表感谢。由于编者水平有限,书中如有不足之处敬请使用本书的师生与读者批评指正,以便修订时改进。

目 录
Contents

项目一
物流设施与设备认知

学习目的与要求

1. 了解物流设施与设备在现代物流中的地位和作用。
2. 掌握物流设施与设备的概念。
3. 掌握选配物流设施与设备的一般原则。
4. 了解我国物流设施与设备的现状以及物流设施与设备的发展趋势。

任务一 物流设施与设备概述

物流是物品从供应地向接受地的实体流动过程。物流系统包括物流活动和物流作业。物流活动是指物流诸功能的实施与管理的过程，它由包装、搬运(装卸)、运输、储存、配送、流通加工等环节构成。物流作业是指实现物流功能时所进行的具体操作活动。物流系统的实现需要相应的劳动场所和劳动工具，而这些劳动场所和劳动工具就是物流设施与设备。

物流系统的建立和运行，需要有大量技术装备手段，这些手段的有机联系对物流系统的运行有决定意义。这些要素对实现物流及其某一方面的功能也是必不可少的。主要有以下几个要素：

(1)物流设施。它是组织物流系统运行的基础物质条件，包括物流站、场，物流中心、仓库，物流线路，建筑、公路、铁路、港口等。

(2)物流装备。它是保证物流系统开动的条件，包括仓库货架、进出库设备、加工设备、运输设备、装卸机械等。

(3)物流工具。它是物流系统运行的物质条件，包括包装工具、维护保养工具、办公设备等。

(4)信息技术及网络。它是掌握和传递物流信息的手段，根据所需信息水平不同，包括通信设备及线路、传真设备、计算机及网络设备等。

(5)组织及管理。它是物流网络的"软件"，起着连接、调运、运筹、协调、指挥其他各要素以保障物流系统目的实现的作用。

一、物流设施与设备的概念

物流设施与设备是指进行各项物流活动和物流作业所需要的设施与设备的总称。它由物流设施和物流设备两大部分构成。物流设施是为满足物流需要而建立起来的机构、系统、组织、建筑等,如港口、码头、货场、航空港、仓库、自动化立体仓库、物流基地、物流中心、配送中心等。物流设施可以进一步分为结点要素、线路要素和基础信息平台三类。其中,结点要素包括仓库、物流中心、车站、码头、航空港等物流据点;线路要素包括公路、铁路、航空、管道等运输线路,它们将结点要素中的相关据点联系起来;基础信息平台包括公共物流信息平台和专用物流信息平台,它们为企业物流信息系统提供基础信息服务。物流设备是指用于储存、搬卸装运、运输、包装、流通加工、配送、信息采集与处理等物流活动的设备或装备。

二、物流设施与设备的产生及发展

物流设施与设备是伴随着物流活动的出现而产生的,至今已具有悠久的历史。其发展历程大致可以分为以下五个阶段。

(一)人工阶段

人类自有文明以来,物流一直是人类活动的一个重要组成部分。初始的物流是从人们的搬、举、拉、推和计数等人工操作开始的。远古时代人类的祖先携带劳动工具外出寻找食物,将食物运送到他们认为安全的地方存放,这种运送与储存就是原始状态的物流,而食物存放的地方和劳动工具亦可被看做是原始的物流设施与设备。

(二)机械化阶段

由于机械结构的引入,人类的能力和活动范围都扩大了。机械化设备能让人们举起、移动和放下更重的物体,速度也更快。机械延伸了人们的活动范围,使物料堆得更高,因而在同样的面积上可以储存更多的物料。从19世纪中叶到20世纪30年代初,这种机械系统一直起着主导作用。而且,它在当今的许多物流系统中也仍是主要的组成部分。

(三)自动化阶段

这一阶段的主要标志是自动化物流设备,如自动存取系统(automated storage/retrieve system,AS/RS)、自动导引车(automated guided vehicle,AGV)、堆垛机(stacker crane)、RFID和条码等,以及物流计算机管理与控制系统的出现。采用机器人堆垛物料和包装、监视物流过程及执行某些过程,采用自动输送机系统提供物料和工具的搬运,加快了运输的速度,大大提高了物流的效率。

(四)集成化阶段

在集成化阶段,各个自动化物流设备在中央控制下协同工作,中央控制通常由主计算机来实现。集成物流系统是在自动化物流系统的基础上进一步将物流系统的信息集成起来,使得从物流计划、物流调度及物流输送各过程的信息,通过计算机网络相互沟通。这种系统不仅使物流系统各个单元达到协调,而且使物流与供应、销售、生产等协调起来。

(五)智能化阶段

在智能化阶段,物流设施与设备可以根据客户需求,自动生成物料和人力需求计划,并且查看库存数据和购货单,规划并完成物流作业。如果库存不足,无法满足要求,可推荐修改物流计划,购进货物或补充生产。这种系统将人工智能集成到物流系统中。目前,这种物流系统的基本原理已在一些实际的物流系统中逐步得到实现。

三、物流设施与设备在现代物流中的地位和作用

物流设施与设备是整个现代物流系统中的至为关键的重要因素,它们担负着物流作业的各项任务,对提高物流系统的能力、效率、效果、成本、服务等各方面都有着十分重要的影响。物流设施与设备在现代物流中的地位和作用可概括为如下四个方面。

(1)物流设施与设备是物流系统的物质技术基础。不同的物流系统必须有不同的物流设施和设备来支持才能正常运行。因此,物流设施和设备是实现物流功能的技术保证,是实现物流现代化、科学化、自动化的重要手段。物流系统的正常运转离不开物流设施和设备,正确、合理地配置和运用物流设施与设备是提高物流效率的根本途径,也是降低物流成本、提高经济效益的关键。

(2)物流设施与设备是物流系统的重要资产。在物流系统中,物流设施与设备的投资比较大,随着物流设备技术含量和技术水平的日益提高,现代物流技术装备既是技术密集型的生产工具,也是资金密集型的社会财富,配置和维护这些设备与设施需要大量的资金和相应的专业知识。现代化物流设施与设备的正确使用和维护,对物流系统的运行效益是至关重要的,一旦设备出现故障,将会使物流系统处于瘫痪状态。

(3)物流设施与设备涉及物流活动的各个环节。在整个物流活动的过程中,从物流功能看,物料或商品要经过包装、运输、装卸、储存等作业环节,并且还伴随着许多相关的辅助作业环节,这些作业的高效完成需要相应的物流设施与设备。例如,包装过程中,自动包装机、自动封箱机等得到了广泛应用;在运输过程中,各种交通工具——汽车、火车、船舶、飞机、管道等——是必不可少的;在储存、搬运(装卸)、配送等过程中,不仅要求有必要的场地条件,还要用到各式搬运(装卸)机械。如果用人力去完成这些工作,势必耗时、耗力,甚至无法完成工作。因此,物流设施与设备的性能好坏和配置是否合理直接影响物流活动各环节的作业效率。

(4)物流设施与设备是物流技术水平的主要标志。一个高效的物流系统离不开先进的物流技术和先进的物流管理。先进的物流技术是通过物流设施与设备体现的,而先进的物流管理也必须依靠现代高科技手段来实现。如在现代化的物流系统中,自动化仓储技术综合运用了自动控制技术、计算机技术、现代通信技术(包括计算机网络和无线射频技术等)等高科技手段,使仓储作业实现了半自动化、自动化。在物流管理过程中,从信息的自动采集、处理到信息的发布完全可以实现智能化,依靠功能完善的高水平监控管理软件可以实现对物流各环节的自动监控,依靠专家系统可以对物流系统的运行情况进行及时诊断,对系统的优化提出合理化建议。因此,物流设施与设备的现代化水平是物流技术水平高低的主要标志。

任务二　物流设施与设备的分类

物流设施与设备的分类方法很多,可以按不同的标准、不同的角度进行合理的划分,但总体上是由物流设施和物流设备两大部分构成的,如图1-1所示。

```
                              ┌─ 公路、铁路、港口、航空等设施
                    物流      │
                    基本 ─────┼─ 货运站场、物流中心等
                    设施      │
                              └─ 通信设施
        物流
        设施 ───┤
        与         ┌─ 运输设备
        设备       │
                   ├─ 仓储设备
                   │
                   │
                   物流 ─────┼─ 装卸与搬运设备
                   设备      │
                   或装      ├─ 包装设备
                   备        │
                             └─ 物流自动化设备
```

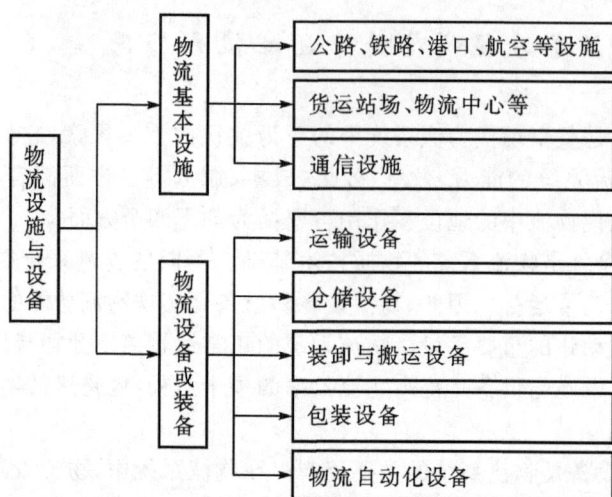

图 1-1　物流设施与设备的基本构成体系

一、物流设施

任何一项生产经营活动都必须有一定的活动空间,物流设施就是物流活动的空间,它贯穿了物流的全过程,涉及物流的各个作业环节,主要有以下两大类。

(一)物流基础性设施

这类设施多为公共设施,是宏观物流的基础,主要由政府或机构投资建设,其特点是战略地位高、辐射范围大,主要包括以下三点:

(1)物流网络结构中的结点,包括大型交通枢纽,如铁路枢纽、公路枢纽、航空枢纽港、水路枢纽港,也包括国家级战略物流储备中心、辐射性强的物流基地等。

(2)物流网络结构中的线路,包括铁路、公路、航线、航道、管道等。

(3)物流基础信息平台,为企业提供基础物流信息服务,如交通状况信息、交通组织与管理信息、城市商务及经济地理信息等,用于共享物流信息,提供物流宏观管理决策支持。

(二)物流功能性设施

这类设施既有企业自有的,也有第三方物流企业拥有的,是提供物流功能性服务的基本手段,主要包括以下三点:

(1)以存放货物为主要职能的节点,如储备仓库、营业仓库、中转仓库、货栈等,货物在这种节点上停滞的时间较长。

(2)以组织物资在系统中实现移动为主要职能的节点,如流通仓库、流通中心、配送中心、流通加工点等。

(3)物流系统中的载体,包括货运车辆、货运列车、货运船舶、货运飞机、货运管道等。

二、物流设备

物流设备是指用于储存、搬卸装运、运输、包装、流通加工、配送、信息采集与处理等物流活

动的设备或装备,按功能可以划分为以下七大类。

(一)运输设备

运输设备是指用于较长距离运输货物的装备。运输是物流的主要功能之一。通过运输活动,物品会发生场所、空间移动的物流活动,解决了物资在生产地点和需要地点之间的空间距离问题,创造商品的空间效用,并把各物流环节有机地联系起来,使物流目标得以实现,满足了社会需要。根据运输方式的不同,运输设备可以分为公路运输设备、铁路运输设备、水路运输设备、航空运输设备和管道运输设备等。

(二)装卸搬运设备

装卸搬运设备是指用来搬移、升降、装卸和短距离输送物料或货物的机械设备。装卸是在指定地点以人力或机械将物品装入运输设备或从运输设备内卸下的作业活动。装卸是一种以垂直方向移动为主的物流活动,包括物品装入、卸出、分拣、备货等作业行为。搬运则是指在同一场所内,对物品进行的以水平方向移动为主的物流作业。装卸搬运是对运输、保管、包装、流通加工等物流活动进行衔接的中间环节,包括装车(船)、卸车(船)、堆垛、入库以及联结以上各项作业的短程搬运。装卸搬运设备是物流系统中使用频率最大、数量最多的一类机械设备,主要配置在厂房、仓库、配送中心、物流中心以及车站货场和港口码头等,主要有起重机械、叉车、单斗车、自动导引搬运车等。具体来说,有叉车、千斤顶、自动导引搬运车、电动搬运车、葫芦式起重机、桥式起重机、悬臂起重机、装卸桥、牵引车、手推车等。按照用途和结构特征,一般可分为起重机械、连续运输机械、装卸搬运车辆、专用装卸搬运机械;按照装卸搬运物料种类,可分为单元物料装卸搬运机械、散装物料装卸搬运机械、集装物料装卸搬运机械。

(三)仓储设备

仓储设备是指仓库进行生产和辅助生产作业以及保证仓库及作业安全所必需的各种机械设备的总称。仓储设备是仓库进行保管维护、搬运装卸、计量检验、安全消防和输电用电等各项作业的劳动手段。仓储在物流系统中起着缓冲、调节、集散和平衡的作用,是物流系统的另一个中心环节。它的基本内容包括储存、保养、维护、管理等活动。仓储设备是在储存区进行作业活动所需要的设备工具,主要有各种类型的货架、托盘、起重堆垛机、自动化仓库、计量设备、通风设备、温湿度控制设备、养护设备和消防设备等。

(四)包装设备

包装是指在流通过程中保护产品、方便储存、促进销售,按一定技术方法而采用的容器、材料及辅助物等的总称,包括为达到上述目的而进行的操作过程。包装过程包括充填、裹包、封口等主要工序以及与其相关的前后工序,如清洗、堆码和拆卸等。此外,包装还包括计量或在包装件上盖印等工序。包装设备是指用于完成全部或部分包装过程的有关机器设备,主要有灌装机械、充填机械、裹包机械、封口机械、贴标机械、清洗机械、干燥机械、杀菌机械、捆扎机械、集装机械、多功能包装机械以及完成其他包装作业的辅助包装机械和包装生产线。

(五)流通加工设备

流通加工是指物品从生产地到使用地的过程中,根据需要施加包装、分割、计量、分拣、刷标志、拴标签、组装等简单作业的总称。它是流通中的一种特殊形式,是弥补生产过程加工程度的不足,更有效地满足用户多样化的需要,更好衔接产需,促进销售的一种高效、辅助性的加工活动。流通加工设备是指用于物品包装、分割、计量、分拣、组装、价格贴附、商品检验等作业的专用机械设备。流通加工设备种类繁多,按照不同的分类方法可分成不同的种类。例如,按照流通加工形式,流通加工设备可分为剪切加工设备、开木下料设备、配煤加工设备、冷冻加工设备、分选加工设备、精制加工设备、分装加工设备、组装加工设备;根据加工对象的不同,流通加工设备可分为金属加工设备、水泥加工设备、玻璃生产延续的流通加工设备及通用加工设备等。

(六)信息采集与处理设备

信息采集与处理设备是指用于物流信息的采集、传输、处理等的物流设备。信息采集与处理设备主要包括计算机及网络、条码技术、EDI 技术、射频技术、GIS 技术、GPS 技术、货物跟踪系统、通信设备等。

(七)集装单元化设备

集装就是将许多单元物品,用各种集装器具或采用捆扎方法,组合成规格相同、重量相近的大型标准化组合体,以提高物流中搬运、装卸、运输等的作业效率。集装单元化设备是指用集装单元化的形式进行储存、运输作业的物流设备,主要包括集装箱、托盘、滑板、集装袋、集装网络、货捆、集装装卸设备、集装运输设备、集装识别系统等。

任务三 我国物流设施与设备的现状及其发展趋势

一、我国物流设施与设备的现状

从 20 世纪 50 年代到 70 年代末,我国物流活动模式完全仿照前苏联的计划经济模式,物流活动主要表现为物资的调运,以仓储和运输为主要内容。物资流通部门配备了一定数量的起重机、载货汽车等物流搬运、运输机械设备,机械作业率仅在 50% 左右。生产型企业的物流系统主要通过厂区布置,实现减少物流距离和节约搬运成本;企业主要通过扩大库存来保证生产的正常进行。物流机械设备数量较少,人工作业比重较大。同一时期内,我国的物流设施纵向比较有了较大的发展,但与其他的国家相比仍相当落后,发展速度远不及日本、美国和欧洲。

改革开放后,我国逐步由计划经济向市场经济过渡,引入了物流概念,物流设施设备的应用有了较快的发展。物流设施发展极为迅速,铁路、公路、港口、码头、机场等基建项目面广、量多、质量高、性能好。交通部门普遍添加了运输工具,改进了技术,提高了运输工具的运行速度,集装箱运输、散装运输和多式联运等新式运输方式得到了推广。物流企业在仓库、货场、港口、码头等的物流设施大量应用了各式物流机械设备,如起重机、输送机、集装箱、散装水泥车等。

(一)我国物流技术发展较快

我国物流技术发展较快,主要表现在以下方面:

(1)物流设备总体数量迅速增加。近年来,我国物流产业发展很快,受到各级政府的极大重视,在这种背景下,物流设备的总体数量迅速增加,如运输设备、仓储设备、配送设备、包装设备、搬运装卸设备(如叉车、起重机等)、物流信息设备等。

(2)物流设备的自动化水平和信息化程度得到了一定的提高。以往的物流设备基本上是以手工或半机械化为主,工作效率较低。但是,近年来,物流设备在其自动化水平和信息化程度上有了一定的提高,工作效率得到了较大的提高。

(3)基本形成了物流设备生产、销售和消费系统。以前,经常发生有物流设备需求,但很难找到相应的生产企业,或有物流设备生产却因销售系统不完善、需求不足,导致物流设备生产无法持续完成等。目前,物流设备的生产、销售、消费的系统已经基本形成,国内拥有一批物流设备的专业生产厂家、物流设备销售的专业公司和一批物流设备的消费群体,使得物流设备能够在生产、销售、消费的系统中逐步得到改进和发展。

(4)物流设备在物流的各个环节都得到了一定的应用。目前,无论是在生产企业的生产、仓储,流通过程的运输、配送,物流中心的包装加工、搬运装卸,物流设备都得到了一定的应用。

(5)专业化的新型物流设备和新技术物流设备不断涌现。随着物流各环节分工的不断细化,以及满足顾客需要为宗旨的物流服务需求增加,新型物流设备和新技术物流设备不断涌现。这些设备多是专门为某一物流环节的物流作业、某一专门商品、某一专门顾客提供的设备,其专业化程度很高。

(二)我国物流技术设备市场活跃

以上海国际港务(集团)股份有限公司为首的我国集装箱生产企业的生产能力和全球市场份额都已位居世界首位,在部分领域甚至达到了垄断地位。各种物流设备制造企业及其附属配套企业达 4000 多家,部分企业积极引进国外的先进技术,在消化吸收的基础上加以改进,自身的技术水平已有了跨越式发展。

(三)我国物流基础设施初具规模

"十二五"期间,我国交通基本建设投资总规模约 6.2 万亿元,比"十一五"期间总投资增长 31.9%。截至 2012 年,我国的公路网将支撑 400 亿人次、300 亿吨货物的运输。公路总里程达到 450 万公里。高速公路总里程达到 10.8 万公里,覆盖 90% 以上的 20 万以上人口的城市与城镇。港口水运方面,形成布局合理、服务高效、安全环保的现代化港口体系,沿海港口深水泊位达到 2214 个,内河航运通航里程达到 12.50 万公里,港口通过能力与实际完成吞吐量之比达到 1.1,全国港口完成集装箱吞吐量 1.77 亿 TEU。民航方面,初步建成布局合理、功能完善、层次分明、安全高效的机场体系,运输机场数量达到 230 个以上,大型机场容量饱和问题得到缓解。全国铁路营业里程达到 9.8 万公里,居世界第二位;高铁运营里程达到 9356 公里,居世界第一位。

(四)我国物流基础设施仍不完善

我国交通运输基础设施总体规模已不算小,但是,按国土面积和人口数量计算的运输网络密度,远远低于目前主要工业化国家的平均水平。此外,能够有效连接不同运输方式的大型物流节点,如各种物流枢纽、区域物流基地、物流中心等物流设施还比较缺乏,导致运输效率处于较低水平。铁路、公路等运输方式的运力与市场需求之间的缺口十分巨大。

(五)我国物流技术装备总体比较落后

物流业的发展要以物流装备为依托,同时更离不开物流技术的支持。在"十二五"期间,我国物流业进入了快速、全面的发展期,同时也为物流装备的发展提供了绝佳的市场契机。近年来,在上海、深圳、广州、北京、天津等地,物流发展颇为迅猛,兴建了大量配送中心、物流中心,但总体物流装备水平仍然较低,各种运输方式之间装备标准不统一,物流器具标准不配套,物流包装标准与物流设施标准之间缺乏有效的衔接,这使物流机械化和自动化难以展开。例如,现在普遍使用的托盘就有多个标准,不少企业之间无法通用。绝大多数物流企业仍将价格作为选择物流设备的首要因素,而忽视了对内在品质与安全指标的考察。物流设备的管理并没有被广泛纳入物流管理的内容,物流设备使用率不高,设备闲置时间较长。虽然个别企业的物流技术装备水平达到或接近了国际先进水平,但企业物流信息管理水平和技术手段仍然较为落后,缺乏必要的公共物流信息平台,订单管理、货物跟踪、库存查询等物流信息服务功能较弱,制约了物流运行效率和服务质量的提高。

二、我国物流设施与设备发展存在的问题

自 20 世纪 80 年代以来,我国物流设备有了较快的发展,各种物流设施与设备数量迅速增长,技术性能日趋现代化。进入 21 世纪的头 10 年,随着计算机网络技术在物流活动中的广泛应用和大规模的物流基地与物流中心的出现,专业化的新型物流设备和新技术物流设备不断涌现,物流设备在物流的各个环节都得到了一定的应用。目前,无论是在生产企业的生产、仓储,流通过程的运输、配送,物流中心的包装加工、搬运装卸,物流设备都得到了一定的应用。我国已具备开发研制大型装卸设备和自动化物流系统的能力,并且基本形成了物流设备生产、销售和消费系统,物流设施与设备得到了长足的发展。但从整体上来看我国物流设备的发展并不能满足 21 世纪全新物流任务的要求,具体说来主要有以下几个方面问题:

(1)物流基础设施建设多元化投入太少。长期以来我国物流基础设施投入较少,发展比较缓慢。虽然近些年也新建了一些较先进的仓储物流设施,但从总体来看,中低端应用较多,20 世纪 70—80 年代建造的仓库仍在使用,自动化立体仓库等高端的仓储货架系统还未大规模普及。

(2)我国尚处于物流设备发展的初级阶段,既缺少行业标准,又缺少行业组织的指导,致使各种物流设备标准不统一,相互衔接配套差。

(3)物流企业只重视单一设备的质量与选型,没有通盘考虑整个系统如何达到最优化。

(4)大多数物流企业仍将价格作为选择物流设备的首要因素,而忽视了对内在品质与安全指标的考察。

(5)部分物流企业对物流设备的作用缺乏足够的认识,在系统规划、设计时带有盲目性,造成使用上的不便或资源的浪费。

(6)物流设备的管理并没有被广泛纳入物流管理的内容,物流设备使用率不高,设备闲置时间较长。

(7)物流设备供应商数量众多,但普遍规模偏小,发展不规范。

其实有关物流设施与设备中存在的问题归根结底是关于设备的管理的问题,是关于设施与设备的规划设计、配置维护、使用管理等各方面中的问题。因此加强对设施与设备的管理意识,把设施与设备的管理纳入物流管理的范畴具有极其重要的意义。

三、物流设施与设备的发展趋势

物流设施与设备是组织实施物流活动的重要手段,是物流活动的基础。近年来,伴随着用户需求的变化以及自动控制技术和信息技术的应用,我国在大力吸收国外先进技术发展国有机械制造业的基础上,建立了比较完善的物流设备制造体系,物流装备技术水平有了较大提高。现代物流装备向大型化、高速化、信息化、多样化、标准化、系统化、智能化、实用化和绿色化方向发展。

(一)大型化

大型化是指设备的容量、规模、能力越来越大。物流设备的大型化趋势,一是为了适应现代社会大规模物流的需要,以大的规模来换取高的物流效益;二是由于现代科学技术的发展和制造业的进步,为制造大型物流技术装备提供了可能。例如,在公路运输方面,已研制出了载重超过 500 吨的载重汽车;在海运方面,油轮的最大载重量达到了 56.3 万吨,集装箱船载重达到了 6790TEU;在航空运输方面,正在研制的货机最大可载 300 吨,一次可装载 30 个 40ft(12.2m)的标准集装箱,比现有的货机运输能力高出 50%～100%;在管道运输方面,目前管道最大直径达到了 1220mm。

(二)高速化

高速化是指设备的运转速度、运行速度、识别速度、运算速度大大加快。在运输方面,提高运输速度一直是各种运输方式努力的方向,如正在发展的高速铁路就有三种类型:传统的高速铁路、摇摆式高速铁路和磁悬浮铁路。目前世界各国都在努力建设高速公路网,作为公路运输的骨架。在航空运输中,正在研制双音速(亚音速和超音速)货机,超音速化成为民用货机的发展方向。在水运中,水翼船的速度已达 70km/h,而飞机翼船的速度可达 170km/h。在管道运输中,高速体现在高压力,美国阿拉斯加原油管道的最大工作压力达到了 8.2MPa。在仓储方面,仓储规模日益扩大,物流作业量不断增加,客户响应时间越来越短,要在极短的时间内完成拣选、配送任务,只有不断提高物流装备的运行速度和处理能力。因此,堆垛机、拣选系统、输送系统等物流装备总是朝着高速运转目标而努力。例如,日本冈村、KITO、村田、大福等公司都推出了走行速度 300m/s、升降速度 100m/s 以上的超高速堆垛机,三星、范德兰的工业等公司开发出高速分拣系统。三星的高速分拣系统比普通输送线效率可提高 2～5 倍,而范德兰的工业推出的交叉皮带分拣机,不仅可处理球等不稳定性产品,而且其最高速度可达 2.3m/s,每小时处理量达 27000 件。

在提高物流装备运行速度的同时,物流装备的准确性和稳定性也在不断提高。没有准确性,速度再快也将失去意义。因此,各厂商纷纷采取先进的技术满足客户对物流设备高准确度的要求。如林德电动前移式叉车采用数字控制系统,使行驶及提升控制更平稳精确。村田开发的激光导向无人搬运车(LGV)的停准精度达到±5mm,且无须在地面铺设其他装备,即能做到精确定位。配送中心为满足客户即时性需要,对物流系统的稳定、可靠运行提出了很高的要求。在制造企业,物流设备虽不是生产设备,却对生产设备高效率运行起到很大作用,同样不允许因经常发生故障影响正常生产。所以,为保证物流系统连续安全运作,物流装备的高稳定性、高可靠性越来越受到各厂商重视,物流装备质量提高,保用期延长。

（三）信息化

未来社会将是一个完全信息化的社会，信息和信息技术在物流领域的作用将会更加明显，条码技术、数据库技术、电子订货系统、电子数据交换、快速反应、有效客户反应、企业资源计划等将在物流中得到广泛应用。物流信息化将表现为物流信息收集的数据库化和代码化、物流信息处理的电子化和计算机化、物流信息传递的标准化和适时化、物流信息存储的数字化等。随着人们对信息的重视程度日益提高，要求物流与信息流实现在线或离线的高度集成，使信息技术逐渐成为物流技术的核心。物流装备与信息技术紧密结合，实现高度自动化是未来的发展趋势。

目前，越来越多的物流设备供应商已从单纯提供硬件设备，转向提供包括控制软件在内的总体物流系统，并且在越来越多的物流装备上加装计算机控制装置，实现了对物流设备的实时监控，大大提高了其运作效率。随着物流装备与信息技术的完美结合，已制装置将发展成为全电子数字化控制系统，可提高单机综合自动化水平；公路运输智能交通系统（ITS）、GPS等技术在物流中的应用，实现了物流的适时、适地、适物、适量、适价。现场总线、无线通信、数据识别与处理、互联网等高新技术与物流设备的有效结合运用，成为越来越多的物流系统的发展模式。无线数据传输设备在物流系统中发挥着越来越大的作用。通过全球定位系统，可以实现对汽车、飞机、船舶等物资运载工具的精确定位跟踪，了解在途物资的所有信息。运用无线数据终端，可以在货物接收、储存、提取、补货及运输的全过程，将货物品种、数量、位置、价格等信息及时传递给控制系统，实现对库存的准确掌控，借由联网计算机指挥物流装备准确操作，几乎完全消灭了差错率，缩短了系统反应时间，使物流装备得到了有效利用，整体控制提升到更高效的新水平。而将无线数据传输系统与客户计算机系统连接，实现共同运作，则可为客户提供实时信息管理，从而极大地改善了客户的整体运作效率，全面提高了客户的服务水平。

（四）多样化

为满足不同行业、不同规模的客户对不同功能的要求，物流装备形式越来越多，专业化程度日益提高。许多物流设备厂商都致力于开发生产多种多样的产品，以满足客户的多样化需求作为自己的发展方向，所提供的物流装备也由全行业通用型转向针对不同行业特点设计制造，由不分场合转向适应不同环境、不同工况要求，由一机多用转向专机专用。例如，仅叉车就有内燃叉车、平衡重叉车、前移式叉车、拣选叉车、托盘搬运车、托盘堆垛车等多种产品，其中每种产品又可细分为不同车型。世界著名叉车企业永恒力公司就拥有580多种不同车型，以满足客户的各种实际需要。此外，自动化立体库、分拣设备、货架等也都有按行业、用途、规模等不同标准细分的多种形式产品。许多厂商还可根据用户特殊情况为其量身定做各种物流装备，体现了更高的专业化水平。

自动化仓库的类型也将向多品种方向发展。目前，我国设计、制造的自动化仓库几乎全部是分离式自动化仓库和托盘单元式自动化仓库。但为了降低成本，国外大型、高层的自动化仓库往往采用整体式自动化仓库。

（五）标准化

当前，经济全球化特征日渐明显，中国入世更加快了企业的国际化进程。物流装备也需要走向全球化，而只有实现了标准化和模块化，才能与国际接轨。因此，标准化、模块化成为物流装备发展的必然趋势。标准化既包括硬件设备的标准化，也包括软件接口的标准化。物流设备、物流系统的设计与制造按照统一的国际标准,才能适应各国各地区之间相互实现高效率物流的要求。例如,运输工具与装卸储存设备的标准化,可以满足国际联运和"门对门"直达运输的要求;推进通信协议的统一和标准化,可以满足电子数据交换的要求。通过实现标准化,可以轻松地与其他企业生产的物流装备或控制系统对接,为客户提供多种选择和系统实施的便利性。模块化可以满足客户的多样化需求,可按不同需要自由选择不同功能模块,灵活组合,增强了系统的适应性。同时模块化结构能够更好地利用现有空间,可以根据货物存取量的增加和供货范围的变化进行调整。物流标准化有助于实现物流装备的通用化。以集装箱运输为例,国外的公路、铁路两用车辆与机车,可直接实现公路、铁路运输方式的转换,极大地提高了作业效率。公路运输中,大型集装箱拖车可运载海运、空运、铁运的所有尺寸的集装箱。通用化的运输工具为物流系统供应链保持高效率提供了基本保证。通用化设备还可以实现物流作业的快速转换,极大地提高了物流作业效率。

(六)系统化

物流系统化是指组成物流系统的设备成套、匹配,达到高效、经济的要求。在物流设备单机自动化的基础上,计算机将各种物流设备集成系统,通过中央控制室的控制,与物流系统协调配合,形成不同机种的最佳匹配和组合,以取长补短,发挥最佳效用。为此,成套化和系统化是物流设备的重要发展方向,尤其将重点发展工厂生产搬运自动化系统、货物配送集散系统、集装箱装卸搬运系统、货物的自动分拣系统与搬运系统等。物流设备供应商应当按客户实际情况制定系统方案,将不同用途的物流装备进行有机整合,达到最佳效果。自动化立体库、无人搬运车、分拣系统、机器人系统等各种设备功能各异,各有所长,只有在整体规划下,选择最合适的产品综合利用,才能使其各显其能,发挥最大效益。为使系统容易整合且效果最佳,物流装备最好选择同一家公司,都可自行设计生产全部物流装备,满足客户整体要求。同时,客户对物流系统的投入往往不是一步到位,预留能力,而是按需配置,因此要考虑今后系统的可扩展性。当然,在物流装备实现了模块化设计后,可较容易地根据需要进行扩展,有些物流设备也可通过改变控制软件完成系统的调整或扩展。

(七)智能化

智能化是物流自动化、信息化的更高层次,物流作业过程中大量的运筹和决策,如库存水平的确定、运输(搬运)路径的选择、自动导向车的运行轨迹和作业控制、自动分拣机的运行、物流配送中心经营管理的决策支持等问题都需要借助于大量的知识才能解决。智能化已成为物流技术与装备发展的新趋势。

科技的进步使物流装备越来越重视智能化与人性化设计,应用人工智能技术,以降低人工的劳动强度,改善劳动条件,使操作更轻松自如。目前,人们在人工智能及其有关在物料储运领域中的专家系统技术方面进行了大量研究。例如,正在研究的将专家系统应用于自动导引车和单轨系统,使它们具有确定在线路线和合理的运行决策。在接收物料入库和装运出库方面,专家系统能控制机器人进行物料入架和出架操作,能控制堆垛机的装卸,以及指定物料储存点。正在研制的专家系统,能实现辅助设计人员设计自动导引车导向槽和缓冲件,配置和选择单元装载件和研究小型物件的储运技术。再如,林德公司推出多项改进设计,使叉车更具人性化。叉车的低重心设计,使上下车更加方便;侧向座椅设置,使驾驶叉车更容易;配有电子转向功能,不管搬运多重的货物,所需转向力均小于 10N,仅为传统堆垛车的 1/10,使操作更为轻松;其自动对自身功能与故障自我诊断功能,使叉车更加智能化。又如,堆垛机的地上控制盘操作界面采用大屏幕触摸屏和人机对话方式,堆垛机的各种状态与操作步骤均能清楚地显示出来,即使初次使用也能操作自如。今后,智能化操作盘将成为更多自动仓库系统供应商的优先选择。

(八)实用化

实用化是指一个物流系统的配置,在满足使用条件之下,应选择简单、经济、可靠的物流设备。也就是说,在构筑这样的物流系统中,要善于运用现有的各种物流设备,组成非常实用的简单的系统,这种简单以满足需要为原则,不一定非要追求自动性。成本低,具有优越的耐久性、无故障性和良好的经济效益,以及较高的安全性、可靠性和环保性的物流设备,应是一种发展趋势。

(九)绿色化

绿色化就是要达到环保要求。随着全球环境的恶化和人们环保意识的增强,对物流设备提出了更高的环保要求,有些企业在选用物流装备时会优先考虑对环境污染小的绿色产品或节能产品。因此,物流装备供应商也开始关注环保问题,采取有效措施达到环保要求,如尽可能选用环保型材料,有效利用能源,注意解决设备的震动、噪声与能源消耗量等。更多的企业已经通过或正在进行 ISO14000 认证,借此保证所提供产品的"绿色"特性。

总之,客户需求与科技进步将推动物流技术与装备不断向前发展。物流装备供应商应随时关注市场需求的变化,采用更加先进的技术,提供客户满意的产品与服务,提高物流装备整体发展水平。

案例分析

运动商品王国:NIKE 公司

NIKE 公司成立于 1972 年,总部在美国俄勒冈州,主要为各类体育运动和健身活动设计并销售运动鞋、服装、设备和其他附件,其前身是现任 NIKE 公司总裁菲尔·耐特和开发第一款轻质耐磨尼龙马拉松跑鞋的比尔·鲍尔曼教练投资的蓝带体育公司。NIKE 公司从一家生产跑鞋的小型公司起步,一直致力于创新,不断增加投入,以期生产出能提高运动员表现力的产品。1978 年,NIKE 国际公司正式成立,产品进入加拿大、澳大利亚、欧洲和南美等市场,一举成为全球运动产品市场占有率最高的品牌。

NIKE 公司用世界级的物流水准来响应市场需求,通过对物流系统的改造,缔造了一个运动商品王国。

一、物流网络遍布全球,快速响应市场需求

NIKE 公司非常注重物流系统的建设,时刻关注国际先进物流技术的发展,及时对自身物流系统进行升级。NIKE 公司的物流系统在 20 世纪 90 年代初就已经非常先进,近年来更得到了长足的发展,可以说,其物流系统是一个国际领先的、高效的配送系统。NIKE 公司的物流网络遍布全球,在美国就有 3 个配送中心。在田纳西州孟菲斯市的配送中心创建于 1983 年,是当地最大的自有配送中心。在这里,NIKE 公司建成了三层货架的仓库,并安装了新的自动补货系统,使公司能够在用户发出订单后 48 小时内发货。公司在亚太地区生产的产品通

过海路经西海岸送达美国本土,再利用火车经其铁路专用线运送到孟菲斯,最后运抵 NIKE 公司的配送中心。优秀的营销方式、与世界顶级运动员的合作,使 NIKE 成为运动品领域的领导品牌。

NIKE 公司认识到,当物流条件改变时,公司在战术和战略上也要进行相应的改变。在孟菲斯配送中心,当某一两个因素使配送需求超出其承受能力的时候,NIKE 公司会及时制定新的策略。"我们抛弃了 1980 年的仓库技术,采取了最新的技术,包括升级的仓库管理系统(WMS)和一套新的物料传送处理设备。我们需要提高吞吐能力和库存控制能力,同时要尽力从自动化中获取效益。"NIKE 公司孟菲斯作业主管 Mark Dennington 说道。孟菲斯配送中心增加了 4 个存储区、1 个新的收货系统和长达 21 千米的传送带。为了搬运重量大的货箱,还增加了翻板式分拣机。同时,配送中心采用了实时仓库管理系统,用手持式和车载式无线数据交换器,使无纸化分拣作业成为可能。此外,NIKE 公司不断巩固其在亚洲市场的配送基础。在日本,公司设计了世界上最先进的设施,这种设施可以满足日本未来 7 年销量增长的需要。由于日本的地价高,他们计划建造高密度的配送中心,这就需要采用先进的配送中心控制系统——ASRS。

二、实施电子商务,部分物流业务外包

2000 年,NIKE 公司开始在其电子商务网站 www.NIKE.com 上进行由公司直接到消费者的产品销售,并且增加了提供产品详细信息和店铺位置的功能。为支持此项新业务,UPS 环球物流实现了 NIKE 公司从虚拟世界到消费者家中的快速服务。

在美国,NIKE 公司成为 UPS 的最大客户。UPS 在路易斯维尔的仓库里存储了大量的 NIKE 产品,每隔一小时完成一批订货,并将这些产品装上卡车运到机场。这样,NIKE 公司不仅节省了开支,而且加速了资金周转。NIKE 公司对部分物流业务实行外包,其中的一个物流合作伙伴是 MENLO 公司。该公司是美国一家从事全方位合同物流服务的大型公司,其业务范围包括货物运输、仓储、分拨及综合物流的策划与管理。

思考

NIKE 公司是如何缔造成一个运动商品王国的?

本章实训

认识物流设施与设备——实地参观(物流配送中心、货栈、仓库等)并进行图片认知
一、实习目的
1.认识物流配送中心中常用的物流设施与设备。
2.了解我国物流设施与设备的现状及发展趋势。
3.能够对常见的物流设施与设备进行归类。
4.巩固所学理论知识,增强感性认识,为后面内容的学习打好基础。
二、实习内容
1.参观校内外实训基地。
2.了解校外实训基地内的基本物流作业流程。

3.正确认知所看到的各种物流设施与设备,并加以区分。

三、要求和注意事项

1.学生应遵守实训单位的劳动纪律,服从安排,注意安全。

2.实训过程中,学生应按实训指导及教师要求,进行参观。

3.实训结束后,学生进行分组讨论并写出实训报告,报告包括如下内容:

(1)实训的目的和要求;

(2)实训的步骤;

(3)本次实训所获得的主要收获和体会。

四、考核与评价

根据实训表现及实训报告综合评定学生成绩。

项目二
仓储设施设备与技术

学习目的与要求

1. 了解仓库的分类与功能,掌握仓库作业的主要操作。

2. 了解站台的主要形式,自动化仓库的特点、用途、分类;理解仓储系统的功能和主要参数;熟悉自动化仓库的构成;掌握各种货架的基本结构、特点及用途。

任务一 仓库分类与功能

一、仓库分类

仓储系统由仓库、月台、装卸设备、搬运设备和货架以及其他辅助设施组成,其中,仓库是仓储系统中一个重要的组成部分,根据不同的分类方法可以分为不同的形态。

(一)按使用对象和权限分类

(1)自备仓库。它附属于企业、机关、团体,是专门为这些单位储备自用物资的仓库。其优点是具有较强的控制能力、成本低、可以充分发挥人力资源。缺点是缺乏柔性、财务方面限制大、投资回报率低。

(2)营业仓库。它是一种社会化的仓库,面向社会提供服务,以经营为手段,以盈利为目的。其优点是节省资金投入、缓解存储压力、减少投资风险、具有较高的柔性化水平。缺点是沟通困难、缺乏个性化服务。

(3)公共仓库。公共仓库本身不单纯进行经营,而是为其他公用事业进行配套服务的仓库。它结合了自由采纳国库和营业仓库的优势。服务提供方和接受方之间是一种合同关系。合同经营使双方容易沟通和协调,提供较大的灵活性并可进行信息资源共享。

(二)按所属的职能分类

(1)生产仓库。它是为企业生产或经营储存原材料、燃料及产成品的仓库。

(2)流通仓库。它是专门从事中转、代存等流通业务的仓库,以物流中转为主要职能。在运输网点中,也以转运、换载为主要职能。

(3)储备仓库。它是专门长期存放物资,以完成国家或部门物资储备保证的仓库。

(三)按结构和构造分类

(1)平房仓库。它是单层的,一般有效层高在5～6m之间仓库。

(2)楼房仓库。它是两层及以上的仓库,楼房各层之间通过垂直运输机械或坡道相连。

(3)高层货架仓库。这种仓库建筑形式表现为单层,但内部设置层数多、总高度较高的货架。这种仓库的建筑总高度高于一般的楼房仓库,是一种自动化程度较高、存货能力较强的仓库。

(4)罐式仓库。它是以各种罐体为储存库的大型容器型仓库。

(四)按技术处理方式及保管方式分类

(1)普通仓库。它是常温保管、自然通风、无特殊功能的仓库。

(2)冷藏仓库。它是具有制冷装置和保温隔热设施,专门用于储存冷冻物资的仓库。

(3)恒温仓库。它是能调节温度,并在一定温度范围内恒定的仓库。

(4)露天仓库。它是在自然条件下保管,无建筑物围挡遮蔽的,直接对货堆进行防护的仓库。

(5)水上仓库。它是利用水面或水下在高湿度条件下储存货物的仓库。

(6)危险品仓库。它是专门用于保管危险品,并能对危险品具有一定防护作用的仓库。

(7)散装仓库。它是专门保管散粒状、粉状物资的容器式仓库。

(8)地下仓库。它是利用地下的洞穴或建筑物储存物资的仓库。这种仓库主要用来储存石油等战略物资,具有较高的储存安全性。

(五)特种仓库

(1)移动仓库。它是不固定在一定位置,而利用本身可移动的性能,能移动至所需地点完成储存任务的仓库。

(2)保税仓库。它是根据有关法律和进出口贸易的规定,专门保管暂未纳进口税的进口货物的仓库。

二、仓库的作业环节

仓储系统一般包括收货、存货、取货、发货等环节。收货时,需要站台或场地供车辆停靠,需要升降平台作为站台和载货车辆之间的过桥,需要托盘搬运车或叉车等设备完成卸车作业。卸车时需要核对货物的品名和数量,检查货物是否完好无损。一般还需要把货物整齐地码放在仓库内部专用的托盘上或容器内。在仓库的收货处一般都设有计算机终端,用来输入收货信息。有时需要计算机打印出标签和条形码贴在货物托盘上,以便随后在储运过程中识别和跟踪。

存货是仓库的主要功能。存货之前首先要确定存货的位置。在人工管理库存的情况下,为了便于查找和避免差错,通常都采取分区存放法。这种存放原则的优点是简单,缺点是即使位置空着,别的货物也不能占用,从而使库位的利用率降低。在计算机管理库存的情况下,可以采取随意存放的原则而不会出错。有时为了加快入库作业,如大批量的集中入库然后零星出库的场合,可以把货物存放在离入库口最近的库位。有时为了加快出库作业,如零星入库然后集中出库的场合,则可以在入库时把货物存放在离出库口最近的库位。存放作业通常由叉车或巷道堆垛机来完成。为了对所放的货品进行清洗、涂油、重新包装等维护保养工作以及裁料(分割)、配货等加工处理工作,为此还需配备相应的设备。

取货是仓库的另一个主要作业环节。根据不同的情况可以有不同的取货原则。最通常采用的原则是先入先出。如果同一种货物分多次存入仓库,则取货时要把最早存入的货物取出来。对于货架仓库,这个原则比较容易实现。对于无货架密集堆放的仓库,由于先入的货物存放在货堆的深处,货被压在后入库的货物的下面。所以只能实行后入先出的原则。在仓库的保管环境下,有些货物不会因为存放期长而变质,为了加快出库作业,也可以采取就近出库的原则,即离出库口最近的货物先出库。

在先进的计算机管理的仓库内,根据订单或取货申请单,计算机从库存货物中按一定的出库原则输出相应取货位号。在每个库位处都有一个小的显示屏(电子标签),指出所需拣取的货物品种的数量,还有一只指示灯和一个按钮。拣货员不需要任何拣货单,只需沿货架走动,看到指示灯亮的地方就停下来拣货,按显示屏上的指令完成拣货作业以后按一下按钮,计算机就得到完成拣货的信息,随即指示灯也熄灭。当所有的库位上的指示灯都不亮时,就表示这批作业已经完成。随后计算机可以发出第二批拣货指令。

发货是仓库的最后一项任务。根据服务对象的不同,有些仓库只向单一的用户发货,有些则向多个用户发货。一般来说,用户需要的是多种货品,因此在发货前需要配货和包装。向多个用户发货时,一般需要多个站台,在自动化程度较高的仓库内,拣出的货品通过运输机运到发货区。货品上或装着货品的容器上贴着计算机打印出来的条形码和装箱单。自动识别装置在货品运动过程中阅读条形码,识别该货品属于哪一个用户。信息输入到计算机中,计算机随即控制分选运输机上的分岔机构,把货品拨到相应的包装线上,包装人员按装箱单核查货品的品种和数量是否正确无误,确认无误后装入纸箱并封口。然后通过码盘机码放成托盘单元,由叉车完成装车作业。

三、仓储系统的主要参数

仓储系统的参数很多,大致可以分为两个大类,即设计参数和经营参数。前者主要是在设计阶段反映仓库的一种潜在能力,后者主要反映管理者的经营能力和水平。

(一)设计参数

1.仓库建筑系数
它是各种仓库建筑物实际占地面积与库区总面积之比。该参数反映库房及用于仓库管理的建筑物在库区内排列的疏密程度,即反映总占地面积中库房比例的高低。

2.库房建筑面积
它是仓库建筑结构实际占地面积,用仓库外墙线所围成的平面面积来计算。多层仓库建筑面积是每层面积之和。其中,除去墙、柱等无法利用的面积之后称有效面积,从理论上来说有效面积都是可以利用的面积。但是,在实际中,有一部分是无法直接进行生产活动的,如楼梯等,除去这一部分的剩余面积就是使用面积。

3.库房建筑平面系数
它是衡量使用面积占库房建筑面积的参数。

4.单位面积的库容量
它是总库容量与仓库占地面积之比。在土地紧缺、土地征用费用高的场合,这是一个很重要的经济指标。

5.库容量

库容量是仓库中可以存放货物的最大数量,一般以重量来表示。它是仓库的主要参数之一,是规划设计仓库时首先要确定的问题。库容量的大小直接关系着仓库的建设投资和建成后的经营能力。

(二)经营参数

(1)库房面积利用率。它是使用面积中实际堆存货物面积所占的比例。它表示实际使用面积被有效利用的程度,其余数即非保管面积所占的比例。

(2)库房高度利用率。它是反映库房空间高度被有效利用的指标。它表示实际使用空间被有效利用的程度。

(3)库容量利用系数。库容量利用系数等于实际库容量与设计库容量之比。由于这是一个随机变动的量,一般取它的年平均值作为考核指标。

(4)库存周转次数。它是年入库容量或者年出库容量与年平均库存量之比。对于生产性和经营性的仓库,库存周转次数越多说明资金周转越快,经济效益越高。有些经营好的企业库存周转次数可达到每年24次以上,即十天到半个月就可周转一次。衡量仓库经营效率的最主要的指标是库容量利用系数和库存周转次数。

(5)出入库频率。它决定仓库搬运设备的规格和数量。出入库频率又与库容量有密切的关系。从理论上说,如果管理得当,使供应和消费的节奏一致,即入库和出库的频率和数量一致,库容量可为极小值。但是组织频繁入库和出库,需要增加搬运设备的能力,也是需要投资的。因此,在规划设计一个仓库时,应在二者之间作恰当的选择以求得最经济合理的方案。

(6)全员平均劳动生产率。这是仓库全年出入库容量与仓库总人数之比,通常它取决于仓库作业的机械化程度。

(7)机械设备的利用系数。首先根据全年出入总量算出机械设备的全年平均小时搬运量,它与机械设备的额定小时搬运量之比即为机械设备的利用系数。这个系数可用来评估机械设备配置的合理性。

任务二 货架认知与选择

一、货架的作用和功能

(一)货架的概念

一般而言,货架泛指存放货物的架子。在仓库的设备中,货架是指专门用于存放成件物品的保管设备。货架在仓库占有非常重要的地位,随着现代工业的迅猛发展,物流量的大幅度增加,为实现仓库的现代化管理,改善仓库的功能,不仅要求货架数量多,而且要求货架具有多功能,并能实现机械化、自动化要求。

(二)货架的作用和功能

货架在现代物流体系中具有重大的作用。仓库管理能否实现现代化,与货架的种类、功能有直接的关系。货架的作用及功能主要表现在以下几个方面:

(1)货架是一种架式机构物,可以充分利用仓库空间,提高库容利用率,扩大仓库储存能力。

(2)存入货架的货物相互不接触、互不挤压,物质损耗小,可以完整保证物质本身的功能,减少货物的损失。

(3)货架中的货物存取方便,便于清点和计量,可以做到先进先出。

(4)保证货物的存储质量,可采用防潮、防尘、防盗、防破坏等措施来提高货物储存质量。

(5)很多新型货架的结构及功能有利于实现仓储系统的机械化及自动化管理。

二、货架的分类

(一)按货架的发展分为传统货架和新型货架

托盘货架、层格式货架、抽屉式货架、橱柜式货架、U形架、悬臂架、栅架、鞍架、轮胎专用架等属于传统货架,旋转式货架、移动式货架、装配式货架、驶入式货架、高层货架、阁楼式货架、重力式货架等属于新型货架。

(二)按货架的结构分为整体式货架和分体式货架

货架是库房的骨架,屋顶支承在货架上,这种结构的货架称为整体式货架;货架独立建在库房内,货架与仓库分开,这种结构的货架称为分体式货架。

(三)按货架的承载量分为轻型货架、中型货架和重型货架

轻型货架的每层承重在150kg以下,常用于超市货架;中型货架的每层承重在150~500kg之间,一般为工业货架;重型货架的每层承重在500kg以上,主要为重型工业货架。

(四)按货架高度分为低层货架、中层货架和高层货架

高度在5m以下,用于普通仓库的是低层货架;高度在5~15m,用于立体仓库的是中层货架;高度在15m以上,主要用于立体仓库的是高层货架。

(五)按货架形式分为通道式货架、密集型货架、旋转式货架

货架间留有存取货通道的是通道式货架,如货柜式、托盘式、悬臂式、贯穿式等货架间通道数量很少;高库容率的是密集型货架,如移动式、重力式等;货架可沿一定的轨道旋转,便于拣货的货架是旋转式货架,它根据旋转的方式又分水平旋转式和垂直旋转式两种。

三、常见货架

(一)托盘货架

1.托盘货架的结构

托盘货架是装有托盘以存放货物的货架。托盘货架一般为用钢材或钢筋混凝土做成的单排或双排货架,适用于品种中等、批量一般的托盘货物的储存,高度为6m以下,以3~5层为宜。高层托盘货架一般用巷道式堆垛机自动存取货,低层托盘货架用叉车存取货。

2.托盘货架的特点

使用托盘货架存放货物可以避免货物直接堆码时的挤压、损坏和失稳现象。另外,托盘货

架存取货方便,可实现机械化作业,便于单元化存取,库容利用率高,利于计算机管理,拣货效率高,能实现先进先出,但储存密度低,需较多的通道。托盘货架可配合叉车等工具储存大件或重型物质等,其运用领域广泛。

3.托盘货架的选择

一般在选用层架时,需考虑单元负载的尺寸、重量以及叠放的层数,以决定适当的支柱及横梁尺寸。图2-1所示层架为一般常用的托盘叠放方式,即一个横梁开口,存放2~3个托盘。此种托盘货架一般高度在4~6m,并需配合使用电动平衡重式叉车来进行存取作业。

图2-1 托盘货架

(1)背面连接杆。

这种连结杆用于两列货架的背对背之间的连接,以增大整体刚性。以图2-2背面连结杆的使用为例,承载物深度1150mm,支柱架深度1000mm,如选用背面连结杆长度100mm,则会造成承载物突出于货架,因此可选用300mm长度来解决上述问题。

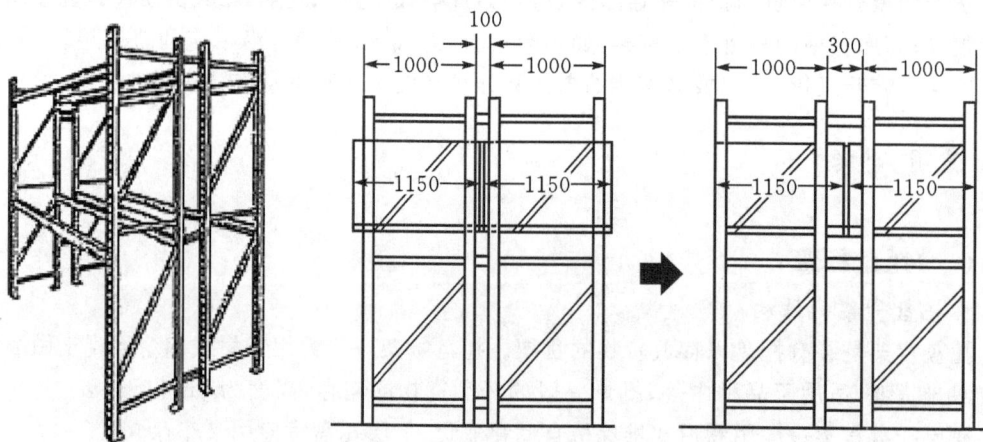

图2-2 背面连结杆的使用

（2）货架与托盘的间隙尺寸。

托盘货架的尺寸确定标准如图 2-3 所示，侧边托盘与支柱及托盘与托盘的间隔（A）在 100mm 以上，间隔愈大则愈容易作业。承载物与横梁的间隔（B）在 80～100mm 以上。

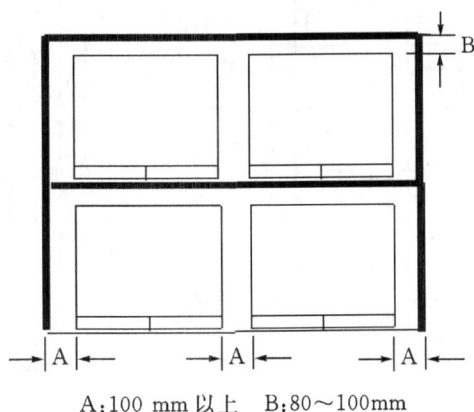

A：100 mm 以上　B：80～100mm

图 2-3　托盘货架的尺寸确定

（3）货架上层横梁与天花板的距离。

叉车的最大举升高度会高出最上层横梁位置 200cm 以上，如图 2-4 所示。叉车顶或托盘顶最大高度与天花板最少应有 30cm 的间隙，因此最上层横梁位置需与天花板至少要有 230cm 以上的距离。图中 H_1 为叉车最大举升高度，H_2 为可以堆码的高度。

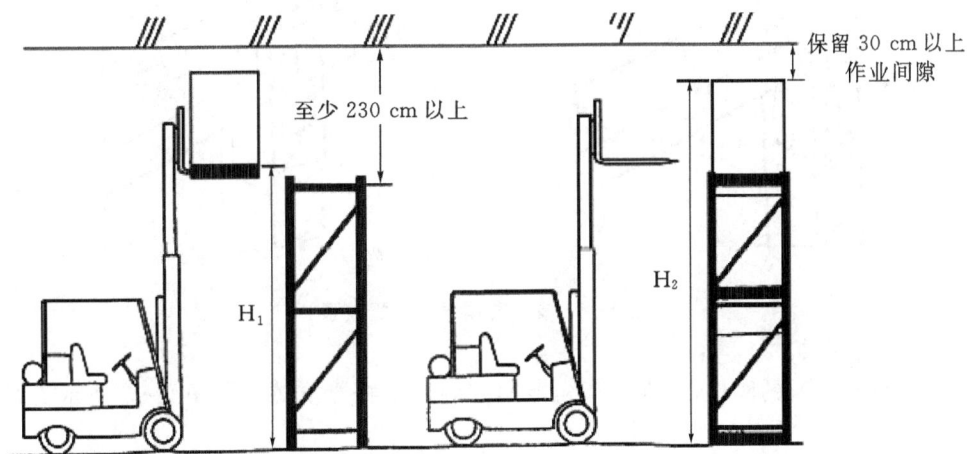

图 2-4　货架上层横梁与天花板的距离

（4）支柱的选择标准。

支柱架的荷重必须以最下层存取位置所承受的负荷来决定。支柱架的确定实例如下图 2-5 所示，最下层支柱架承受的荷重为 6000kg，最下层横梁的高度为 1100mm，因此可由此两因素对照图 2-6 而选定中量级的支柱架。

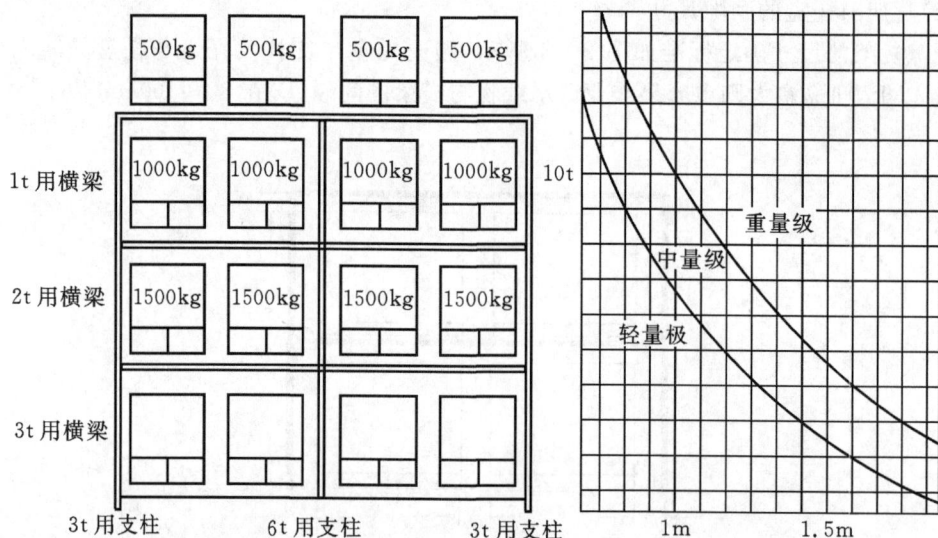

图 2-5　支柱的选择标准

（5）支柱与横梁的装配关系。

利用横梁端部卡钩套入支柱卡槽（见图 2-6），这种结构组装快速方便、牢固可靠。

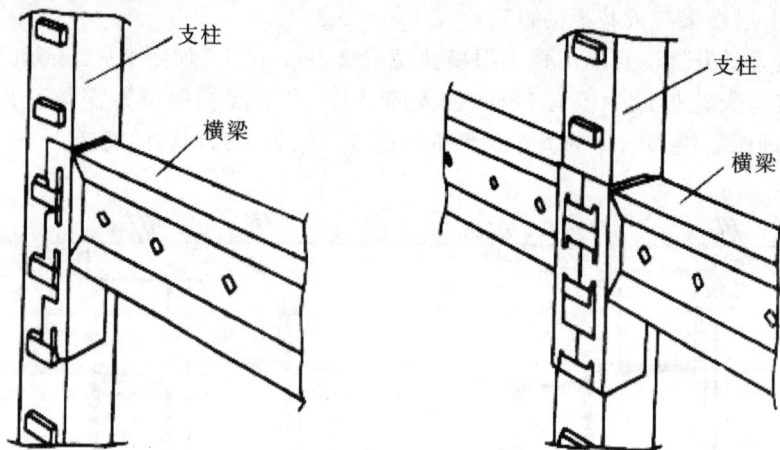

图 2-6　支柱与横梁的装配关系

（6）托盘支撑梁。

一般为增加横梁的刚性，会在一固定距离安装一个托盘支撑梁。图 2-7 所示为其组装方式。

（7）支柱设计。

支柱架断面形状的设计各家制造商均有考虑，使其承受负载时有足够的强度，不会产生变形。支柱上每隔一定长度会有一卡槽，使其与横梁组装时更具有可变化性（见图 2-8）。一般货架制造商在设计支柱架时，会设计各种不同高度、宽度等规格的组合，以满足各种货架组装的需求，并搭配不同的断面厚度，分为重量级、中量级和轻量级等三种。

图 2-7 托盘支撑梁

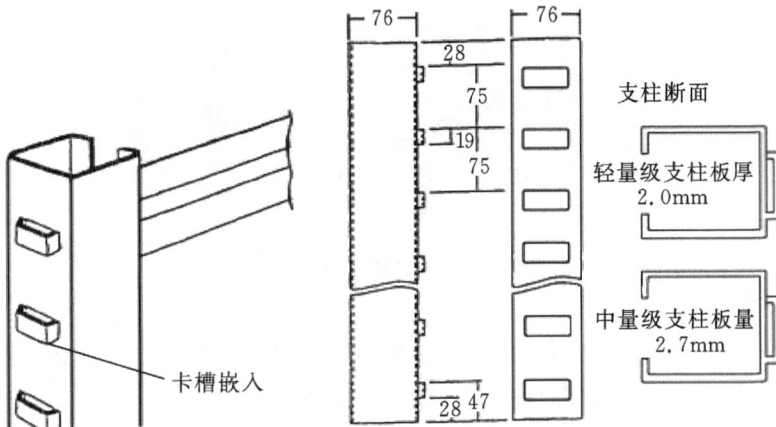

图 2-8 支柱架断面形状设计

(8) 横梁设计。

横梁断面形状的设计也是非常多样的,设计上的主要考虑,是使负荷时产生最少的挠曲变形。横梁端部有卡钩可与立柱组装(见图 2-9),而横梁上有固定孔可组装托盘支撑梁。另有防撞设计,以防止叉车作业时不小心顶到横梁时,造成与立柱的脱离,此处一般会使用卡钩方式设计。

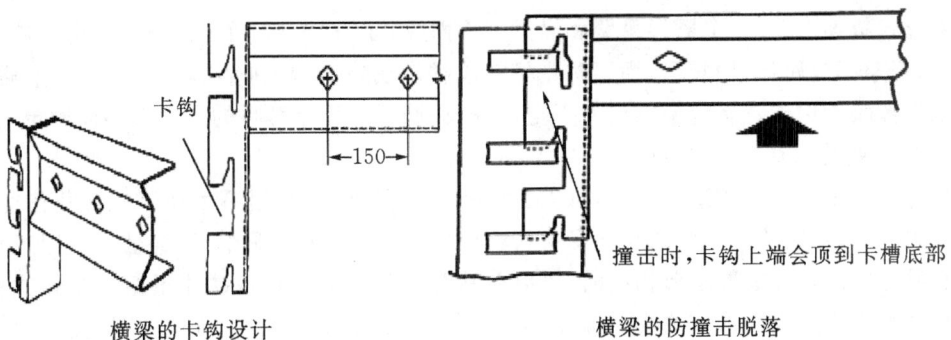

横梁的卡钩设计　　　　横梁的防撞击脱落

图 2-9 横梁设计

(二)层格式货架

层格式货架与层架类似,其区别在于某些层,甚至每层中用间隔板分成若干格。

1.开放层格式货架

开放层格式货架的每格一般只放一种物品,物品不易混淆,但是层间光线暗,存放数量不大,主要用于规格复杂、多样,必须互相隔开的物品(见图2-10)。

图2-10 开放层格式货架

2.抽屉式货架

它属于封闭式货架的一种,具有防尘、防潮、避光的作用,用于比较贵重的小件物品的存放,或用于怕尘土、怕湿等的贵重物品,如刀具、量具、精密仪器、药品等的存放。

3.橱柜式货架

它与抽屉式类似,也是一种封闭式货架。在层格架或层架的前面装有橱门,上下左右及后面均封闭起来,门可以开关,也可以是左右拉开式或卷帘式。门的材质有木、玻璃、钢、纱等。橱柜式货架主要用于存放贵重文物、文件及精密配件等。

(三)悬臂式货架

悬臂式货架又称为悬臂式长形料架。

1.悬臂式货架的结构

悬臂式货架由3~4个塔形悬臂和纵梁相连而成,如图2-11所示。它一般分为单面和双面两种,臂架用金属材料制造。为了防止材料被碰伤或划伤,常在金属悬臂上垫上木质衬垫,也可以用橡胶带保护。悬臂架的尺寸不定,一般根据所放长形材料的尺寸大小而确定其尺寸。

2.悬臂式货架的特点及用途

悬臂式货架是边开货架的一种,可以在货架两边存放货物,但不太便于机械化作业,存取货作业强度大,一般适于轻质的长条形材料存放,可用人力存取操作,重型悬臂架用于存放长条形金属材料。若要放置圆形物品时,可以在其臂端装设阻挡块以防止滑落。悬臂式货架适用于杆形料生产厂或长形家具制造商。其缺点是高度受限,一般在6m以下,且空间利用率低,约35%~50%。

图 2-11　悬臂式货架及其应用

(四)倍深式托盘货架

倍深式托盘货架与托盘货架具有相同的基本架构,只是把两排托盘货架结合,以增加第二列的储存位置,因此储存密度可增加一倍,但相对地其存取性及出入库能力则降低,而且必须配合使用倍深式堆高机或者货叉前移式叉车以存取第二列的托盘。具体如图 2-12、图 2-13 所示。

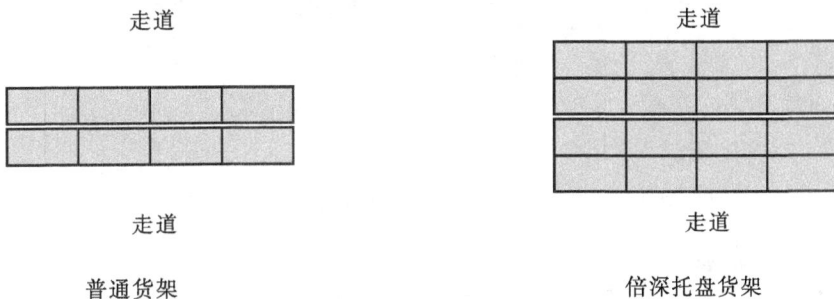

普通货架　　　　　　　　　　　　　　倍深托盘货架

图 2-12　普通托盘货架与倍深式托盘货架布置比较

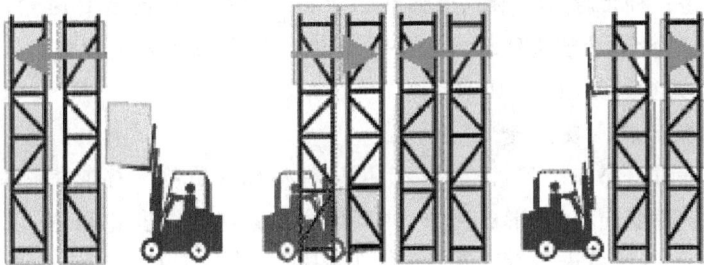

图 2-13　倍深式托盘货架的作业方式

(五)驶入式货架

1.驶入式货架的结构

驶入式货架又称为进车式货架,这种货架采用钢质结构。钢柱上在一定的高度有向外伸出的水平突出物。当托盘被送入时,突出的构件将托盘底部的两个边托住,使托盘本身起横梁的作用。当架子上没有放托盘时,货架正面便变成了无横梁状态,形成了若干通道,可以方便叉车等的出入。

2.驶入式货架的特点及应用

这种货架的特点是叉车直接驶入货架进行作业,叉车与架子的正面成垂直方向驶入,在最内部设有托盘的位置卸放托盘货载直至装满,取货时再从外向内按顺序取货。驶入式货架能起到保管场所及叉车通道的双重作用。但是叉车只能从架子的正面驶入,一方面可以提高库容率以及空间利用率,另一方面却很难实现先进先出。故此每一巷道只宜保管同一品种的货物,此种货架只适用于少品种、大批量以及不受保管时间限制的货物。驶入式货架是高密度存放货物的主要货架,储存密度高,库容利用率可达90%以上,具体如图2-14所示。

单侧承重架　　　双侧承重架　　　上部斜拉　　　上端横梁　　　立柱片

图 2-14　驶入式货架

(六)移动式货架

1.移动式货架的结构及分类

移动式货架是一种带轮且可沿轨道移动的货架。在货架下面装有滚轮,在仓库地面装有导轨,货架可以通过轮子沿导轨移动。根据驱动方式不同,移动式货架分为人力摇动式和电力驱动式两种,移动式货架如图2-15所示。

2.移动式货架的特点及用途

移动式货架平时紧靠在一起,密集排列,可以密集储存货物。存取货物时,通过手动或电动驱动使货架沿轨道横向移动,形成通道,并可用这个方法不断变化通道,以便于对另一货架进行操控,利用叉车等设备进行存取作业,作业完毕,再将货架移回原来位置。这样就克服了普通货架每列必须留出通道的弊病,减少了作业通道数,一般只需要留出一条通道位置即可。一般而言,移动式货架比托盘式货架要增加50%的空间,可以提高仓库利用率。而且使用移动式货架存取货物方便,易于控制,安全性能好。

移动式货架主要用于小件、轻体货物的存取,如果采取现代技术,也可制成可存取大重量物品的移动货架,如管件、阀门、电动机托盘等。这种货架尤其适用于环境条件要求高、投资大的仓库,如冷冻、气调仓库,可以减少环境条件的投资。其缺点是机电装置多,维护困难,建造成本高,施工速度慢。

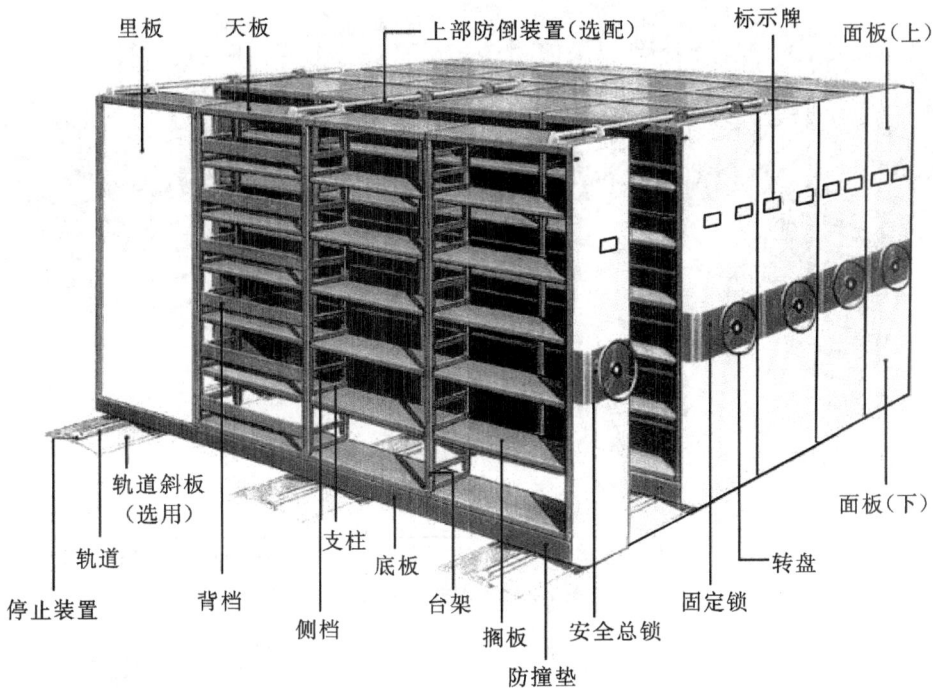

图 2-15　移动式货架

(七)阁楼式货架

1.阁楼式货架的结构

阁楼式货架为两层堆叠制成的阁楼布置的货架。其结构有的是由底层的货架承重,上部搭载楼板,形成一个新的楼面;有的是由立柱承重,上部搭载楼板形成楼面。阁楼式货架如图2-16所示。

2.阁楼式货架的特点及应用

阁楼式货架是在已有的仓库工作的场地上建造楼阁,在楼阁上面放置货架或直接放置货物。货物的提升可以采用输送机、提升机、电葫芦,也可以采用升降台等。在上层可以使用轻型小车或托盘车进行货物的堆码。其特点是能充分利用原有平房的空间,提高储存量,一般用于旧库改造。

一般的旧库,库内有效高度在4.5m以上,如果安装一般货架或者就地堆码,在操作上受人的高度的限制,只能利用2m的空间,采用阁楼式货架后,可以成倍提高原有仓库利用率,但存取作业效率低。阁楼式货架主要用于存放储存期较长的中小件货物。

(八)重力式货架

重力式货架又称流动式货架,一般细分为托盘重力货架(见图2-17)和箱式重力货架(见图2-18)。它是现代物流系统中的一种重要的应用广泛的设备。其原理是利用货体的自重,使货体在有一定高度差的通道上,从高向低处运动,从而完成进货、储存、出库的作业。

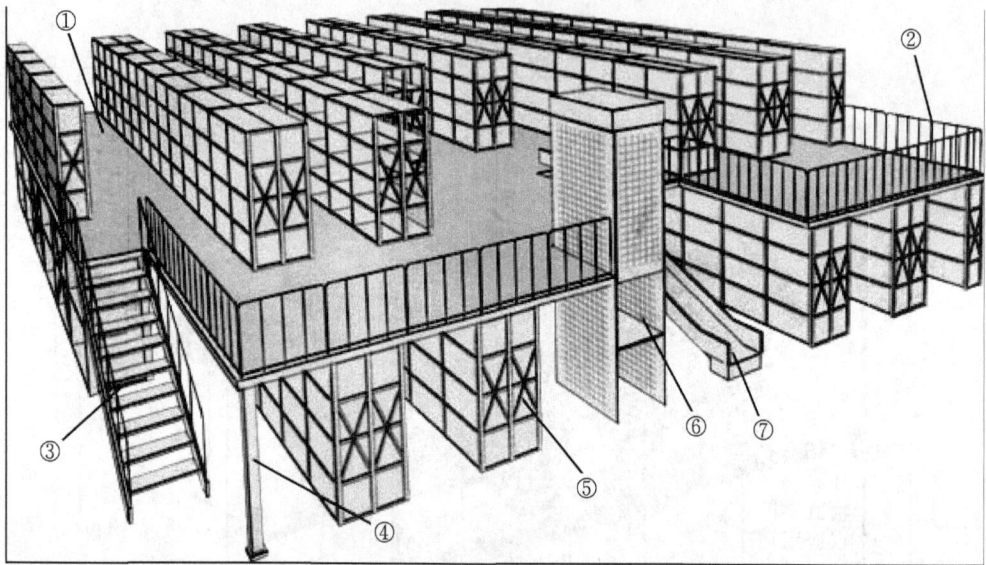

1—楼板 2—护拦 3—楼梯 4—立柱 5—斜拉 6—提升机 7—滑道

图 2-16 阁楼式货架

图 2-17 托盘重力货架

图 2-18 箱式重力货架

1.重力式货架的结构

重力式货架和一般层架从正面看基本相似,不过,其深度比一般层架深得多,类似许多层架密集靠放。每一层隔板有出货端(前端)比进货端(后端)低的坡度。有一定坡度的隔板可以制成滑道形式,货物顺着滑道从高端向低端滑动,也可以制成滑轨、辊子或滚轮等形式,以提高货物的运动性能。

2.重力式货架的特点

重力式货架具有如下特点:

(1)单位面积库容量大。重力式货架属于密集型货架,可以大规模密集存放货物,与移动式货架的密集存放相比,规模可以更大,而且从轻体货物到托盘货物甚至小型集装箱都可以存放于重力式货架中。由于高度密集,减少了通道,可以有效节约仓库的面积。与普通货架相比可以提高50%的空间利用。

(2)固定了出入库位置,减少了出入库工具的运行距离。采用普通货架出入库时,搬运工具如叉车、作业车等需要在通道中穿行,容易出错,而且工具运行线路难以规划,运行距离也较长。例如,采用重力架存储货物,叉车进行作业时运行距离可以缩短1/3。

(3)由于出入库作业完全分离,两种作业可以各自向专业化、高效率发展,而且进行出入库作业时,工具不交叉、互不干扰,可以有效降低事故发生的概率,提高安全性能。

(4)和进车式货架等其他密集存储方式不同,重力式货架绝对保证货物的先进先出,因而符合仓库管理现代化的要求。

(5)和一般货架相比,重力式货架大大缩小了作业面,有利于拣选活动,是拣选式货架的主要形式,也是储存型拣选货架的主要形式。

3.重力式货架的应用范围

重力式货架的主要应用领域有两个:

(1)进行大批量货物的储存,这种方式采用的是大型重力式货架。

(2)拣选式货架普遍应用于物流中心、转运中心、配送中心、仓库、门店的拣选配货作业中,这种方式一般采用轻型重力式货架。

(九)后推式货架

1.后推式货架的结构

后推式货架是在前后梁间以滑轨或搁板相连,进行存货作业时从前方将货物推入。物品置于滑轨上,后来填入的会将原先的推到后方。滑轨具有倾斜角度,当前方货物被取走后,后方的货物会自动滑向前方入口(见图2-19)。

2.后推式货架的特点

其特点为储存密度高,存取性差,一般深度为三个储位,目前最多可推入五个托盘。后推式货架较托盘式货架省下1/3空间,可增加储存密度(见图2-20),适用于一般叉车存取。后推式货架适合少样多量物品的储存,不适合承载太重物品,无法实现先进先出。

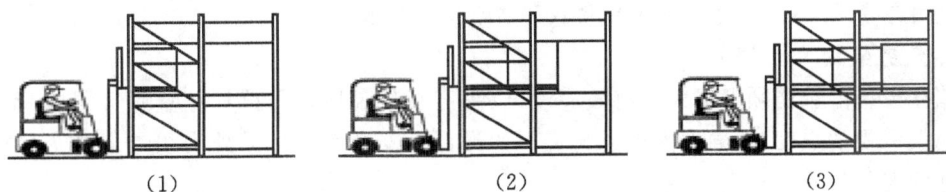

| (1) | (2) | (3) |

图2-19　后推式货架的作业方式

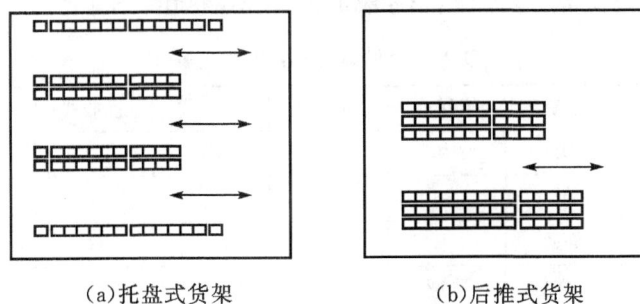

| (a)托盘式货架 | (b)后推式货架 |

图2-20　托盘式货架与后推式货架配置比较

四、货架的选择

(一)选用货架时应该考虑的因素

1. 物品特性

储存物品的外形、尺寸,直接关系到货架规格的选定,储存物品的重量则直接影响到选用何种强度的货架。而储存的单位,是以何种单位来储存,托盘、容器或单品均有不同的货架选用类型。另外预测所需总储位的数量,必须考虑到未来数年的成长需求。这些资料可以经过储存系统分析获得。

2. 存取性

一般存取性与储存密度是相对的。也就是说,为了得到较高的储存密度,则必须相对牺牲物品的存取性。虽然有些型式的货架可得到较佳的储存密度,但相对其储位管理较为复杂,也常无法做到先进先出。只有立体自动仓库可往上发展,存取性与储存密度俱佳,但相对投资成本较为昂贵。因此选用何种型式的储存设备,可说是各种因素的折中,也是一种策略的应用。有关各型储存设备存取性与储存密度的比较,可参考表 2-1。

3. 入出库量

某些型式的货架虽有很好的储存密度,但入出库量却不高,适合于低频率的作业。入出库量高低是非常重要的数据,也是货架设备型式选用考虑的重要选项。另外,有关入出库频率的比较,可参考表 2-2。

4. 搬运设备

储存设备的存取作业是以搬运设备来完成。因此选用储存设备需一并考虑搬运设备。叉车是一般通用的搬运设备,而货架巷道宽度会直接影响到叉车的选用型式。各种叉车作业巷道宽度可参考表 2-3。另外尚须考虑举升高度及举升重量。

5. 厂房架构

储存设备的选用须考虑梁下有效高度,以决定货架高度。而梁柱位置则会影响货架的配置。地板承受的强度、地面平整度也与货架的设计及安装有关。另外尚须考虑防火设施和照明设施的安装位置。

(二)各类货架特性比较表

各种货架特性比较及储存设备的入出库频率、叉车作业巷道分别见表 2-1、表 2-2 及表 2-3。

表 2-1 储存设备特性比较表

比较项目	托盘货架	倍深式	驶入式	重力式	后推式	移动式	自动仓
货架占用面积	大	中	小	小	中	小	小
储存密度	低	中	高	高	中	高	高
空间利用	普通	佳	很好	非常好	佳	非常好	很好
存取性	非常好	普通	差	普通	普通	好	非常好
先进先出	可	不可	不可	可	不可	可	可
巷道数	多	中	少	少	少	少	多

续表2-1

单位纵深储位数	1	2	最多15	最多15	最多5	1	2
堆存高度(m)	6	10	10	10	10	10	14
存取设备	配重式跨立式	倍深式	配重式跨立式	配重式跨立式	配重式跨立式	配重式跨立式	存取机
入出库能力	中	中小	小	大	小	小	大

表2-2　储存设备入出库频率比较

储存单位	高频率	中频率	低频率
托盘	托盘流动式货架(20~30托盘/h) 立体自动仓储(30托盘/h) 水平旋转自动仓储(10~60s/单位)	托盘式货架(10~15托盘/h)	驶入式货架(10托盘/h以下) 驶出式货架 推后式货架 移动式货架
容器	容器流动式货架 轻负载自动仓储(30~50箱/h) 水平旋转自动仓储(20~40s/单位) 垂直旋转自动仓储(20~30s/单位)	轻型货架(中量型)	推后式货架 移动式货架
单品	单品自动拣取系统	轻型货架(轻量型)	抽屉式货架

表2-3　巷道宽度与适用叉车型式

巷道型式	巷道宽度(m)	叉车型式
传统式巷道	3.0~4.5	配重式叉车
窄道式	2.1~3.1	直达式叉车/跨立式叉车/转柱式叉车
超窄道式	2.1以下	转叉式叉车/拣取机

任务三　月台技术与设备

一、线路和站台

和仓库相连的线路或进入到仓库内部的线路,以及线路与仓库的连接点称为站台,也称为月台、码头,是仓库进发货的必经之路。月台设施既是仓库运行的基本保证条件,又是仓库高效工作不可忽视的部位。

(一)线路
和仓库相连的线路基本要求是能满足进出货运量的要求,不造成拥挤阻塞。

1.铁路专用线
铁路专用线简称专用线,是与铁路网相接的专供仓库使用的线路。大量进出货的集散型仓库,一般依靠专用线将仓库与外界沟通,煤炭、水泥、油类、金属材料配送型仓库或配送中心,也往往依靠专用线解决大量进货的问题。

2.汽车线

汽车线是与公路干线相连的汽车线路,可深入库内,一般用于进出货量不大的仓库。

生产企业的大型成品库是靠铁路线路及汽车线向外出货。一般流通仓库,铁路线与进货区相连而汽车线与出货区相连。现代仓库在汽车大型化的前提下,很多不设铁路线,尤其是大城市中的仓库,主要依靠公路线与外界连接。

(二)站台

站台的基本作用是车辆停靠处、装卸货物处、暂存处,利用站台能方便地将货物装进车辆中或从车辆中取出,实现物流网络中线与结点的衔接转换。

二、站台的主要形式

(一)高低站台

站台可以根据站台的高度分为高站台和低站台两种。其中,高站台的高度与车辆货台高度一样,一旦车辆停靠后,车辆货台与站台处于同一水平面,有利于使用作业车辆进行水平装卸,使装卸合理化。而低站台和地面一样高,往往和仓库地面处于同一高度,以利于站台与仓库之间的搬运。一般而言,低站台与车辆之间的装卸作业不如高站台方便。但是如果采用传送装置装卸货物,由于传送装置安装需要一定的高度,使用低站台,在安装完成以后,可以与车厢底板保持同等高度。此外,使用低站台也有利于叉车的作业。

(二)站台高度的确定

在一个库区内可以考虑停靠车辆的种类,有若干不同高度的停靠位置,也可考虑车种平均高度,尽可能缩小货车车箱底板与站台高度差,以达到提高作业效率的目的。不同车辆参考高度取值见表2-4。

表2-4 适合不同车辆的站台高度

车型	站台高度(m)	车型	站台高度(m)
平板车	1.32	冷藏车	1.32
长途持车	1.22	作业拖车	0.21
市区卡车	1.17	载重车	1.17
国标集装箱车	1.40		

三、站台距离的调整

在仓库中,进出货车种类可能很多,因而即使考虑不同高度的站台,也很难使全部车辆与站台相接合。要克服车辆与月台间的间距和高度差,一般站台为作业安全与方便起见,常采用以下三种设施:

(一)可移动式楔块

可移动式楔块又叫竖板,如图2-21所示。装卸货品时,可移动式楔块放置于卡车或拖车的车轮旁固定,以避免装卸货期间车轮意外地滚动可能造成的危险。

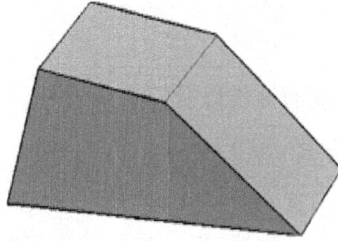

图 2-21　可移动式楔块

(二)升降平台

升降平台属于最安全也最有弹性的卸货辅助器材。它分为卡车升降平台(见图 2-22)和码头升降平台(见图 2-23)两种。卡车升降平台多用于无站台的仓库,通过提高或降低车子后轮使得车底板高度与月台一致而方便装卸货。码头升降平台则是通过调整码头平台高度来配合配送车车底板的高度。

(三)车尾附升降台

车尾附升降台(见图 2-24)是装置于配送车尾部的特殊平台。当装卸货时,可运用此平台将货物装上卡车或卸至月台。车尾附升降台可延伸至月台,也可倾斜放至地面,有多种样式,适合于无月台设施的物流中心或零售点的装卸货使用。

图 2-22　卡车升降平台

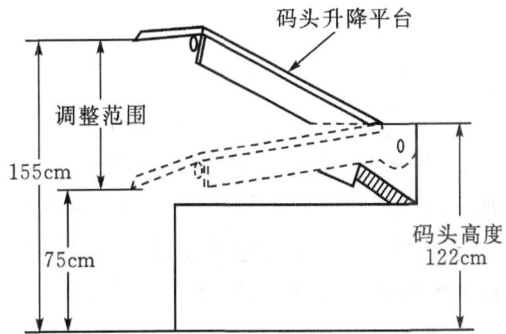

图 2-23　码头升降平台

图 2-24　车尾附升降台

四、站台设计

出入口站台的设计要根据作业的性质以及厂房的型式,需要考虑如下几个方面的因素。

(一)进出货站台的安排方式

以仓库内物流的情况决定进出货站台的安排方式。为了使物料能顺畅地进出仓库,进货码头与出货码头的相对位置安排非常重要,很容易影响进出货的效率及品质。一般来说,这两者之间的安排方式有以下四种:

1.进货及出货共用站台

这种设计可提高空间及设备使用率,但是管理较难,尤其是在进出货高峰时刻,容易造成进出货相互牵绊和混乱的局面,适合于进出货时间错开的仓库,如图 2-25 所示。

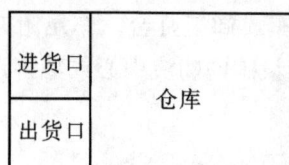

2.进出货站台分区相邻

这种设计使进货及出货作业空间分隔,可以解决上一方案进出货物可能互相牵绊的困扰,提高设备使用率,但是作业空间不能弹性互用的情形必将使空间效率变低。此方式的安排比较适合厂房空间适中,且易造成进出货相互干扰的仓库,如图 2-26 所示。

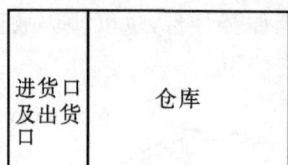

图 2-25　进货及出货共用站台　　　图 2-26　进出货站台分区相邻

3.进出货作业使用不同码头,且两者不相邻

这种安排使进出货作业属于完全独立的两部分,不仅空间分开,设备的使用也做划分,因而可以使进货与出货作业迅速顺畅,但设备及空间的使用率低。一般适合于厂房空间大且进出货时段冲突频繁的仓库,如图 2-27 所示。

4.数个进货、出货码头

不管采用以上哪种方案,若厂房空间足够且货品进出频繁复杂,就需要规划多个码头以实现对存货的及时需求管理(Just-in-Time),如图 2-28 所示。

图 2-27　进出货码头独立且不相邻　　　图 2-28　多个进货、出货码头

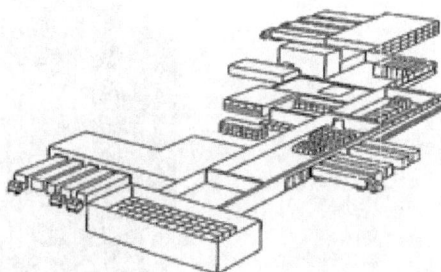

（二）月台数量的确定

要做到任何时刻都能够然让进出货车辆通行无阻，不用等待即可装卸货的程度，必须拥有足够数量的月台来运作停泊。在一定的空间内要预计准确的月台数来运作停泊，需要掌握以下资料：

(1)有关进出货的历史资料。

(2)尖峰时段的到达车辆数。

(3)每车装卸货所需时间。

(4)在可预见的未来，进出货能力的预留。

（三）作业通道

在月台设计中同样存在作业通道宽度的确定问题。作业通道主要供搬运车辆载货至暂存区进出使用。它与装卸货使用的搬运车辆型式有关。使用手动托盘车所需的作业通道宽度大约是1.8～2.4m。动力叉车所需作业通道宽度大约是2.4～4.5m。此作业通道只限于装卸货物使用，不能做仓库的主要通道。

（四）码头设计型式

码头设计型式一般分为两大类型，即锯齿型及直线型，如图2-29所示。这两种型式的特点如下：

锯齿型的优点在于车辆回旋纵深较浅，缺点为占用仓库内部空间较大。直线型的优点在于占用仓库内部空间较小，缺点是车辆回旋纵深较深，外部空间要求较大。

由以上可知，这两种形式的设计是一个互补的关系，因而在作决策的时候，就需要考虑土地及建筑物的价格。如果土地价格昂贵，可考虑锯齿型；若土地价格与仓库的造价差距不大时，以直线型者为佳。

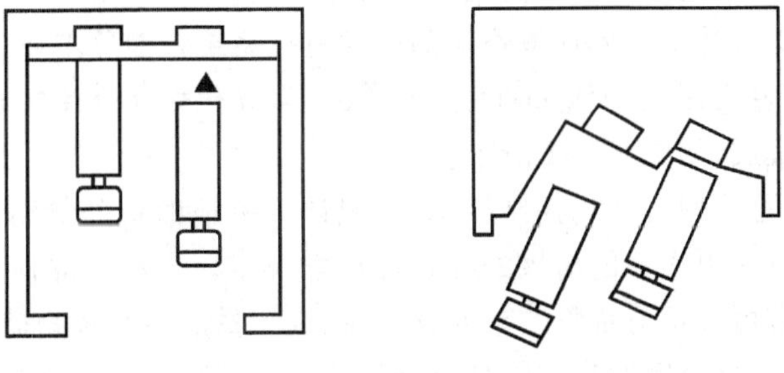

图2-29　码头设计型式(左为直线式、右为锯齿式)

（五）回转作业空间

所谓回转作业空间，是指货车进出及停靠码头所需的活动空间。该空间大小与货车的长度及回转半径相关，并与月台的宽度及数目相关。

以40ft长的货柜车为例，从码头到最近的障碍物(围墙)的长度，至少要有两部货车的长度，才能使货车有足够作业回转空间，如图2-30所示。

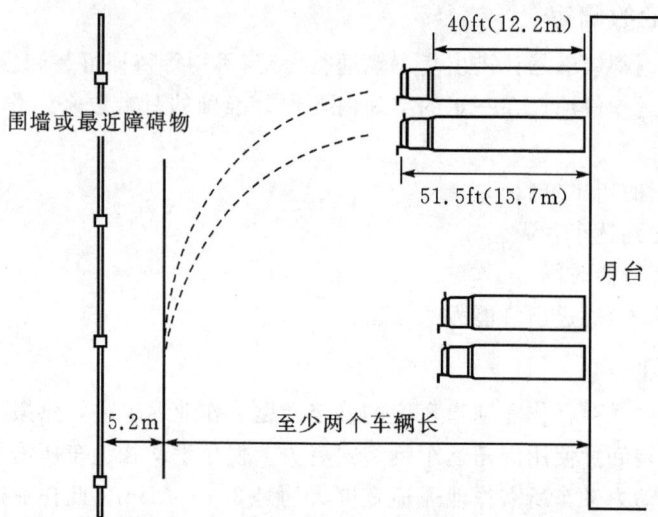

图 2-30 回转作业空间

任务四 自动化立体仓库

一、自动化立体仓库概述

自动化立体仓库是当代货架储存系统发展的最高阶段,它与自动分拣系统和自动导向车并称为物流技术现代化的三大标志。

所谓自动化高层货架仓库是指用高层货架储存货物,以巷道堆垛起重机存取货物,并通过周围的装卸设备,自动进行出入库存取作业的仓储货架系统。随着工业现代化进程的加快,工业产品的仓储业也朝着大面积、大空间的方向发展。自动化立体仓库实现了机械化、自动化控制,并日益向立体化发展,如图 2-31 所示。

自动化立体仓库是采用自动化控制技术、实现计算机辅助管理货物的自动储运的无人高架仓库,是仓库储运科学中的一门新兴的综合性科学技术。自动化立体仓库的货物管理具有先进的储运设备,具有可实现对货物的单元化集装、大容量贮存和货物储运的机电一体化动态管理等特点。自动化立体仓库的货物管理是仓储业的一门高效、科学的管理系统,也是对传统物料管理技术的深刻的变革。

自动化高层货架仓库经常应用于大型生产性企业的采购件,成品仓库,柔性自动化生产系统,流通领域的大型流通中心、配送中心。

一般而言,和使用其他货架技术相比,使用自动化立体仓库具有以下优点:

(1)立体仓库能大幅度地增加仓库高度,充分利用仓库面积与空间,减少占地面积。用人工存取货物的仓库,货架高 2m 左右。用叉车的仓库可达 3~4m,但通道需要 3m 多宽。用这种仓库存储机电零件,单位面积储存量一般为 0.3~0.5t/㎡。而高层货架仓库目前最高的已经超过 40m,其单位面积储存量比普通仓库大得多。一座 15m 高的立体仓库同样储存机电零

图 2-31 自动化高层货架仓库示意图

件,单位面积储存量可达 2～15t/㎡,是普通仓库的 4～7 倍。

(2)便于实现仓库的机械化、自动化,从而提高出入库效率,降低物流成本。以库存 11000 托盘、月吞吐量 10000 托盘的冷库为例,自动化立体仓库与普遍仓库比较,占地面积为普通仓库存的 13%、工作人员为 21.9%、吞吐成本为 55.7%、总投资为 63.3%。立体仓库的单位面积储存量为普通仓库的 4～7 倍。

(3)提高仓库管理水平,有效利用仓库的储存能力,加速周转,减少库存,节约库存资金。

(4)可以容易地实现先进先出的出入库原则,防止储存原因造成的货物损失。

(5)采用自动化技术后,立体仓库能适应黑暗、有毒、低温等特殊场合的需要。

(6)自动化仓库都有信息管理系统,数据及时准确,便于企业领导随时掌握库存的情况,提高了生产的应变能力和决策能力。

同样,其缺点表现在以下方面:

(1)一次性投资巨大,和普通仓库相比,投资达到数倍以上。

(2)除了库房内部的设施设备外,还需要与其他外部设施设备配套,才能高效使用。

(3)对建筑、材料、设备、元件、安装的技术要求比较高。

二、自动化立体仓库的分类

自动化立体仓库是一个复杂的综合自动化系统,作为一种特定的仓库形式,一般有以下几种分类方式:

(一)按照建筑物形式分类

自动化立体仓库按照建筑形式可分为整体式和分离式两种。

整体式是指货架除了存储货物以外,还作为建筑物的支撑结构,构成建筑物的一部分,即库房货架一体化结构,一般整体式高度在 12m 以上。这种仓库结构重量轻,整体性好,抗震好。分离式中存货物的货架在建筑物内部独立存在。分离式高度在 12m 以下,但也有高度在 15~20m 的。分离式适用于利用原有建筑物作为库房,或在厂房和仓库内单建一个高货架的场合。

(二)按照货物存取形式分类

自动化立体仓库按照货物存取形式可分为单元货架式、移动货架式和拣选货架式。

单元货架式是常见的仓库形式。货物先放在托盘或集装箱内,再装入单元仓库货架的货格中。移动货架式由电动货架组成,货架可以在轨道上行走,由控制装置控制货架合拢和分离。作业时货架分开,在巷道中可进行作业;不作业时可将货架合拢,只留一条作业巷道,从而提高空间的利用率。拣选货架式仓库的分拣机构是其核心部分,分为巷道内分拣和巷道外分拣两种方式。"人到货前拣选"是拣选人员乘拣选式堆垛机到货格前,从货格中拣选所需数量的货物出库。"货到人处拣选"是将存有所需货物的托盘或货箱由堆垛机推至拣选区,拣选人员按提货单的要求拣出所需货物,再将剩余的货物送回原址。

(三)按照货架构造形式分类

自动化立体仓库按照货架构造形式可分为单元货格式、贯通式、水平旋转式和垂直旋转式。

在单元货格式仓库中,巷道占去了 1/3 左右的面积。为了提高仓库利用率,可以取消位于各排货架之间的巷道,将个体货架合并在一起,使每一层、同一列的货物互相贯通,形成能一次存放多货物单元的通道,而在另一端由出库起重机取货,成为贯通式仓库。根据货物单元在通道内的移动方式,贯通式仓库又可分为重力式货架仓库和穿梭小车式货架仓库。重力式货架仓库每个存货通道只能存放同一种货物,所以它适用于货物品种不太多而数量又相对较大的仓库。穿梭式小车可以由起重机从一个存货通道搬运到另一通道。

水平旋转式仓库的货架本身可以在水平面内沿环形路线来回运行。每组货架由若干独立的货柜组成,用一台链式传送机将这些货柜串联起来。每个货柜下方有支撑滚轮,上部有导向滚轮。传送机运转时,货柜便相应运动。需要提取某种货物时,只需在操作台上给予出库指令。当装有所需货物的货柜转到出货口时,货架停止运转。这种货架对于小件物品的拣选作业十分合适。它简便实用,充分利用空间,在作业频率要求不太高的场合是很实用的。

垂直旋转式仓库与水平旋转式仓库相似,只是把水平面内的旋转改为垂直面内的旋转。这种货架特别适用于存放长卷状货物,如地毯、地板革、胶片卷、电缆卷等。

(四)按照负载的能力分类

自动化立体仓库按照负载的能力可分为单元负载式和轻负载式。

单元负载式仓库,高度可达 40m,储位量可达 10 万余个托盘,适用大型的仓库。而一般使用最普遍的高度以 6~15m 为主,储位数在 100~1000 个左右。因此自动仓库制造商多以此高度(6~15m),将自动仓库的货架及存取机标准化,制造成各种不同高度的规格,并可配合使用各种不同托盘的规格(800~1500mm)及负载的高度。因此使用者在选用时可非常快速计算出系统的外形尺寸。并且由于标准化及规格化,使施工的工期较短,且成本降低。而随着自控技术的不断进步,存取时间愈来愈快,以 100 个托盘存取为例,平均存取时间为 70 秒/托盘,故每小时可达 50 个托盘(见图 2-32)。一般单元负载式的常用荷重为 1000kg,以托盘为存取单位。

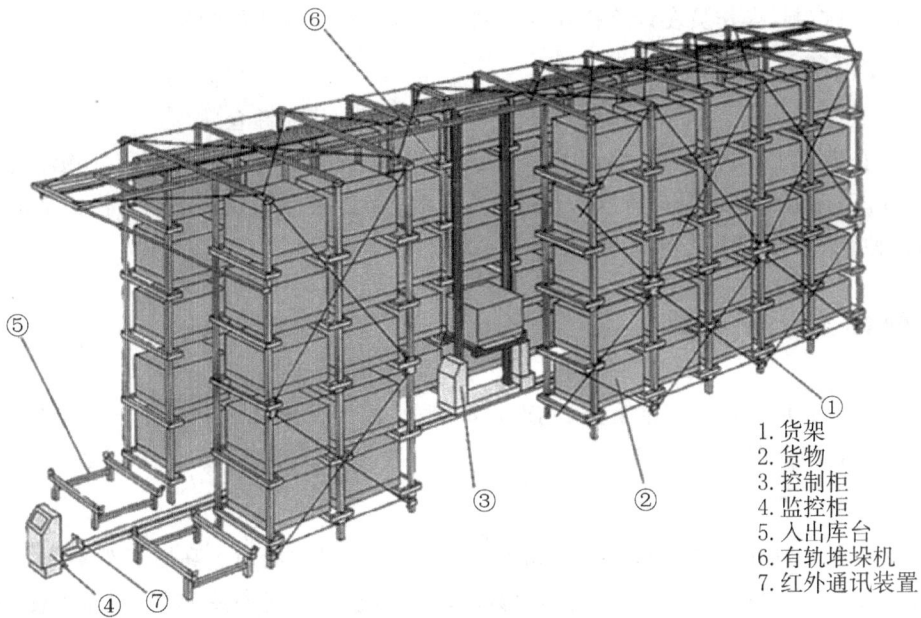

1. 货架
2. 货物
3. 控制柜
4. 监控柜
5. 入出库台
6. 有轨堆垛机
7. 红外通讯装置

图2-32 单元负载式自动仓库

轻负载式仓库,以塑料容器为存取单位,重量在50~100kg。一般以重量轻的物品储存最适合,如电子零件、精密机器零件、汽车零件、药品及化妆品等如图2-33、图2-34所示。轻负载式仓库,高度在5~10m最为普遍,一般制造厂均已标准化,可供客户选用。

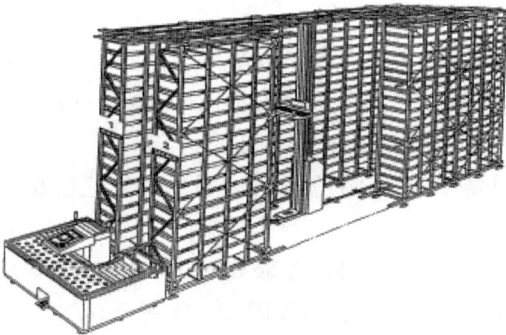

图2-33 单叉式轻负载自动仓库

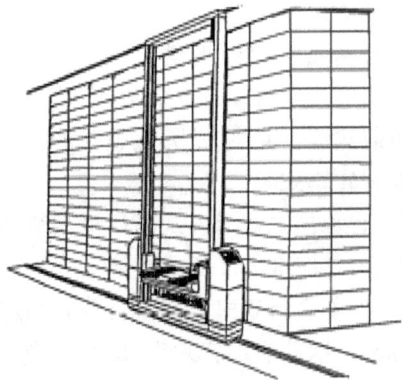

图2-34 双叉式较重负载自动仓库

(五)按照控制方式分类

自动仓储有多种控制方式,依据每座自动仓储运转需求可选择适当的控制方式,一般主要由以下四种方式:

(1)手动操作:操作员在存取机上直接操作按键或开关操作机器运转。

(2)机上自动操作:操作员只在机上设定指令,机器自动执行指令。

(3)遥控操作:操作员在地面控制器上设定指令遥控机器自动运转。

（4）计算机控制：操作员在计算机输入资料由计算机程序直接控制机器运转。

（六）按照所起的作用分类

自动化立体仓库按照所起的作用可分为生产性仓库和流通性仓库。

生产性仓库是工厂内部为了协调工序和工序、车间和车间、外购件和自制件物流的不平衡而建立的仓库；流通性仓库是一种服务性仓库，是为了协调生产厂和用户间的供需平衡而建立的仓库，这种仓库进出货物比较频繁，吞吐量较大。

三、自动化立体仓库的组成

自动化立体仓库一般由高层货架、巷道式堆垛机、周围出入库配套机械设施、管理控制系统以及土建公用设施等部分组成。

（一）高层货架

高层货架是自动化立体仓库主要组成部分，是保管物料的场所。高层货架有钢货架和钢筋混凝土货架两种。钢货架的优点主要是构件尺寸小，仓库空间利用率高，制作方便，安装建设周期短，而且随着高度的增加，钢货架比钢筋混凝土货架的优越性更明显。因此，目前国内外大多数自动化立体仓库中都采用钢货架。钢筋混凝土货架的突出优点就是防火性能好，抗腐蚀能力强，维护保养简单。

随着单元货物重量和仓库高度的提高，要求货架立柱、横梁的刚度和强度随之提高，同时随着仓库自动化程度的提高，要求货架制造和安装精度也相应提高，高层货架的高精度是自动化仓库的主要保证之一。

1.高层货架的类型

高层货架可以按建筑形式分为整体式和分离式，也可以按照负载能力分为单元负载式和轻负载式等。其中，单元负载式的货架还可以按布置方式再细分为单向式、复合行程式、侧入式和移转车式。

（1）单向式。单向式高层货架流动整齐，但是在入库、储存、出库之后无法避免存取机之回程空载，如图 3-35 所示。

（2）复合行程式。复合行程式高层货架以复合行程来提高存取效率，但列数多时，入库口会混乱。因此有的将入库、出库分为双列，左列入库，右列出库，如图 3-36 所示。

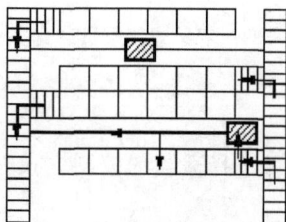

图 2-35　单向式出入库的配置方式　　　　图 2-36　复合行程式出入库的配置方式

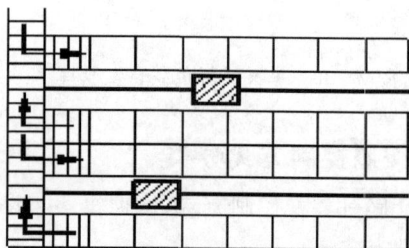

（3）侧入式。侧入式高层货架执行由侧边入、出库的多存取机、多巷道配置方式。它以多

机运转方式来提高入出库的能力,如图2-37所示。

(4)移转车式。移转车式高层货架把移转车利用在多巷道的单一存取机上。它用于库存种类多,但是入出库的频次少的情况,如图2-38所示。

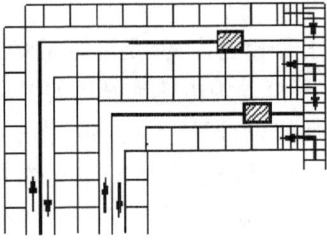

图2-37 侧入式出入库的配置方式　　图2-38 移转车式出入库的配置方式

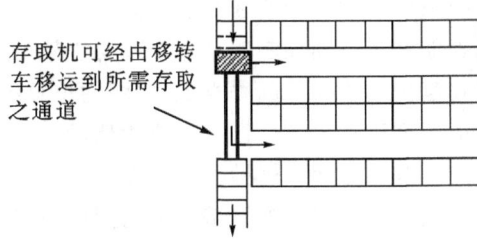

2.货格单元尺寸

恰当地确定货格单元净空尺寸是立体仓库设计中一项极为重要的设计内容,因为它直接影响仓库面积和空间利用率。对于给定尺寸的货物单元,货格尺寸取决于单元四周需要留出的空隙大小,同时在一定程度上也要受到货架结构造型的影响。

"牛腿"是货架上的一个重要机构。货箱或托盘支托在牛腿上,取货时堆垛机货叉从牛腿下往上升,托起货箱后收回货叉取走货箱。存货时,货叉支托着货箱从牛腿上方向下降,当其低于牛腿高度时货物就支托在牛腿上了。货架与货箱的关系如图2-39所示。

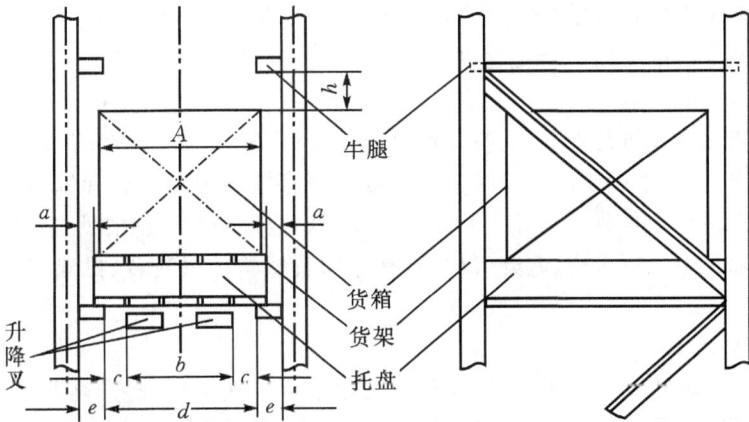

图2-39 货架与货箱的关系图

在图2-39中,A为货箱宽度,b为货叉宽度,d为牛腿间距,c为货叉与牛腿间距,e为牛腿宽度,a为托盘立柱间距,h为牛腿货箱高度差,则:

货叉宽度 b=0.7A

牛腿间距 d=(0.85~0.9)A

货叉与牛腿间距 c=(0.075~0.1)A(大货箱取大值)

牛腿宽度 e=60~125mm(大货箱取大值)

托盘立柱间距 a=25~60mm(大货箱取大值)

牛腿货箱高度差 h=70~150mm(大货箱取大值)

3.货架的刚度和精度

作为一种承重结构,货架必须具有足够的强度和稳定性,才能在正常工作条件下和特殊的非工作条件下都不至于被破坏。同时作为一种设备,高层货架还必须具有一定的精度和在最大工作载荷下仅发生有限的弹性变形。

自动控制和半自动控制的立体仓库对货架的精度要求是相当高的,是仓库成败的决定因素之一。精度包括货架片的垂直度、牛腿的位置精度和水平度。为了达到设计的要求,有必要对所设计的货架进行力学分析。目前货架设计常采用刚性假设,即认为地基在货架和货物作用下不会产生弹性形变。这种处理使设计计算大为简化。但是与实际情况却有较大的差距。比较好的货架设计是采用弹性基础梁的假设,将钢筋混凝土层视为弹性基础梁或板。其下层视为等效弹簧,这样可以同时考虑土层与混凝土层的影响,较好地反映实际情况。

(二)巷道式堆垛机

1.巷道式堆垛机的结构特点

巷道式堆垛机是立体仓库中最重要的运输设备。巷道式堆垛机是随着立体仓库的出现而发展起来的专用起重机。它的主要作用就是在高层货架的巷道内来回穿梭运行,将位于巷道口的货物存入货格,或者相反,取出在货格内的货物并将其运送到巷道口。这种工艺对巷道式堆垛机在结构和性能上提出了一系列严格的要求。

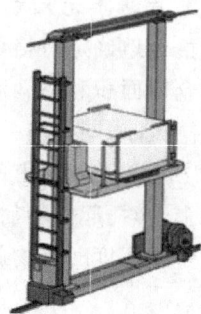

图 2-40 巷道式堆垛机

巷道式堆垛机的额定载重量一般为数十公斤到数吨,其中使用最多的是 0.5 吨的。它的行走速度一般为 4～120m/s,提升速度一般为 3～30m/s。

有轨式巷道式堆垛机是由叉车、桥式堆垛机演变而来的。桥式堆垛机由于桥架笨重,故此运行速度比较慢,仅仅适合于出入库频率不高或者是存放长形原材料和笨重货物的仓库。其优点在于可以方便地为各巷道服务。目前立体仓库中应用最为广泛的就是巷道式堆垛机。

巷道式堆垛机由运行机构、起升机构、装有存取货机构的载货台、机架和电器设备等部分构成。

2.安全保护装置

堆垛机作为一种重要的起重设备,在狭窄的通道内高速运行,起升高度较大,其安全性和可靠性尤为重要。为了保证人身安全以及设备安全,生产制造及安装厂家必须具有资格证,设备需经当地劳动部门验收。在国家标准中规定有多种安全保护装置,并在电气控制上采取一系列连锁和保护措施,除了一般起重设备常用的安全保护装置以外,还增设了以下装置和保护措施。

(1)声光警告。堆垛机在启动前,先响铃或者同时闪光数秒钟,发出警报信号,然后才启动。

(2)堆垛机货叉与运行、起升机构连锁。在堆垛机行走,货高速升降时,切断货叉伸缩机构的电动机的控制线路,防止因为误操作而使货叉伸出,碰翻货架。在货叉开始伸缩时,堆垛机的运行机构不能启动,起升机构只能以慢速升降。

(3)堆垛机停准后才能伸缩货叉。堆垛机采用自动控制方式或半自动控制方式。当运行机构停稳,起升机构使货叉对准货格的时候,货叉才能向两侧伸出。

（4）货位虚实探测。堆垛机到达入库货位,货叉将货物单元送入货格前,先用光电开关探测一下该货格有无货物。若无货物,则伸出货叉将货物送入货格。若已有货物,则拒绝货叉伸出,并发出双重入库警报。

（5）限制货叉在货格内的升降行程。货叉在货格内微升降取送货物时,用检测开关限制微升降行程,或限制微升降时间,防止货叉微升降过度,撞毁货物、货架或工作机构。

（6）堆垛机负荷限制。松绳过载装置是控制堆垛机载货台受载情况的保护装置,其作用是当载货台上承受载荷超过最大或最小允许值时通过钢丝绳的拉力大小,调节装置中的弹簧产生不同行程,从而切断起升装置电机回路电源,使装置及时停止运转。

（7）载货台断绳保护。断绳保护装置是由螺杆、压缩弹簧、左右安全钳及连杆机构等组成,主要原理是载货台上滑轮组的 U 形板联结座下装有螺杆和压缩弹簧,当起升钢丝绳受载货台和货物重量的作用力时,使压缩弹簧处于压缩状态,一旦当钢丝绳断裂,即滑轮组失去载货台和货物的重力作用,同时压缩弹簧施放,使连杆机构动作,把安全钳中的楔块向上运动,由于楔块的斜面作用使断绳保护装置夹紧在起升导轨上,从而保证载货台在断绳时不致坠落。

（8）货物外形和位置异常检测。为了防止超高、超宽、超长以及位置异常的货物进入储存系统,必须接受外形检查。在自动控制系统中,一般在入库输送机上自动检测。在无输送机的系统中,可以在堆垛机载货台上安装检测装置进行检测。

（三）装卸堆垛机器人

随着物流系统通信技术的开发,装卸搬运机器人得到了充分的应用。它的作业速度高,作业准确,尤其适合有污染、高温、低温等特殊环境和反复单调的作业场合。机器人在仓库中的主要作业有码盘、搬运、堆垛和拣选作用。在仓库中利用机器人作业的优点是它能够在搬运、拣选和堆码过程中完成决策,起到专家系统的作用。机器人在自动化仓库入库端的作业过程为:被运送到仓库中的货物通过人工或机械化手段放到载货台上,放在载货台上的货物通过机器人将其分类。由于机器人具有智能系统,可以根据货箱位置和尺寸进行识别,将货物放到指定的输送系统上。如图 2-41 所示。

图 2-41　装卸堆垛机器人

(四)自动导引车

自动导引车(automatic guided vehicle,AGV)是一种物料搬运设备,能在一位置自动进行货物的装载,自动行走到另一位置完成货物的卸载,自动完成货物装卸的运输装置,如图2-42所示。通过系统集中控制和计算机管理,对自动导引车的作业过程进行优化,发出搬运指令,控制自动导引车的路线及跟踪输送中的各种信息,完全实现全自动作业,即自动识别、自动运输、自动检测、自动搬运、自动存取、自动信息交换和自动监控等。

自动导向车的应用代替了传统的人工搬运的方式,大大促进了企业的技术进步,改善了工作条件和环境,提高了自动化生产水平,有效地解放了劳动生产力,减轻了工人的劳动强度,缩减了人员配备,优化了生产结构,节约了人力、物力、财力,创建了人机友好、和谐宜人、科学文明的生产环境。

图2-42 自动导向车系统

1.自动导向车系统的构成

自动导向车系统以自动导向的无人驾驶搬运小车为主体,由导向系统、自动寄送系统、数据传输系统、管理系统、安全保护装置及周边设备等组成,如图2-42所示。自动导向车是无人驾驶的、能自动导向运行的搬运车辆,大多采用由蓄电池供电和直流电动机驱动。自动导向车的承载量一般为50~5000kg,最大承载量已达到100t。根据用途的不同,自动导向车有多种型式,如自动导向搬运车、自动导向牵引车、自动导向叉车等。其中自动导向搬运车是使用最多的一类,大约占85%。

2.导向工作原理

自动向导车按照引导方式可分为电磁感应导引、激光导引、磁带导引、惯性导引和视觉导引。

(1)电磁感应导引是利用沿预先设定的行驶路径埋设的低频导引电缆形成的电磁场及电磁传感装置引导自动导向车运行。天线及其感应线圈用于检测自动导向车相对于导引电缆的偏移量,精确校正自动导向车的运行方向。

(2)激光导引的工作原理是利用安装在自动导向车上的激光扫描器识别设置在其活动范围内的若干个定位标志来确定其坐标位置,从而引导自动导向车运行,这种工作方式属于导航式导引。

(3)惯性导引的工作原理是在自动导向车上安装惯性陀螺仪,在行驶地面上安装定位块,自动导向车可通过对陀螺仪偏差信号的计算及地面定位块信号的采集来确定自身的位置和方向,从而实现导引。其主要优点是技术先进,定位准确性高,灵活性强,便于组合和兼容。

(4)磁带导引的工作原理与电磁导引相近,用在路面上贴磁带替代在地面下埋设金属线,通过磁感应信号实现导引。磁带导引灵活性比较好,改变或扩充路径较容易,磁带铺设也相对简单。但是这种导引方式易受环路周围金属物质的干扰,由于磁带外露,易被污染且对机械损伤极为敏感,因此导引的可靠性受外界因素影响较大,适合于环境条件较好,地面无金属物质干扰的场合。

(5)视觉导引是目前快速发展也较成熟的方式。这种方式是在自动导向车上装有CCD摄像机和传感器,在车载计算机中设置有自动导向车欲行驶路径周围环境的图像数据库。自动导向车行驶过程中,摄像机动态获取车辆周围环境图像信息并与图像数据库进行比较,从而确定当前位置并对下一步行驶作出决策。这种方式由于不要求人为设置任何物理路径,因此在理论上具有良好的引导柔性。随着计算机图像采集、储存和处理技术的飞速发展,该种方式的实用性越来越强。

3.自动导向车的作业安全

自动导向车是无人驾驶自动导向运行的搬运车辆,为了保证车辆、各种地面、现场人员以及自动导向车系统的安全,要采取以下综合的安全保障措施。

(1)障碍探测和接触缓冲。在车辆的前端装有接近探知器和接触缓冲器。接近探知器在预定的距离内检测到障碍物就能控制自动导向车减速直到自动停止。若接近探知器未能检测到障碍物,而接触缓冲器触及该物时,会立即发出碰触障碍物的信号,同时使车辆紧急停止运行。

(2)弯道自动减速。在一般作业场合,车辆的最大运行速度常在 60m/min 以下。为了保证安全,车辆在弯道处行驶时采用缓行速度。

(3)货物搬运和移载。运行时,车上移载装置及其上的货物必须锁紧和固牢。移载时,车体不能移动。

案例分析

华为自动化物流中心

提到通信设备生产企业,很多人都知道"巨大中华"。其中的"华"就是指华为技术有限公司(以下简称华为)。作为国内规模最大的通信设备与解决方案供应商,近年来,华为始终保持着快速发展势头,年增长率达到 30%～40%。

华为的成功,从外部来看,得益于全球通信行业大发展的市场环境;从内部来看,既依托于自身强大的研发实力和市场能力,也离不开先进高效的物流系统的支撑。特别是于 2002 年 11 月投入使用的高度自动化的生产物流系统,与华为的整个生产线融为一体,满足了华为快速生产的需要,并大幅减少了物料移动,缩短了生产周期,提高了生产效率和生产质量,为公司的快速发展奠定了坚实的基础。

通信行业有其规范和特性,具体表现在交货期短,市场需求波动大,生产的计划性较差。华为的经营宗旨是千方百计满足客户需求,在此前提下,追求各项成本的降低。由于华为生产所需的部分高技术原材料要从国外进口,通常采购周期长达两个月,而华为的成品交货期只有两周左右,其间有一个半月的时间差。所以,为了保证按时履行订单,华为必须保有一定的原材料库存。

2001年，在自动物流中心建设之前，华为的原材料主要采用平面码放存储、人工拣选和搬运方式，不仅占地面积非常大，而且物流效率低，差错率和货物损失难以避免，不能跟上公司业务规模日益扩大的发展脚步，无法及时满足客户需求。经过充分的调研，华为决定建设新的自动物流中心用于原材料的存储与分拣，配备先进高效的自动化物流系统，以高效率地满足生产线的物料需要。

自动物流中心项目得到了公司高层领导的大力支持。当时，国内已建成并投入使用的自动化物流系统项目屈指可数，因此很多人反对华为投入巨资建设如此高度自动化的物流中心。而华为公司高层领导从企业发展角度出发，以加快市场响应速度、提高客户满意度为目标，最终力排众议，决定上马现代化物流系统项目。之后，华为迅速成立了自动物流中心项目组，由设备、生产、物流等相关部门的七八个人共同组成，负责生产物流系统建设。

华为的企业物流系统主要分为厂内物流和成品运输两个部分。厂内物流按照生产工序划分为半成品加工前物流（原材料物流）和整机装配物流，分别由中央收发监控部和生产部门负责。成品运输主要由国际物流部门负责。此外，区域销售中心（全球划分为6大区域）肩负二次物流功能，主要负责成品分拨。

位于坂田基地的自动物流中心，是依据华为500亿元的物流业务量目标所规划的。作为华为的中央库房（一级库），用于存储全球采购来的原材料，包括PCB板、元器件、部分电缆、部分结构件等。自动物流中心由以自动化立体仓库为核心的仓储系统、自动分拣与输送系统、条码与RF系统等组成，在仓储管理系统（WMS）的指挥协调下，完成原材料的入库、存储、分拣、出库。

物流中心自动仓储区总占地面积约1.7万平方米，共有20个巷道，其中，托盘立体库有2万多个货位，料箱立体库有4万多个货位。高峰期，货位利用率曾达到90%～95%；现在由于一部分生产能力外移，货位占用率为60%～70%。

自动物流中心的建设期为14个月（由2000年10月到2001年11月），项目总投资约1亿元人民币（包括主体设备、辅助设备、顾问咨询费、项目管理费等所有费用）。其设计、建设、测试、验收等指标均符合欧洲机械搬运协会标准（即FEM标准）。

物流中心作业流程如下：

1. 收货与入库

供应商将预发货通知单（ASN）通过EDI方式传送到华为的ERP系统，华为按照生产计划安排供应商送货。供应商的运输车来到物流中心后，按照车辆排队系统的指示等待卸货。

在收货区，操作人员将整箱货物码放在托盘上，或者放置在料箱里，并将预先打印好的条码标签贴在托盘或者料箱上，再扫描条码标签，使托盘/料箱与货物（SKU）建立关联关系。此后，SKU就进入了WMS系统的控制范围内，可以通过托盘/料箱条码实现对货物的管理。

货物在进入托盘或者料箱立体库之前必须经过检验，未检验的货物先放置在暂存区。

已检验合格的托盘货物由入库人员采用林德叉车搬运至入库输送线（链式输送机），进入托盘立体库存放。料箱货物直接放在输送线上入库存放。

2. 存储

存储系统由托盘自动化立体库和料箱自动化立体库组成。托盘立体库高8米，有13个巷道，13台堆垛机，2万多个货位。

料箱立体库用于存放小型物料，有7个巷道，7台堆垛机，4万多个货位。

3.分拣与出库

在分拣区,WMS系统根据ERP系统的生产计划模块发出的指令调出所需物料。两台穿梭车分别对应于托盘立体库和料箱立体库的出库货物输送线。已出库的托盘货物被送至分拣区,操作人员按照WMS系统的指示,将相应数量的货物搬卸下来,放入出库输送机,完成分拣。已出库纸箱货物通过连接自动物流中心和生产线的输送系统进入生产车间,而剩余的托盘货物再重新送回立体库存放。

料箱货物不需要分拣,直接通过连接自动物流中心和生产线的输送系统,进入生产车间。

在入库区设有紧急出库口,一些急需使用的货物可以不再入库直接经过分拣进入生产线。

除了在自动物流中心存储大批量原材料外,华为在生产线旁还设有小型的线旁库(二级库),其中包括10台自动货柜,存放可以满足1～2天生产所需的物料。线旁物料管理也采用了条码和RF系统(华为自己开发的在线拣料系统SPS系统),实现了实时的批次拣料、理货、成品存放以及员工的工作量管理等功能,并降低了发错货的几率。

自动物流中心作为华为坂田基地物流系统的核心环节,对优化坂田基地的物流作业、提高物流环节的效率、节约整个公司的管理成本起到了重要的作用。

思考

1.使用自动化立体仓库要注意哪些方面?

2.华为采用自动化立体仓库后,比较传统仓库有哪些明显优势?

本章实训

仓储设施设备操作与设计

一、实习目的

1.了解仓库的主要构造。

2.正确区分不同类型的货架。

3.掌握简单的仓储货架选型能力。

二、实习内容

1.参观校内仓储实训基地。

2.根据不同货物形态合理选择仓储设施设备。

三、要求和注意事项

1.学生应遵守实训单位的劳动纪律,服从安排,注意安全。

2.实训过程中,学生应按实训指导及教师要求,进行参观。

3.实训结束后,学生进行分组讨论并写出实训报告,报告包括如下内容:

(1)实训的目的和要求;

(2)实训的步骤;

(3)本次实训所获得的主要收获和体会。

四、考核与评价

根据实训表现及实训报告综合评定学生成绩。

项目三
运输设施设备认知

学习目的与要求

1. 掌握公路的构造与分类、货运汽车的种类和功能特点。
2. 掌握铁路安全运行组织、铁路货运车体分类与特点以及铁路站场的功能。
3. 掌握港口设施与设备的组成、货运船舶的类型及各自的特点。
4. 了解航空港内的设施的组成。
5. 了解管道运输设施的组成与运作特点。

任务一　公路运输设施设备

公路运输是综合运输系统中最机动灵活的一种运输方式,突出的特点是直达运输,中转少,便利、迅速、适应性强,是其他运输方式所不及的。它在整个交通运输中占有重要的地位。

一、公路运输的特点

1. 机动灵活,适应性强

公路运输网一般比其他运输方式的道路网络密度要大得多,分布面也更广阔,因此公路运输车辆可以"无处不到,无时不有"。而且公路运输在时间方面的机动性也比较大,车辆可随时调度、装运,各环节之间的衔接时间较短。

2. 可实现"门到门"直达运输

公路运输可以把旅客和货物从始发地门口直接运送到目的地的门口,实现"门到门"的直达运输,这是其他运输方式无法比拟的优势。

3. 中短途运输运送速度快

在中短途运输中,由于公路运输灵活性高,可以不需要中转就直接将货物运达目的地,运送速度相对更快。

4. 运量小,运输成本高

公路运输的车辆与其他运输方式的运载工具相比运量要小,导致单位面积货物的存储成本较高,另外由于使用燃料多,使得运营成本增加,因此除了航空运输,公路运输的成本是最高的。

5. 安全性较低,环境污染严重

我国每年由于交通事故而造成的伤亡事故高达50多万起,造成的经济损失更是难以估量,同时汽车所排出的尾气和引起的噪音也严重威胁着人们的健康,是城市环境污染的主要来源。

二、公路的基本构成

公路是由路基、路面、桥梁、涵洞、排水系统、防护工程和交通服务设施等构成。

1. 路基和路面

路基和路面是公路的主要工程结构物。路基是在天然地面表面按照路线位置和设计断面的要求填筑或开挖形成的岩土结构物。路基是支撑路面结构的基础,与路面共同承受行车载荷的作用。路基一般包括车道、隔离带、路肩以及紧急停车带、爬坡车道、加速车道等部分,如图 3-1 所示。

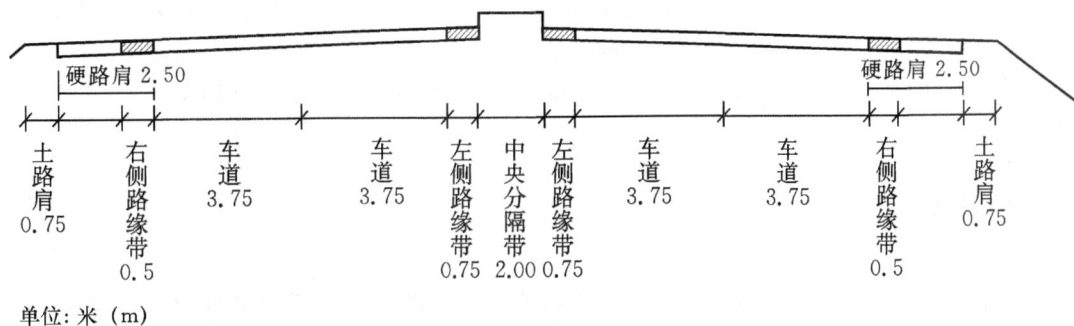

图 3-1 公路路基示意图

路面是在路基顶面的行车部分用各种筑路材料铺筑而成的层状结构物。路面结构一般由面层、基层、底基层与垫层组成。路面结构层对路基起保护作用,使路基不会直接承受车辆和大气的破坏作用,长期处于稳定状态。影响路基路面稳定性一般有以下几个因素。

(1)地形。平原地区地势平缓,地面水容易积聚,地下水位较高,路基需要保持一定的最小填土高度,路面结构层应选择水稳定性良好的材料;山岭重丘地区地势陡峻,路基的强度与稳定性特别不易保证,需要采取某些防护与加固措施,而且路基路面的排水至关重要。

(2)地质。沿线岩土的种类、成因、岩石走向、倾向和倾角、风化程度等,都影响路基的强度与稳定性。

(3)气候。公路沿线地区的气温、降水量、降雪量、冰冻深度、日照、年蒸发量、风力、风向等都会影响路基路面的水温状况。

(4)水文与水文地质。水文是指地面径流、河道的洪水位、河道的冲刷与预计情况等。水文地质则是指地下水位、地下水移动的规律、有无泉水及层间水等。所有这些都会影响路基路面的稳定性,如果处理不当,往往会导致路基路面产生各种病害。

2. 公路等级

公路等级是根据公路的使用任务、功能和流量进行划分的,公路技术等级划分的定量指标主要有交通量和行车速度。交通量是指单位时间内(每小时或每昼夜)通过两地间某公路断面处来往的实际车辆数。行车速度是指公路的设计计算行车速度,它是在保证行车安全的前提下,公路受限制部分(如弯地、曲线等)所允许的汽车达到的最高行驶速度。我国将公路划分为高速公路、一级公路、二级公路、三级公路、四级公路五个等级。

一级公路是供汽车分向、分车道行驶的公路,一般能适应按各种汽车折合成小客车的远景设计年限,年平均昼夜交通量为 15000～30000 辆。

二级公路一般能适应按各种车辆折合成中型载重汽车的远景设计年限,年平均昼夜交通量为 3000～7500 辆。

三级公路一般能适应按各种车辆折合成中型载重汽车的远景设计年限,年平均昼夜交通量为 1000～4000 辆。

四级公路一般能适应按各种车辆折合成中型载重汽车的远景设计年限,年平均昼夜交通量为双车道 1500 辆以下,单车道 200 辆以下。

3.高速公路

高速公路是指能适应年平均昼夜小客车交通量为 25000 辆以上,专供汽车分道高速行驶并全部控制出入的公路。高速公路要求路线顺畅,纵坡平缓,路面有四个以上车道的宽度;中间设置分隔带,采用沥青混凝土或水泥混凝土高级路面,为保证行车安全设有齐全的标志、标线、信号及照明装置;禁止行人和非机动车在路上行走,与其他线路采用立体交叉、行人跨线桥或地道通行。

三、公路货运站

公路货运站是货物运输过程中进行货物集结、暂存、装卸搬运、信息处理、车辆检修等活动的场所,它有六大功能:①运输组织功能;②中转换装功能;③装卸储存功能;④多式联运和运输代理功能;⑤通信信息功能;⑥综合服务功能。

1.汽车货运站设施组成

(1)生产设施:业务办公设施、库(棚)设施、场地设施、道路设施。

(2)生产辅助设施:维修维护设施、动力设施、供水供热设施、环保设施。

(3)生活辅助设施:食宿设施、其他服务设施。

2.汽车货运站的类型

(1)整车货运站。

以货运商务作业机构为代表的整车货运站,是调查并组织货源、办理货运商务作业的场所,包括托运、承运、业务受理、运费结算等各项工作。

(2)零担货运站。

零担货运站是专门经营零担货物运输的汽车货运站。

(3)集装箱货运站。

集装箱货运站主要承担集装箱的中转运输任务,所以又称为集装箱中转站。

3.汽车货运站的分级

申请一级、二级整车货运站,一级、二级零担货运站,一级、二级、三级集装箱中转站,由县级以上道路运输管理部门逐级初审,市交通主管部门签署意见,省交通厅道路运输管理局审核,报省交通厅审定。申请三级、四级整车货运站,三级零担货运站,四级集装箱中转站,由县级道路运输管理部门初审,县级交通主管部门签署意见,市级道路运输管理部门审核,市交通主管部门审定。

四、货运车辆

货运车辆是指运载货物的汽车,又称载货汽车或卡车,货车通常采用前置发动机,车身由独立的驾驶室和货箱两部分构成。

1.车辆识别代号

我国机械工业部于1996年发布了《车辆识别代号(VIN)管理规则》,规定1999年1月1日后,我国新生产的汽车都必须使用车辆识别代号(VIN),车辆识别代码组成如图3-2所示。

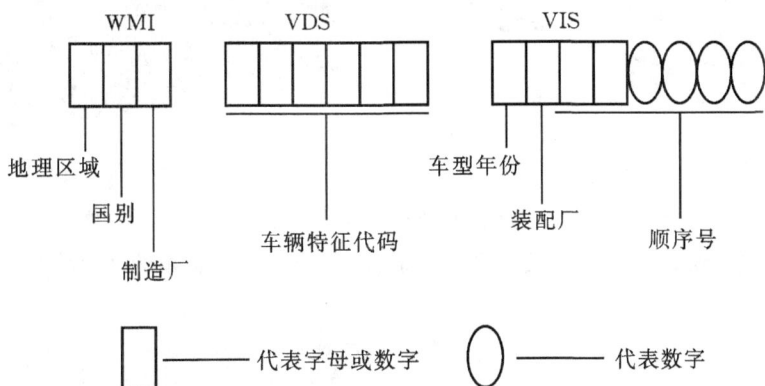

图3-2 车辆识别代码组成

第一部分:世界制造厂识别代号(WMI),由三位字码组成,必须经过申请、批准和备案后方能使用。世界制造厂识别代号的第一位字码是标明一个地理区域的字码或数字,第二位字码是标明一个特定地区内的一个国家的字母或数字,第三位字码是标明某个特定的制造厂的字母或数字。

第二部分:车辆说明部分(VDS),由六位字码组成,由制造厂自己决定。

第三部分:车辆指示部分(VIS),由八位字码组成,其最后四位字码应是数字。第一位字码指示年份,第二位字码用来指示装配厂,第三至第八位字码表示生产顺序号。

2.货车的类型

根据《机动车结构术语》,货车归类为汽车并且分为以下八类。

(1)普通栏板式货车:载货部位的结构为栏板的载货汽车,不包括具有自动倾卸装置的载货汽车(见图3-3)。

(2)厢式货车:载货部位的结构为封闭厢体且与驾驶室各自独立的载货汽车(见图3-4)。

图3-3 普通栏板式货车

图3-4 厢式货车

（3）封闭式货车：载货部位的结构为封闭厢体且与驾驶室联成一体，车身结构为一厢式载货汽车（见图3-5）。

（4）罐式货车：载货部位的结构为封闭罐体的载货汽车（见图3-6）。

图3-5　封闭式货车

图3-6　罐式货车

（5）平板货车：载货部位的地板为平板结构且无栏板的载货汽车（见图3-7）。

（6）集装箱车：载货部位为框架结构且无地板，专门运输集装箱的载货汽车（见图3-8）。

图3-7　平板货车

图3-8　集装箱货车

（7）自卸式货车：载货部位具有自动倾卸装置的载货汽车（见图3-9）。

（8）特殊结构货车：载货部位为特殊结构，专门运输特定物品的载货汽车。如运输小轿车的双层结构载货汽车（见图3-10），运输活禽畜的多层结构载货汽车。

图3-9　自卸式货车

图3-10　双层小车运输车

3.**车辆的构造与功能**

汽车总体构造由发动机、底盘、车身和电气设备四个部分组成。

(1)发动机——向车辆提供运行动力,是能量转换装置。

汽车的发动机是内燃机动力装置——将燃料燃烧产生的热能转变为机械能。根据所用燃料的不同分为汽油机和柴油机两大类。汽油机由两大机构、五大系统组成。两大机构为曲柄连杆机构和配气机构,五大系统是燃料供给系、冷却系、润滑系、点火系、启动系。柴油机没有点火系,由两大机构、四大系统组成。

发动机各组成部分具有以下作用。

①曲柄连杆机构:发动机的骨架,保证安装其上的各部件有正确的工作位置,实现热能向机械能的转换。

②配气机构:保证新鲜可燃混合气(汽油机)或纯净的空气(柴油机)及时进入气缸,废气及时排出气缸。

③燃料供给系:保证定时定量地向发动机提供合格的燃料,将废气进行处理并排出。

④冷却系:冷却发动机受热部件,保持发动机在最适宜的温度范围内工作(气体温度高达$1800\sim20000\,^{\circ}\mathrm{C}$)。

⑤润滑系:起到润滑、散热、清洗、保护、密封的作用。

⑥启动系:汽车启动时向发动机提供必须的外部动力。车辆上多采用电力启动,由蓄电池供电,启动机产生启动时所需的转矩,从而使发动机获得初始能量而旋转。

⑦点火系:按照发动机的工作需要及时点燃气缸内的可燃混合气,使之迅速燃烧。

(2)汽车底盘。

汽车底盘的基本作用接受发动机的动力,保证汽车按照驾驶员的意愿正常行驶。汽车底盘的组成包括传动系、行驶系、转向系、制动系。

①传动系:接受发动机输出的动力,并将动力最终传递给驱动车轮,由离合器、变速器、方向传动装置、主减速器与差速器、半轴等组成。

②行驶系:汽车的组装基础,承受全车的重量及各种外力车辆行驶,主要由车架、车轿、悬架和车轮等部分组成。

③转向系:使汽车能够按照驾驶员的意愿改变行驶方向。

④制动系:使汽车减速或停车,并保证汽车能可靠地停驻。

(3)汽车车身。

汽车车身是驾驶员工作的场所和装载乘客和货物的场所,提供车辆整体的支撑和强度。货车车身一般由驾驶室和货箱两部分组成。

(4)汽车电气设备。

汽车电气设备由电源和用电设备两大部分组成。电源包括蓄电池、发电机,用电设备主要包括启动系、点火系、汽车的照明、信号装置和仪表、微机控制系统和人工智能装置等。

4.**车辆的使用性能**

汽车的使用性能是指汽车能够适应使用条件而表现出最大工作能力,它既是评价和选择汽车的主要标准,又是正确使用汽车的基本依据。汽车的使用性能主要包括动力性、燃油经济性、操纵稳定性、制动性、通过性、舒适性、行驶安全性、装载性、装卸方便性、环保性等。

(1)动力性。

动力性是汽车首要的使用性能,它是指汽车在规定条件下能够达到的最高车速,以及进行加速及爬坡的能力。汽车的动力性好才能达到较高平均速度,越过尽可能大的坡度,进行快速超车,单位时间内完成的货运周转量(吨公里)就越大,运输生产率就越高。

(2)燃油经济性。

汽车的燃油经济性是指汽车以最小的燃油消耗量完成单位运输工作的能力。物流企业或货运企业对汽车燃油经济性考核的常用指标是 L/100t·km,表示每完成 100 吨公里的货物周转量所消耗的燃油升数。

(3)操纵稳定性。

汽车的操纵是指汽车对驾驶员转向指令的响应能力,直接影响到行车安全。轮胎气压和弹性、悬架刚度、汽车重心位置等都影响汽车的操纵性。稳定性是汽车受到外界干扰后恢复原来运动状态的能力,以及抵御侧滑和倾翻的能力。对汽车而言,横向稳定性尤其重要。当汽车在横向坡道、弯道上高速行驶或装载过高过重时都容易发生侧滑或侧翻。因此,操作稳定性不仅影响到汽车是否如意地进行驾驶,而且也是保证汽车高速行驶安全的一个主要性能。

(4)制动性。

良好的制动性能是汽车安全行驶的保障,也是汽车动力性能够很好发挥的前提。

(5)通过性。

汽车的通过性是指汽车以足够高的平均速度通过不良道路、无路地带和克服障碍的能力。汽车尺寸参数的合理选择有利于提高汽车的通过性。如较大的最小离地间隙、接近角、离去角、车轮半径和较小的转弯半径等都有利于提高汽车的通过性。

(6)舒适性。

舒适性包括汽车行驶平顺性、噪声、空气调节和居住性等内容。

(7)行驶安全性。

汽车的行驶安全性包括主动安全性和被动安全性两大方面。主动安全性是指汽车本身防止或减少交通事故的能力;被动安全性是指汽车发生交通事故后,汽车本身能够减轻人员受伤和货物受损的能力。

另外车辆的使用性能还包括装卸方便性、环保性等指标。

5. 汽车的尺寸参数

汽车的尺寸参数如图 3-11 所示。

(1)车长(L):垂直于车辆纵向对称平面并分别抵靠在汽车前、后的最外端突出部位的两垂直面距离。

(2)车宽(B):平行于车辆纵向对称平面并分别抵靠车辆两侧固定突出部位(除后视镜、侧面标志灯、方位灯、转向指示灯等)的两平面之间的距离。

(3)车高(H):车辆支承平面与车辆最高突出部位之间的垂直距离。

(4)轴距(L_n):汽车处于直线行驶位置时,同侧相邻两轴的车轮落地中心点到车辆纵向对称面的两条垂直线间的距离。

(5)轮距(A_1、A_2):在支承平面上,同轴左右车轮两轨迹中心线间的距离。

(6)最小离地间隙(C):满载时,车辆支承平面与车辆最低点之间的距离。

(7)接近角(α_1):汽车前端突出点向前轮引的切线与地面的夹角。

(8)离去角(α_2):汽车后端突出点向后轮引的切线与地面的夹角。

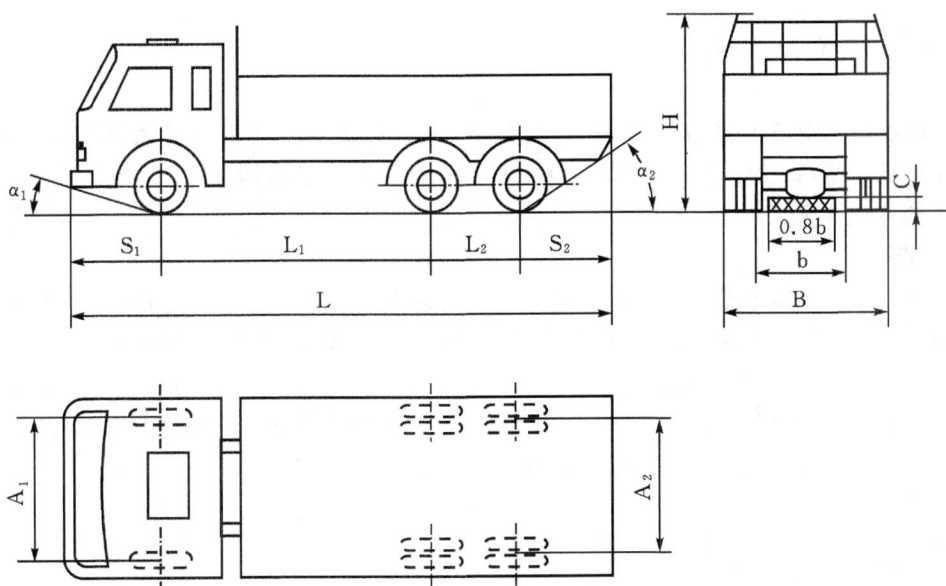

图 3-11 汽车尺寸参数示意图

五、车辆的使用管理

车辆使用管理是指对车辆进行择优选配、正确使用、定期检测、强制维护、视情修理、合理改造、适时更新的一系列活动过程。对车辆管理的总体要求是：为运输和配送活动提供性能优良、高效低耗的运输车辆，不断保持和提高运输车辆的先进性和适用性。车辆管理包括两方面内容：一是车辆的技术管理，即对车辆物质运动形态的管理；二是车辆的经济管理，即对车辆价值运动形态的管理。

任务二 铁路运输设施设备

铁路运输是使用铁路列车运送客货的一种运输方式。铁路运输主要承担长距离、大数量的货运，是在干线运输中起主力运输作用的运输形态。

一、铁路运输的特征

铁路运输的优点是速度快，运输受自然条件限制小，载运量大，运输成本较低，定时性好，节能环保低碳。主要缺点是灵活性差，只能在固定线路上实现运输，需要与其他运输手段配合和衔接，作业形式复杂，基础建设投资较大。因此，综合考虑，铁路适于在内陆地区运送中长距离、大运量、时间性强、可靠性要求高的一般货物和特种货物。从投资效果看，在运输量比较大的地区之间建设铁路比较合理。

二、铁路线路与轨道

铁路线路承受机车、车辆的重量,并且引导它们的行走方向,所以铁路线路是运行的基础。铁路线路是由路基、桥隧建筑物和轨道组成的一个整体的工程结构。

1.铁路线路构成

(1)路基。

路基是铁路线路承受轨道和列车载荷的基础结构物。路基要求坚实而稳固,能承受沉重的压力并经常保持完好状态,使列车能按规定的最高速度安全、平稳、不间断地运行。

路基由路基本体(包括路基面、路基基床、边坡等)、路基排水设备(包括地面排水和地下排水设备)、路基防护设备(包括护坡设施、冲刷防护设施等)和路基加固设施(包括支撑加固设施和防风、防雪、防沙设施)几部分组成,如图 3-12 所示。

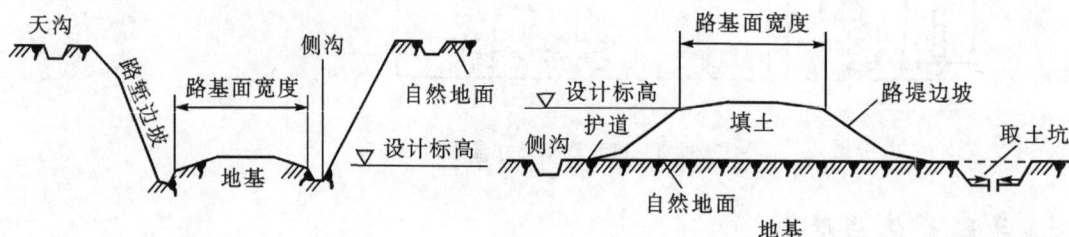

图 3-12　铁路路基示意图

(2)桥隧建筑物。

铁路通过江河、溪流、谷地和山岭等天然障碍物,跨越公路、其他铁路线时需要修筑各种桥隧建筑物。桥隧建筑物包括桥梁、涵洞、隧道等。有一定承载力的架空建筑物称为桥梁;埋设在路堤内的过水建筑物称为涵洞;隧道是供铁路线路克服高层障碍,穿过山岭河流、海底修筑的建筑物。桥隧建筑物与路基联成一体,才能形成线路,因此,它是路基本体的重要组成部分。

(3)轨道。

轨道由钢轨、轨枕、连接零件、道床、防爬设备和道岔等组成。它承受着机车车辆的垂直压力和水平压力,这些力由钢轨传给轨枕,再由轨枕传给道床,直至传给路基,如图 3-13 所示。

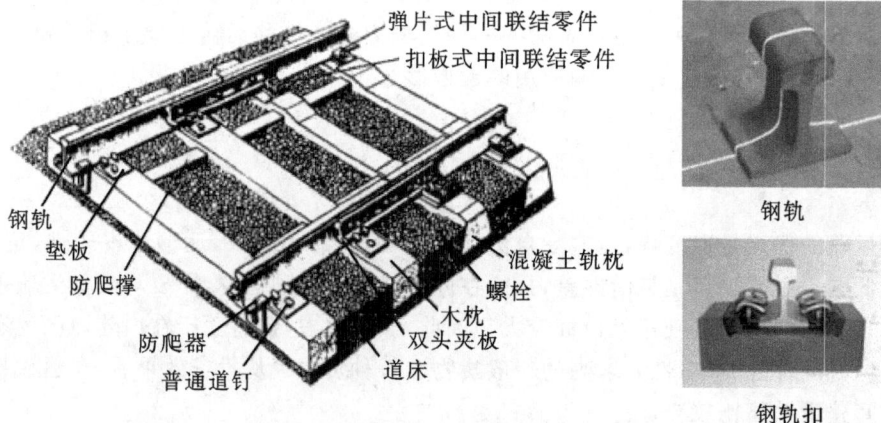

图 3-13　轨道的构成

（4）道岔。

道岔是一种使机动车辆从一股道转入另一股道的线路连接设备,每一组道岔由转辙器、岔心、两根护轨和岔枕组成,由长柄以杠杆原理拨动两根活动轨道,使车辆轮缘依开通方向驶入预定进路。道岔通常在车站、编组站大量铺设。

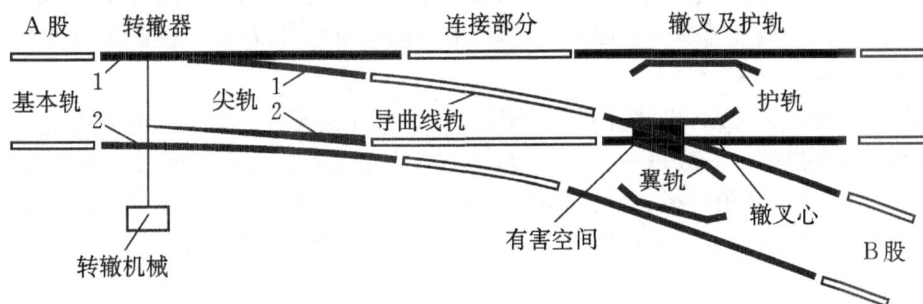

图 3-14　道岔示意图

2.铁路线路工程技术

（1）铁路轨距。

铁路轨距指铁路上两股钢轨头部的内侧距离。由于轨距不同,列车在不同轨距交接的地方必须进行换装或更换轮对。铁路轨距按照其大小不同,可分为宽轨、标准轨和窄轨三种,凡直线轨距为 1435mm 的称标准轨距,大于 1435mm 的称宽轨距,小于 1435mm 的称窄轨距。中国铁路主要采用标准轨距,只有台湾省采用 1067mm,昆明至河口采用 1000mm 窄轨距。

（2）铁路限界。

铁路限界是为了确保机车车辆在铁路线路上运行的安全,防止机车车辆撞击邻近线路的建筑物和设备,而对机车车辆和接近线路的建筑物、设备所规定的不允许超越的轮廓尺寸线。铁路基本限界包括机车车辆限界和建筑接近限界。机车车辆限界是机车车辆横断面的最大极限,即当机车车辆停留在平直铁道上,车体的纵向中心线和线路的纵向中心线重合时,其任何部分不得超出规定的极限轮廓线;建筑接近限界规定了保证机车车辆安全通行所需要的横断面的最小尺寸,凡靠近铁路线路的建筑物及设备,其任何部分(和机车车辆有相互作用的除外)都不得侵入此限界之内。货物装车后货物任何部分的高度和宽度超过机车车辆限界时,称为超限货物,按货物超限程度分为一级超限、二级超限和超级超限三个级别。

3.现代轨道技术

（1）无缝线路。

无缝线路是把标准长度的钢轨焊连而成的长钢轨线路,又称焊接长钢轨线路,因为长轨条没有轨缝而得名。无缝线路的优点是接头比普通线路大大减少,不仅节省了大量的接头零件和线路维修工作量,而且减少列车的接缝震动,运行平稳,噪声降低。另一方面,由于减少了在接头处的振动,又能延长线路设备和机车车辆的使用年限,是现代铁道发展的方向。

（2）整体道床。

整体道床是由混凝土整体灌筑而成的道床,道床内可预埋木枕、混凝土枕或混凝土短枕,也可在混凝土整体道床上直接安装扣件、弹性垫层和钢轨,又称为整体轨道。整体道床具有维护工作量少、结构简单、整体性强及表面整洁等诸多优点,在国内外铁路上均已大量使用。

三、信号设备

信号设备的作用是组织指挥列车运行,保证行车安全,提高运输效率,传递信息,是改善行车人员劳动条件的关键设施。信号设备大体上可以分为车站联锁设备、闭塞设备、机车信号和列车运行控制设备、调度监督和调度集中设备、驼峰调车设备、道口信号设备等。

1.联锁设备

在车站上,为列车进站、出站所准备的通路,称为列车进路。凡是为各种调车作业准备的通路,则称为调车进路。一般每一个列车、调车进路的始端都应设立一架信号机进行防护,以保证作业时的安全。利用机械、电气自动控制和远程控制的技术和设备,使车站范围内的信号机、进路和进路上的道岔相互具有制约关系,这种关系称为铁路车站联锁。为完成这种联锁关系而安装的技术设备称为联锁设备。联锁设备应满足下列几项要求:

(1)当开放某一进路时,必须先将进路上的所有道岔扳到正确位置后,防护这一进路的信号机才能开放。

(2)当防护某一进路的信号机开放以后,这一进路上的道岔应被锁闭,不能再扳动。

(3)当某一进路的信号机开放以后,与之敌对的进路(两条或两条以上的进路,有一部分相互重叠或交叉,有可能发生列车或机车车辆冲突的进路)的信号机应全部被锁闭,不能开放。

(4)主体信号机开放前,预告信号机不能开放;在正线出站信号机开放前,进站信号机不能显示正线通过信号。

2.闭塞设备

列车在区间运行时以站间区间、所在区间及闭塞分区作为行车间隔,这种保证列车按照空间间隔运行的技术方法称为行车闭塞法,简称为闭塞,用以完成闭塞作用的设备称为闭塞设备。闭塞设备是保证区间行车安全、提高运输效率的信号设备。闭塞设备必须保证一个区间内,在同一时间里只能允许一个列车占用。

四、铁路运输机车

机车是铁路运输的基本动力。由于铁路车辆大都不具备动力装置,列车的运行和车辆在车站内有目的地移动均需机车牵引或推送。

1.蒸汽机车

蒸汽机车是利用蒸汽机,把燃料(一般用煤)的化学能变成热能,再变成机械能,而使机车运行的一种火车机车。

2.内燃机车

内燃机车是以内燃机作为原动力,通过传动装置驱动车轮的机车。在我国铁路上采用的内燃机绝大多数是柴油机。燃油(柴油)在气缸内燃烧,将热能转换为由柴油曲轴输出的机械能,但并不用来直接驱动动轮,而是通过传动装置转换为适合机车牵引特性要求的机械能,再通过走行部驱动机车动轮在轨道上转动。

3.电力机车

电力机车是由牵引电动机驱动车轮的机车。电力机车因为所需电能由电气化铁路供电系统的接触网供给,所以是一种非自带能源的机车。电力机车具有功率大、过载能力强、牵引力大、速度快、整备作业时间短、维修量少、运营费用低、便于实现多机牵引、能采用再生制动以及节约能量等优点。使用电力机车牵引列车,可以提高列车运行速度和承载重量,从而大幅度地提高铁路的运输能力和通过能力。

电力机车没有空气污染,且善于保养,牵引列车速度可达几百千米每小时,所以高速列车都是电力机车牵引的。电力机车另一个优点就是能够在短时间内完成启动和制动,这个性能比蒸汽机车和内燃机车要优秀很多。所以在世界范围内,发展电气化铁路是大势所趋。

五、铁路运输车辆

铁路车辆是铁路用以运输旅客、货物的运载工具。车辆一般本身没有动力装置,只有连挂起来在机车的牵引下才能在线路上运行。

1.铁路车辆的分类

(1)平车。

平车(见图3-15)主要用于运送钢材、木材、汽车、机械设备等体积或重量较大的货物,也可借助集装箱运送其他货物。平车还能适应国防需要,装载各种军用装备。装有活动墙板的平车也可用来装运矿石、沙土、石渣等散粒货物。平车因没有固定的侧壁和端壁,故作用在车上的垂直载荷和纵向载荷完全由底架的各梁承担,是典型的底架承载结构。

图3-15　平车

(2)敞车。

敞车(见图3-16)是指具有端壁、侧壁、地板而无车顶,向上敞开的货车,主要供运送煤炭、矿石、矿建物资、木材、钢材等大宗货物用,也可用来运送重量不大的机械设备。若在所装运的货物上蒙盖防水帆布或其他遮篷物后,可代替棚车承运怕雨淋的货物。因此敞车具有很大的通用性,在货车组成中数量最多。

(3)棚车。

棚车(见图3-17)是有侧墙、端墙、地板和车顶,在侧墙上开有滑门和通风窗的铁路货车,用以装运贵重和怕日晒雨淋的货物。有的棚车在车内安装火炉、烟囱、床板等,必要时可以运送人员和牲畜。

图 3－16　敞车

图 3－17　棚车

（4）保温车。

保温车（见图 3－18）（又叫冷藏车）是运送鱼、肉、鲜果、蔬菜等易腐货物的专用车辆。这些货物在运送过程中需要保持一定的温度、湿度和通风条件，因此保温车的车体装有隔热材料，车内设有冷却装置、加温装置、测温装置和通风装置等，具有制冷、保温和加温三种性能。

（5）罐车。

罐车（见图 3－19）是车体呈罐形的运输车辆，用来装运各种液体、液化气体和粉末状货物等，这些货物包括汽油、原油、各种粘油、植物油、液氨、酒精、水、各种酸碱类液体、水泥氧化铅粉等，罐车在运输中占有很重要的地位，约占货车总数的 18%。

图 3－18　保温车

图 3－19　罐车

车辆类型代号表如表 3－1 所示。

表 3－1　车辆类型代号表

车种	基本型号	车种	基本型号
棚车	P	保温车	B
敞车	C	罐车	G
平车	N	长大货物车	D

2.车辆构造

铁路车辆类型很多，构造各不相同，但从结构原理分析，车辆一般均由下列五部分组成：

（1）车体及车底架。

车体是容纳旅客或货物的部分，固装在车底架上。车底架是车体的基础，由各种纵向梁和横向梁组成。车体与车底架构成一个整体,支撑在转向架上。

(2)转向架。

转向架由两个或两个以上的轮对组成,并安装弹簧及其他部件,组成一个独立结构的小车。转向架的作用是转向架设在车底架下部,是车辆的走行部分,它承受车辆的重量并在钢轨上行驶。

(3)车钩缓冲装置。

车钩缓冲装置由车钩及缓冲装置等部件组成,安装在车底架两端的中梁上。其作用是将机车车辆连挂在一起,成为一组列车,并传递牵引力,缓和各车辆之间的冲击。

(4)制动装置。

制动装置的功用是保证高速运行的列车能减速,并在规定的距离内停车。

(5)车辆内部设备。

车辆内部设备主要是指在客车上为旅客提供旅行必需的设备,如供水、暖气、通风、照明以及空气调节等装置。货车内部设备一般比较简单,主要是根据各货车的用途而设的附属装置。

六、铁路运输信号设备

铁路运输信号设备是指在铁路运输中用于保护行车安全,提高车种和区间通过能力、编组站解体编组能力的各种控制设备的总称。它一般指地面和车上的各种信号机、表示器以及手信号灯旗等。

1.铁路信号的分类

(1)听觉信号,也称音响信号,以发出不同强度、频率和时间长短的音响来表达信号的含义,如用号角、口笛、机车或轨道车的鸣笛及响墩发出的信号,都是听觉信号。

(2)视觉信号,即以颜色、形状、位置、显示数目和灯光状态等表达的信号,包括固定安装在一定位置用于防护固定地点的固定信号,在地面临时设置的可以移动的移动信号,手持信号旗、信号灯发出的手信号。

2.铁路信号对颜色的规定

我国铁路信号的基本显示系统由基本颜色和辅助颜色组成。基本颜色包括:红色,表示停车;黄色,表示注意或减速运行;绿色,表示按规定速度运行。辅助颜色包括蓝色、月白色、透明白色和紫色。基本颜色及其灯光组合主要构成列车信号,用于指示列车运行。

七、铁路站场

铁路站场是组织铁路运输的基本生产单位,包括各种类型的车站以及作业场。从对外业务分类,分为客运站、货运站和客货运站;按等级分类,分为特等站和1、2、3、4、5六个等级的车站;按车站的技术作业分类,车站因所办理的技术作业侧重不同,分为中间站、区段站、编组站。

1.中间站

中间站是指为沿线城乡人民及工农业生产服务,提高铁路区段通行能力,保证行车安全而设立的车站。它主要办理列车的到发、会让和越行,以及客货运业务。

中间站的主要作业包括:列车的到发、通过、会让和越行;旅客的乘降和行李、包裹的承运、保管与交付；货物的承运、装卸、保管与交付；摘挂列车甩挂车辆的调车作业。

中间站的设备包括：客运设备（售票室、候车室、行包房、站台、跨越设备等）；货运设备（货物仓库、货物站台、货运室、装卸机械等）；站内线路（到发线、牵出线、货物线等，用于接发列车、调车作业和货物装卸作业）；通信及信号设备等。

2. 区段站

区段站多设在中等城市和铁路网上牵引区段的起点或终点，主要任务是为邻接的铁路区段供应及整备机车，为无改编中转货物列车办理规定的技术作业，并办理一定数量的列车解编作业及客货运业务。

区段站的客运业务和货运业务与中间站业务内容相同，只是作业量会大一些，除此以外还需完成机车业务（主要是换挂机车和乘务组，对机车进行整备、修理和检查等），以及车辆业务（办理列车的技术检查和车辆的检修任务）。

3. 编组站

编组站（见图3-20）是在铁路网上办理货物列车解体、编组作业，并为此设有比较完善的调车设备的车站。编组站和区段站统称为技术站。

编组站主要完成运转作业（包括列车达到作业、列车解体作业、列车编组作业和列车出发作业），整备检修及机车车辆的日常技术保养等作业。

图 3-20 编组站

编组站的设备主要包括：调车设备（调查驼峰、调车场、牵出线、调车机车等）；行车设备（接发货物列车的到发线）；机务设备（机务段、整备设备等）；车辆设备（列检所、站修所、车辆段）；货运设备（整倒装设备、加冰设备、换水设备、货场等）及其他设备（客运设备、进出站线路、站内联络线和机车行走线等）。

任务三 水路运输设施设备

水路运输是交通运输的重要组成部分,国际间的货物运输大部分依靠水路运输。水路运输是指利用船舶及其他航运工具,在江、河、湖、海及人工水道上运送旅客和货物的一种运输方式。

一、水路运输的特点

1. 成本低

水路运输主要利用江河湖海的各种"天然航道"来进行,水上航道四通八达,通航能力几乎不受限制,投资成本低。

2. 运输量大

水上运输可以利用天然的有利条件,实现大吨位、长距离的运输。因此,水运主要特点是运量大、成本低,非常适合于大宗货物的运输。

3. 受外界环境影响大

船舶航行受气候条件影响较大,例如台风季、阴雨天等。

4. 辅助作业要求高

同其他运输方式相比,水运特别是海洋运输对货运的载运和搬运都有更高的要求。

二、港口

港口是指具有水陆联运设备和条件,供船舶安全进出和停泊的运输枢纽。港口是水陆交通的集结点和枢纽,工农业产品和外贸进出口物资的集散地,船舶停泊、装卸货物、上下旅客、补充给养的场所。

1. 港口的分类

(1)港口按照作业功能分为基本港和非基本港。

基本港是指班轮公司的船一般要定期挂靠的港口。基本港大多数为位于中心的较大口岸,港口设备条件比较好,货载多而稳定。基本港不限制货量。运往基本港口的货物一般均为直达运输,无需中途转船,但有时也因货量太少,船方决定中途转运,由船方自行安排,承担转船费用。基本港按基本港口运费率向货方收取运费,不得加收转船附加费或直航附加费,并应签发直达提单。

凡基本港口以外的港口都称为非基本港。非基本港一般除按基本港口收费外,还需另外加收转船附加费,达到一定货量时则改为加收直航附加费。例如,新几内亚航线的侯尼阿腊港,便是所罗门群岛的基本港口;而基埃塔港,则是非基本港口。运往基埃塔港口的货物运费率要在侯尼阿腊运费率的基础上增加转船附加费。

(2)港口按照用途分为商港、军港、渔港、工业港、避风港等。

(3)港口按照所在位置分为河口港、海口港和内河港。

河口港位于河流入海口或受潮汐影响的河口段内,可兼为海船和河船服务。河口港一般有大城市作依托,水陆交通便利,内河水道往往深入内地广阔的经济腹地,承担大量的货流量,故世界上许多大港都建在河口附近,如鹿特丹港、伦敦港、纽约港、圣彼得堡港、上海港等。河口港的特点是码头设施沿河岸布置,离海不远而又不需建防波堤。

海口港位于海岸、海湾或泻湖内,也有离开海岸建在深水海面上的。位于开敞海面岸边或天然掩护不足的海湾内的港口,通常须修建相当规模的防波堤,如大连港、青岛港等。

内河港是位于天然河流或人工运河上的港口,包括湖泊港和水库港。湖泊港和水库港水面宽阔,有时风浪较大,因此同海港有许多相似处,如往往需修建防波堤等。

2. 港口的组成

(1)水域。

水域通常包括进港航道、锚泊地和港池。

进港航道要保证船舶安全方便地进出港口,必须有足够的深度和宽度,适当的位置、方向和弯道曲率半径,避免强烈的横风、横流和严重淤积,尽量降低航道的开辟和维护费用。当港口位于深水岸段,遭遇低潮或低水位但天然水深已足够船舶航行需要时,无须人工开挖航道,但要标志出船舶出入港口的最安全方便路线。如果不能满足上述条件并要求船舶随时都能进出港口,则须开挖人工航道。人工航道分单向航道和双向航道。大型船舶的航道宽度为80~300m,小型船舶的为50~60m。

锚泊地是指有天然掩护或人工掩护条件能抵御强风浪的水域,船舶可在此锚泊、等待靠泊码头或离开港口。如果港口缺乏深水码头泊位,也可在此进行船转船的水上装卸作业。内河驳船船队还可在此进行编、解队和换拖(轮)作业。

港池是指直接和港口陆域毗连,供船舶靠离码头、临时停船和调头的水域。港池按构造形式可分为开敞式港池、封闭式港池和挖入式港池。港池尺度应根据船舶尺度、船舶靠离码头方式、水流和风向的影响及调头水域布置等确定。开敞式港池内不设闸门或船闸,水面随水位变化而升降。封闭式港池内设有闸门或船闸,用以控制水位,适用于潮差较大的地区。挖入式港池是在岸地上开挖而成,多用于岸线长度不足、地形条件适宜的地方。

(2)陆域。

陆域是指港口供货物装卸、堆存、转运和旅客集散之用的陆地面积。陆域上有进港陆上通道(铁路、道路、运输管道等)、码头前方装卸作业区和港口后方区。前方装卸作业区供分配货物,布置码头前沿铁路、道路、装卸机械设备和快速周转货物的仓库或堆场(前方库场)及候船大厅等之用。港口后方区供布置港内铁路、道路、较长时间堆存货物的仓库或堆场(后方库场)、港口附属设施(车库、停车场、机具修理车间、工具房、变电站、消防站等)以及行政、服务房屋等。为减少港口陆域面积,港内可不设后方库场。

3. 港口技术指标

(1)港口水深。

港口水深是港口的重要标志之一。它是表明港口条件和可供船舶使用的基本界限。增大水深可接纳吃水更大的船舶,但将增加挖泥量,同时增加港口水工建筑物的造价和维护费用。在保证船舶行驶和停泊安全的前提下,港口各处水深可根据使用要求分别确定,不必完全一致。现代港口供大型干货海轮停靠的码头水深一般为10~15m,大型油轮码头水深为10~20m。

(2)码头泊位数。

　　码头泊位数根据货种分别确定。除供装卸货物和上下旅客所需泊位外,在港内还要有辅助船舶泊位和修船码头泊位。

　　(3)码头线长度。

　　码头线长度根据可能同时停靠码头的船长和船舶间的安全间距确定。

　　(4)港口陆域高程。

　　港区陆域高程根据设计高水位加超高值确定,要求在高水位时不淹没港区。为降低工程造价,确定港区陆域高程时,应尽量考虑港区挖、填方量的平衡。

　　港口如图 3-21 所示。

图 3-21　港口

三、船舶

　　水路运输的主要运载工具是船舶,船舶是各种船只的总称,是指能航行或停泊于水域进行运输或作业的交通工具。

　　1.船舶的结构

　　船舶是由许多部分构成的,按各部分的作用和用途,可综合归纳为船体、船舶动力装置、船舶电气等三大部分。

　　(1)船体。

　　船体是船舶的基本部分,可分为主体部分和上层建筑部分。主体部分一般是指上甲板以下的部分,它是由船壳(船底及船侧)和上甲板围成的具有特定形状的空心体,是保证船舶具有所需浮力、航海性能和船体强度的关键部分。船体一般用于布置动力装置、装载货物、储存燃油和淡水,以及布置其他各种舱室。

　　上层建筑位于上甲板以上,由左、右侧壁,前、后端壁和各层甲板围成,其内部主要用于布置各种用途的舱室,如工作舱室、生活舱室、贮藏舱室、仪器设备舱室等。上层建筑的大小、层楼和型式因船舶用途和尺度而异。船体结构如图 3-22 所示。

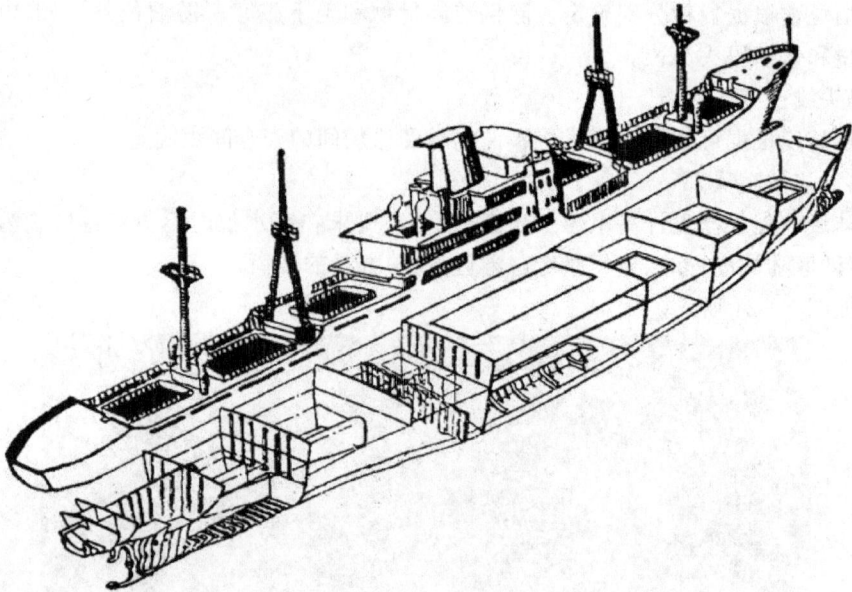

图 3-22　船体结构

（2）船舶动力装置。

船舶动力装置是为保证船舶正常营运而设置的动力设备，是为船舶提供各种能量和使用这些能量，以保证船舶正常航行，人员正常生活，完成各种作业。船舶动力装置是各种能量的产生、传递、消耗的全部机械和设备，它是船舶的一个重要组成部分。船舶动力装置包括三个主要部分，即主动力装置、辅助动力装置、其他辅机设备。

主动力装置，又称推进装置，是为船舶提供推进动力，保证船舶以一定速度巡航的各种机械设备，包括主机及其附属设备。主动力装置是全船的心脏。主动力装置包括主机、传动设备、轴系、推进器等。

辅助动力装置是用于提供除推进装置以外的各种能量，供船舶航行、作业和生活需要的装置，包括为全船提供电力、照明和其他动力的装置，如发电机组、副锅炉等。通常把主机（及锅炉）以外的机械统称为辅机。

（3）船舶电气。

船舶电气包括船上的主辅机及其他一些电气设备。船舶的其他装置和设备中，除推进装置外，还有以下设备：锚设备与系泊设备；舵设备与操舵装置；救生设备；消防设备；船内外通信设备；照明设备；信号设备；导航设备；起货设备；通风、空调和冷藏设备；海水和生活用淡水系统；压载水系统；液体舱的测深系统和透气系统；舱底水疏干系统；船舶电气设备；其他特殊设备（依船舶的特殊需要而定）。

2. 船舶的主要性能

（1）浮性。

浮性是指船在各种装载情况下，能浮于水中并保持一定的首、尾吃水和干舷的能力。根据船舶的重力和浮力的平衡条件，船舶的浮性关系到装载能力和航行的安全。

（2）稳性。

稳性是指船受外力作用离开平衡位置而倾斜，当外力消失后，船能回复到原平衡位置的能力。稳性包括完整稳性和破舱稳性。其中,完整稳性包括初稳性和大倾角稳性。一般水面船舶的稳性主要是指横倾时的稳性。船宽、水线面系数、干舷、重心高度、水面以上的侧面积大小和高度,以及船体开口密封性的好坏等,是影响船舶稳性的主要因素。

(3)抗沉性。

抗沉性是指船体水下部分如发生破损,船舱淹水后仍能浮而不沉和不倾覆的能力。中国宋代造船时就首先发明了用水密隔舱来保证船舶的抗沉性。船舶主体部分的水密分舱的合理性、分舱甲板的干舷值和完整船舶稳性的好坏等,是影响抗沉性的主要因素。

(4)快速性。

快速性是表征船在静水中直线航行速度,与其所需主机功率之间关系的性能。它是船舶的一项重要技术指标,对船舶使用效果和营运开支影响较大。船舶快速性涉及船舶阻力和船舶推进两个方面。合理地选择船舶主尺度、船体系数(尤其是方形系数 C_b 和棱形系数 C_p)和线型,是降低船舶阻力的关键。

(5)耐波性。

耐波性是指船舶在波浪中的摇荡程度、失速和甲板溅浸(上浪、溅水)程度等。耐波性不仅影响船上乘员的舒适和安全,还影响船舶安全和营运效益等,因而日益受到重视。

船在波浪中的运动有横摇、纵摇、首尾摇、垂荡(升沉)、横荡和纵荡六种。几种运动同时存在时便形成耦合运动,其中影响较大的是横摇、纵摇和垂荡。溅浸性主要是由于纵摇和垂荡所造成的船体与海浪的相对运动。增加干舷特别是首部干舷水上部分的外飘,是改善船舶溅浸性的有效措施。

(6)操纵性。

操纵性是指船舶能按照驾驶者的操纵保持或改变航速、航向或位置的性能,主要包括航向稳性和回转性两个方面。它是保证船舶航行中少操舵、保持最短航程、靠离码头灵活方便和避让及时的重要环节,关系到船舶航行安全和营运经济性。

(7)经济性。

经济性是指船舶投资效益的大小。它是促进新船型的开发研究、改善航运经营管理和造船工业的发展的最活跃因素,日益受到人们重视。船舶经济性属船舶工程经济学研究的内容,它涉及使用效能、建造经济性、营运经济和投资效果等指标。

3. 常见船舶类型

(1)干散货船。

干散货船(见图 3 - 23)是用以装载无包装的大宗货物的船舶。依所装货物的种类不同,又可分为粮谷船、煤船和矿砂船。这种船大都为单甲板,舱内不设支柱,但设隔板,用以防止在风浪中运行的舱内货物错位,又称散装货船。

(2)杂货船。

杂货船(见图 3 - 24)是干货船的一种,它是装载一般包装、袋装、箱装和桶装的普通货物船。杂货船在运输船中占有较大的比重。杂货船一般都是双层甲板船,有 4~6 个货舱,每个货舱的甲板上有货舱口,货舱口两旁装有能起重的吊货杆。杂货船有较强的纵向结构,船体的底多为双层结构,船首和船尾设有前、后尖舱,平时可用作储存淡水或装载压舱水以调节船舶纵倾,受碰撞时可防止海水进入大舱,起到安全作用。

图 3-23　干散货船

图 3-24　杂货船

（3）冷藏船。

冷藏船（见图 3-25）是指使鱼、肉、水果、蔬菜等易腐食品处于冻结状态或某种低温条件下进行载运的专用运输船舶。因受货运批量限制，冷藏船吨位不大，通常为数百吨到数千吨。冷藏船的货舱为冷藏舱，常隔成若干个舱室。每个舱室是一个独立的封闭的装货空间。舱壁、舱门均为气密，并覆盖有泡沫塑料、铝板聚合物等隔热材料，使相邻舱室互不导热，以满足不同货种对温度的不同要求。冷藏舱的上下层甲板之间或甲板和舱底之间的高度较其他货船的小，以防货物堆积过高而压坏下层货物。

（4）油轮。

油轮（见图 3-26）是油船的俗称，是指载运散装石油或成品油的液货运输船舶。从广义上讲是指散装运输各种油类的船，除了运输石油外，还装运石油的成品油、各种动植物油、液态的天然气和石油气等。但是，通常所称的油船，多数是指运输原油的船。而装运成品油的船，称为成品油船。装运液态的天然气和石油气的船，称为液化气体船。

油轮很容易与其他轮船区别开来，油轮的甲板非常平，除驾驶舱外几乎没有其他耸立在甲板上的东西。油轮不需要甲板上的吊车来装卸它的货物，只有在油轮的中部有一个小吊车，这个吊车的用途在于将码头上的管道吊到油轮上来与油轮上的管道系统连接在一起。

图 3-25　冷藏船

图 3-26　油轮

（5）集装箱船。

集装箱船（见图 3-27）可分为全集装箱船和半集装箱船两种，它没有内部甲板，机舱设在船尾，船体其实就是一座庞大的仓库，可达 300m 长，再用垂直导轨分为小舱。当集装箱下舱时，这些集装箱装置起着定位作用；船在海上遇到恶劣天气时，它们又可以牢牢地固定住集装箱。因为集装箱都是金属制成，而且是密封的，里面的货物不会受雨水或海水的侵蚀。集装箱船一般停靠在专用的货运码头，用码头上专门的大型吊车装卸。

图 3-27 集装箱船

（6）滚装船。

滚装船（见图 3-28）是指专门运载滚动车辆的运输船，如运载各种汽车、装满集装箱或货物的卡车和挂车等。

滚装船以装满集装箱或货物的车辆为运输单元。装载时，汽车及由牵引车辆拖带的挂车通过跳板开进舱内。到达目的港后，车辆可直接开往收货单位。滚装船的装卸效率很高，每小时可达 1000～2000t，而且实现了从发货单位到收货单位的"门—门"直接运输，减少了运输过程中的货损和差错。此外，船与岸都不需起重设备，即使港口设备条件很差，滚装船也能高效率装卸。

（7）载驳船。

载驳船（见图 3-29）是载运货驳的运输船舶，又称子母船。载驳船用于河海联运。其作业过程是先将驳船（为尺度统一的船，又称为子船）装上货物，再将驳船装上载驳船（又称母船），运至目的港后，将驳船卸下水域，由内河推船分送至目的港装卸货物并待另一次运输。载驳船的优点是不需码头和堆场，装卸效率高，停泊时间短，便于河海联运。其缺点是造价高，需配备多套驳船以便周转，需要泊稳条件好的宽敞水域作业，且适宜于货源比较稳定的河海联运航线。

图 3-28 滚装船   图 3-29 载驳船

四、船籍和船旗

船籍是指船舶的国籍。商船的所有人向本国或外国有关管理船舶的行政部门办理所有权登记,取得本国或登记国国籍后才能取得船舶的国籍。

船旗是指商船在航行中悬挂其所属国的国旗。船旗是船舶国籍的标志。按国际法规定,商船是船旗国浮动的领土,无论在公海或在他国海域航行,均需悬挂船籍国国旗。船舶有义务遵守船籍国法律的规定并享受船籍国法律的保护。

方便旗船是指在外国登记、悬挂外国国旗并在国际市场上进行营运的船舶。第二次世界大战以后,方便旗船迅速增加,挂方便旗的船舶主要属于一些海运较发达的国家和地区,如美国、希腊、日本和韩国的船东。他们将船舶转移到外国去进行登记,以图逃避国家重税和军事征用,可以自由制订运价不受政府管制,自由处理船舶与运用外汇,自由雇佣外国船员以支付较低工资,降低船舶标准以节省修理费用,降低营运成本以增强竞争力等。而公开允许外国船舶在本国登记的所谓开放登记国家,主要有利比里亚、塞浦路斯、新加坡、巴拿马及百慕大等国。通过这种登记可为登记国增加外汇收入。

五、船级制度

船级是表示船舶技术状态的一种指标。在国际航运界,凡注册总吨位在100t以上的海运船舶,必须在某船级社或船舶检验机构监督之下进行监造。在船舶开始建造之前,船舶各部分的规格须经船级社或船舶检验机构批准。每艘船建造完毕,由船级社或船舶检验局对船体、船上机器设备、吃水标志等项目和性能进行鉴定,发给船级证书。证书有效期一般为4年,期满后需重新予以鉴定。

船舶入级可保证船舶航行安全,有利于国家对船舶进行技术监督,便于租船人和托运人选择适当的船只,以满足进出口货物运输的需要,便于保险公司决定船、货的保险费用。

任务四　航空运输设施设备

航空运输由于其高速性在整个交通运输体系中具有特殊的地位。航空运输是指利用航空器及航空港进行空中客货运输的一种方式。

一、航空运输的特点

1.运送速度快
这是航空运输最大的特点和优势。常见的喷气式飞机的经济巡航速度大都在每小时850~900km左右。快捷的交通工具大大缩短了货物在途时间,对于那些易腐烂、变质的鲜活商品,时效性、季节性强的报刊、节令性商品,抢险、救急品的运输,这一特点显得尤为突出。

2.不受地面条件影响
飞机在空中飞行时很少受地理条件的限制。对于地面条件恶劣交通不便的内陆地区非常合适,有利于当地资源的出口,促进当地经济的发展,而且航空运输相比较公路运输与铁路运输占用土地少,对寸土寸金、地域狭小的地区发展对外交通无疑是十分适合的。

3.舒适性、安全性好

飞机在高空巡航时不受低空气流的影响,飞行平稳舒适,而且按照航空运输的单位客运周转量或单位飞行时间死亡率来看,航空运输的安全性是所有运输方式中最高的。

4.受气候条件的限制

为了保证飞行安全,航空运输对飞机的气候条件要求较高,从而影响了运输的准时性和正常性。

5.运费高昂

航空货运的运输费用较其他运输方式更高,不适合低价值货物,而且飞机的舱容有限,对大件货物或大批量货物的运输有一定的限制。

二、航空港

航空港是指位于航线上的、为保证航空运输和专业飞行作业用的机场及其有关建筑物和设施的总称,是空中交通网的基地。航空港由飞行区、客货运服务区和机务维修区三部分组成。

1.飞行区

飞行区是航空港面积最大的区域,设有指挥台、跑道、滑行道、停机坪、无线电导航系统等设施。

(1)跑道。

跑道供飞机起落,是飞行区的主体。跑道由道面、道肩、跑道端安全区和防吹坪等组成。跑道的长度是衡量飞行区能满足多重的飞机起降要求的关键参数。跑道的性能及相应的设施决定了起降飞机的能力,这种能力成为飞行区等级。对于跑道来说,飞行区等级的第一个数字表示所需的飞行场地长度,第二位字母表示相应飞机的最大翼展和最大轮距宽,具体如表3-2所示。

表3-2　机场等级

第一位数字		第二位字母		
数字	跑道长度/m	字母	飞机翼展/m	飞机轮距/m
1	<800	A	<5	<4.5
2	800~1200	B	5~24	4.5~6
3	1200~1800	C	24~36	6~9
4	>1800	D	36~52	9~14
		E	52~60	9~14

目前我国大部分开放机场飞行区等级均在4D以上,北京首都机场、上海虹桥机场、深圳宝安机场、重庆江北机场、成都双流机场、西安咸阳机场、乌鲁木齐机场等机场拥有目前最高飞行区等级4E。

（2）滑行道。

滑行道是机场内供飞机滑行的规定通道。滑行道的主要功能是提供从跑道到候机楼区的通道，使已着陆的飞机迅速离开跑道，不与起飞滑跑的飞机相干扰，并尽量避免延误随即到来的飞机着陆。滑行道应有足够宽度。由于滑行速度低于飞机在跑道上的速度，因此滑行道宽度比跑道宽度要小。

（3）停机坪。

停机坪是陆地机场上供航空器停驻、客货邮件的上下、加油、维护工作所用的场地。

2. 客货运服务区

客货运服务区是为旅客、货主提供地面服务的区域。主体是候机楼，此外还有客机坪、停车场、进出港道路系统等。货运量较大的航空港还专门设有货运站。客机坪附近配有管线加油系统。

3. 机务维修区

机务维修区是飞机维护修理和航空港正常工作所必需的各种机务设施的区域。区内建有维修厂、维修机库、维修机坪和供水、供电、供热、供冷、下水等设施，以及消防站、急救站、储油库、铁路专用线等。

三、航空器

航空器是指在大气层中飞行的飞行器，包括飞机、飞艇、气球及其他借空气之反作用力得以飞航于大气中的器物。在生活中航空器一般主要指飞机。

（一）飞机的分类

（1）根据运输对象不同，可分为客机、货机和客货两用机。客机主要运送旅客，货机专门用于运送各类货物。

（2）根据飞机的航程长短，可以分为近程、中程和远程飞机。近程飞机的航程一般在1000km以下，中程飞机的航程为3000～5000km，远程飞机的航程在8000km以上。

（3）根据飞机发动机的数量可分为单发飞机、双发飞机、三发飞机和四发飞机等。

（4）根据飞机发动机的类型可分为活塞式飞机、喷气式飞机和涡轮螺旋桨式飞机。

活塞式飞机是以活塞式航空发动机作为动力，通过螺旋桨产生推进力的飞机。由于活塞式发动机功率的限制和螺旋桨在高速飞行时效率下降，它只适用于低速飞行。

喷气式飞机是一种使用喷气发动机作为推进力来源的飞机。喷气式飞机所使用的喷气发动机靠燃料燃烧时产生的气体向后高速喷射的反冲作用使飞机向前飞行，它可使飞机获得更大的推力，飞得更快。

涡轮螺旋桨飞机是用涡轮螺旋桨发动机作为动力的飞机。这种飞机燃料消耗率低，适于中速（800～900km/h以下）长距离飞行，旅客机、运输机、海岸巡逻机和反潜机大多为涡轮螺旋桨飞机。

（二）飞机的结构

大多数飞机由五个主要部分组成，即机翼、机身、尾翼、起落装置和动力装置，如图 3-30 所示。

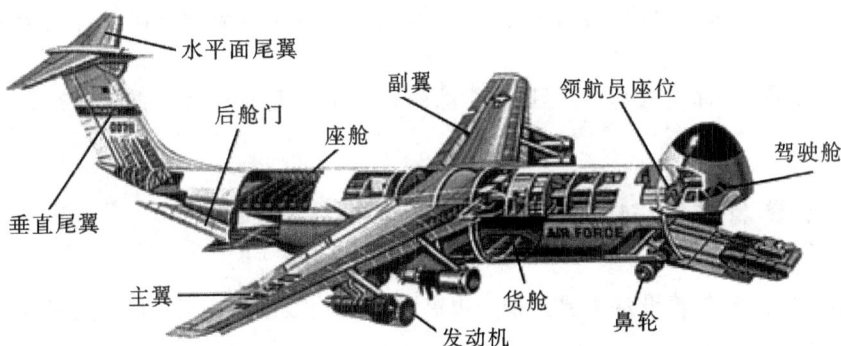

图 3-30　飞机基本结构

1.机翼

机翼的主要功用是为飞机提供升力,以支持飞机在空中飞行,也起一定的稳定和操纵作用。在机翼上一般安装有副翼和襟翼。操纵副翼可使飞机滚转;放下襟翼能使机翼升力系数增大。另外,机翼上还可安装发动机、起落架和油箱等。机翼有各种形状,数目也有不同。在航空技术不发达的早期为了提供更大的升力,飞机以双翼机甚至多翼机为主,但现代飞机一般是单翼机。

2.机身

机身的主要功用是装载乘员、旅客、武器、货物和各种设备,还可将飞机的其他部件如尾翼、机翼及发动机等连接成一个整体。

3.尾翼

尾翼包括水平尾翼(平尾)和垂直尾翼(垂尾)。水平尾翼由固定的水平安定面和可动的升降舵组成;垂直尾翼则包括固定的垂直安定面和可动的方向舵。尾翼的主要功用是用来操纵飞机俯仰和偏转,以及保证飞机能平稳地飞行。

4.起落装置

起落装置又称起落架,是用来支撑飞机并使它能在地面和其他水平面起落和停放。陆上飞机的起落装置,一般由减震支柱和机轮组成,此外还有专供水上飞机起降的带有浮筒装置的起落架和雪地起飞用的滑橇式起落架。它是用于起飞与着陆滑跑、地面滑行和停放时支撑飞机。

5.动力装置

动力装置主要用来产生拉力或推力,使飞机前进。其次还可以为飞机上的用电设备提供电力,为空调设备等用气设备提供气源。

飞机除了上述五个主要部分之外,还装有各种仪表、通讯设备、领航设备、安全设备和其他设备等。

(三)飞机的基本参数

(1)机长:飞机机头最前端至飞机机尾翼最后端之间的距离。

(2)机高:飞机停放地面时,飞机尾翼最高点的离地距离。

(3)翼展:飞机左右翼尖间的距离。翼展是确定飞机滑行路线、停放的位置和安全距离的重要指标。

(4)最大起飞重量:飞机适航证上所规定的该机型在起飞时所许可的最大重量。

(5)最大着陆重量:飞机在着陆时允许的最大重量,需要考虑着陆时的冲击对起落架和飞机结构的影响。

(6)空机重量:又称飞机基本重量,是指除商务载重和燃油外飞机做好执行飞行任务准备的重量。

四、航空集装箱运输设备

航空运输中的集装箱设备主要是指为提高飞机运输效率而采用的托盘、货网和集装箱等成组装载设备。

1.航空托盘

航空托盘又称集装板,是指具有平滑底面的一块货板。要求能用货网、编织带把货物在托盘上捆绑固定起来,并能方便地在机舱内进行固定。

2.货网

货网又称活套或网罩,使用编织带编织而成,用于固定托盘上的货物。根据托盘的尺寸,货网也有相应的规格尺寸。

3.航空集装箱

由于飞机的机身是圆筒状的,其货舱分上部货舱和下部货舱,航空集装箱的形状要求与货舱形状相配。航空集装箱形状为长方形,不能在机舱内直接系固,在箱上不设角件,不能堆装。

任务五　管道运输设施设备

管道运输是用管道作为运输工具的一种长距离输送液体和气体物资的运输方式,与其他运输方式相比,主要区别在于驱动流体的输送工具是静止不动的。

一、管道运输的特点

1.运量大

一条输油管线可以源源不断地完成输送任务。根据其管径的大小不同,其每年的运输量可达数百万吨到几千万吨,甚至超过亿吨。

2.占地少

运输管道通常埋于地下,其占用的土地很少;运输系统的建设实践证明,运输管道埋藏于地下的部分占管道总长度的95%以上,因而对于土地的永久性占用很少,分别仅为公路的3%,铁路的10%左右。在交通运输规划系统中,优先考虑管道运输方案,对于节约土地资源意义重大。

3.管道运输建设周期短、费用低

国内外交通运输系统建设的大量实践证明,管道运输系统的建设周期与相同运量的铁路建设周期相比,一般来说要短1/3以上。

4.管道运输安全可靠、连续性强

由于石油天然气易燃、易爆、易挥发、易泄露,采用管道运输方式,既安全,又可以大大减少挥发损耗,同时由于泄露导致的对空气、水和土壤污染也可大大减少,也就是说,管道运输能较好地满足运输工程的绿色化要求。此外,由于管道基本埋藏于地下,其运输过程受恶劣多变的气候条件影响小,可以确保运输系统长期稳定地运行。

5.管道运输耗能少、成本低、效益好

发达国家采用管道运输石油,每吨千米的能耗不足铁路的 1/7,在大量运输时的运输成本与水运接近,因此在无水条件下,采用管道运输是一种最为节能的运输方式。管道运输是一种连续工程,运输系统不存在空载行程,因而系统的运输效率高。理论分析和实践经验已证明,管道口径越大,运输距离越远,运输量越大,运输成本就越低。以运输石油为例,管道运输、水路运输、铁路运输的运输成本之比为 1:1:1.7。

二、输油管道设施

输油管道(也称管线、管路)是由油管及其附件所组成,并按照工艺流程的需要,配备相应的油泵机组,设计安装成一个完整的管道系统,用以完成油料接卸及输转任务。

(一)输油管道布置

常见的输油管道布置有三种,即单管系统、双管系统、独立管道系统输油管道的敷设。为了减少阻力,一般都尽量采取直线敷设,其方法有地上、管沟和地下三种。在油库围墙以内的管道,都应在地上敷设;原已埋在地下的管道或已敷设在管沟里的管道,要结合油库的技术改造,亦应尽可能地逐步地改为地上敷设;围墙以外的输油管道,为了不妨碍交通和占用农田,一般都把管道经过防腐处理后直接埋在地下,深度为 0.5~0.8m。

(二)输油管道的分类

(1)按距离可分为企业内部的输油管道和长距离输油管道。

企业内部输油管道主要是指油田内部连接油井与计量站、联合站的集输管道,炼油厂及油库内部的管道等,其长度一般较短,不是独立的经营系统。

长距离输油管道是长距离输送原油或成品油的管道。输送距离可达数百、数千公里,单管年输油量在数百万吨到数千万吨之间,个别有达 1 亿吨以上,管径多在 200mm 以上,如今最大的为 1220mm。其起点与终点分别与油田、炼油厂等其他石油企业相连。长距离输油管道由输油站(包括首站、末站、中间泵站及加热站等)和管道线路两大部分组成。后者包括干线管道部分,经过河流、峡谷、海底等自然障碍时的穿跨越工程,为防止管道腐蚀而设的阴极保护系统,以及为巡线、维修而建的沿线简易公路和线路截断阀室。输油企业大多还有一套联系全线的独立的通信系统,包括通信线路和中继站。

(2)按油品可分为原油输油管道和成品油输油管道。

原油管道主要是指输送原油产品的管道,它和成品油管道是有区别的。如今在我国运行的主要原油输油管道是中俄原油输油管道和中亚原油输油管道。

成品油输油管道是长距离输送成品油的管道,如今在我国有多条成品油输油管道已经在运营中或在建中,主要有兰成渝成品油输油管道、兰郑长成品油输送管道以及港枣成品油输送管道等。管道站如图 3-31 所示。

图 3 - 31   管道站

三、浆体管道设施

浆体管道输送是将颗粒状的固体物质与液体输送介质混合,在管道中采用泵送的方式运输,并在目的地将其分离出来。

1. 浆体制备系统

浆体制备系统的作用是制备适宜于浆体管道输送系统的浆体,浆体应该具备合格的浓度、颗粒、浆体 PH 值和除去浆体中多余的氧。主要制浆设备为破碎、磨矿、筛分、浓缩、储浆、PH 值调整、除氧、监测等设施。

2. 中间输送系统

中间输送系统主要是泵站和输送管道,其作用是将合格的浆体输送到目的地。浆体输送系统包括喂料泵、主泵、阀门、输送管道、管道清洗水设施、清管器的投加与回收设施、管道消能减压设施、中间储浆和浓缩设施、数据传输和监控设施、管道阴极保护设施等。

3. 后期处理系统

浆体到达输送终点后通过一定的工序进行脱水,脱水后的物料可以直接使用或储存,污水经处理后可作为工业用水或循环使用。

四、天然气管道设施

天然气管道设施是将天然气(包括油田生产的伴生气)从开采地或处理厂输送到城市配气中心或工业企业用户的管道,又称输气管道。利用天然气管道输送天然气,是陆地上大量输送天然气的唯一方式。在世界管道总长中,天然气管道约占一半。

(一)天然气管道输送系统

天然气管道输送系统由管道输气站和线路系统两部分组成。

1.管道输气站

管道输气站按其功能可分为压气站、调压计量站和储气库三种。压气站是以压力能的形式给天然气提供输送动力的作业站;调压计量站是调节天然气输送压力和测量天然气流量的作业站,一般都设置在输气管道的分输处和末站;储气库是为实现均衡输气、提高输气管道利用率和保证安全供气而建立的作业站。

2.线路系统

线路系统包括管道、沿线阀室、穿跨越建筑物、阴极保护站、管道通信系统、调度和自动监控系统等。

(二)输气管道的分类

输气管道可按其用途分为集气管道、输气管道、配气管道等三种。

1.集气管道

集气管道是从气田井口装置经集气站到气体处理厂或起点压气站的管道,主要用于收集从地层中开采出来未经处理的天然气。由于气井压力很高,一般集气管道压力约在 100 千克力/cm^2 以上,管径为 50～150mm。

2.输气管道

输气管道从气源的气体处理厂或起点压气站到各大城市的配气中心、大型用户或储气库的管道,以及气源之间相互连通的管道,输送经过处理符合管道输送质量标准的天然气,是整个输气系统的主体部分。

输气管道是由单根管子逐根连接组装起来的。现代的集气管道和输气管道是由钢管经电焊连接而成。钢管有无缝管、螺旋缝管、直缝管多种,无缝管适用于管径为 529mm 以下的管道,螺旋缝管和直缝管适用于大口径管道。

3.配气管道

配气管道是从城市调压计量站到用户支线的管道。配气管道压力低,分支多,管网稠密,管径小,除大量使用钢管外,低压配气管道也可用塑料管或其他材质的管道。

案例分析

汽车物流多式联运方案设计

随着我国汽车行业关税壁垒的逐渐消除,国内汽车行业开始寻求新的竞争能力,现代物流作为第三利润源成为关注的热点。结合汽车行业的特点,从物流角度来研究汽车零部件运输问题,对于汽车企业有着重要的作用。特别是自我国加入世贸组织后,汽车行业遭遇了前所未有的挑战,各生产厂商面临着降低成本的巨大压力。而通过对物流过程的优化,物流成本有着较大的降低空间。汽车消费市场对整个行业提出品种多样化、更新周期短、价格低等要求,以及汽车制造厂普遍开展订单式、JIT 式等生产方式,对汽车零部件的物流提出了更高的要求。汽车物流是集汽车整车及零部件的运输、仓储、包装、保管、装卸、搬运、改装及物流信息处理于一体的综合性管理过程,是沟通汽车原料供应商、零部件商、整车生产厂商、商品车经销商、物流公司及最终用户的桥梁,是汽车供应链系统的重要组成部分。汽车物流运输系统作为汽车物流系统中的一个重要的、基本的功能环节,占据着物流成本的一大部分,由于传统的物流运输方式已经很难适应现代物流发展要求,物流运输系统的优化将会带来可观的物流成本的节约。

现代汽车物流运输系统已经不是由传统的单一的运输方式构成,而是由海、陆、空等不同的运输方式有机地组合在一起的连续的、综合的多式联运形式,它能够实现货物整体运输的最优化。相对于传统的运输方式,多式联运具有简化操作、节约时间、降低成本、提高运输管理水平等诸多优点,因此越来越受到生产企业、物流企业的青睐。

海通公司具有"无船承运人"和"一级国际货代"资质,拥有一支专业化的物流方案策划和运作团队,能集成海关、码头、公路及铁路等方面的强大资源,具有完整的内外贸口岸服务功能,提供国际航运,进出口报关,国内水运、陆运及铁路运输,零部件拆装箱,仓储,外贸转关等服务。对于当前发展所面临的巨大市场,海通开始考虑运输方面所花费的巨大成本。采用传统的单一的汽车、火车或水路运输无法实现运输成本的压缩,会给企业带来财务压力。因此,现在的运输形式趋向于多式联运方式。

小王是物流工程与管理专业的一名硕士研究生,今年刚刚毕业,进入了海通的零部件物流部。他所在的团队负责汽车物流多式联运方式设计。近期,海通收到了一份 H 公司的汽车零部件运输的招标书。物流部主管非常赏识这位名牌大学的研究生,想通过这个机会来检验一下小王的能力,将招标书和以前公司做过的类似项目的资料都给了小王,让他编制一份方案出来。

这是小王进入公司以来的第一次任务,也是一次难得的锻炼机会。他兴奋地拿起招标书,仔细地看了起来。公司为了开拓印度等东南亚国家的市场,H 公司在印度收购了一家汽车工厂,准备运输零部件到印度工厂进行加工组装。最近,H 公司确立了一项零部件供应计划,准备在 2013 年 1 月开始,从广西柳州经广州向印度 Halol 公司(位于孟买)供应 SKD 汽车零部件。经过市场分析与预测,预计第一年和第二年年产量将达到 50000 辆和 100000 辆。H 公司要求在规定的时间内,承运方能够完成所运货物的装卸、仓储、运输、商检及报关等任务,并且制定一份详细的水、陆或空多式联运方案,进行比较分析。

🕐 问题

在编制方案时需要考虑哪些因素?

📋 本章实训

对比分析山西煤炭向北京和广州运输的特点,并制定应采用的合理方案

一、实习目的

1. 掌握不同种类运输的特点。

2. 熟悉运输方式选择的基本方法。

二、实习内容

1. 分析不同运输方式的优缺点。

2.分析不同种类货物的特点。

3.分析各种运输设备与货物种类之间的关系。

三、要求和注意事项

1.学生应遵守实训单位的劳动纪律,服从安排,注意安全。

2.实训过程中,学生应按实训指导及教师要求完成实训内容。

3.实训结束后,学生进行分组讨论并写出实训报告,报告包括如下内容:

(1)实训的目的和要求;

(2)实训的步骤;

(3)本次实训所获得的主要收获和体会。

四、考核与评价

根据实训表现及实训报告综合评定学生成绩。

项目四
包装与流通加工设备

学习目的与要求

1. 了解包装的概念,包装的分类、作用与地位。
2. 掌握常用的包装材料、包装容器知识。
3. 熟悉常用的包装机械设备工作原理。
4. 掌握一定的包装方法,了解包装标志、包装技法等基本内容。

任务一　物流包装概述

一、包装的分类与作用

国家技术监督局发布的《中华人民共和国国家标准物流术语》将包装定义为:"包装是指为在流通过程中保护产品、方便储运、促进销售,按一定技术方法而采用的容器、材料及辅助材料等的总体名称。包装也指为了达到上述目的而在采用容器、材料、辅助材料的过程中施加一定技术方法等的操作活动。"在英国标准中,包装的定义为:"包装是一种为市场和销售而货物准备的艺术、科学和技术。"这个定义是通用的,并给了包装一个非常广的范围,它表明包装被使用来增加产品在市场和销售中的价值。

(一)包装的分类

1. 按包装在流通中的作用分类

(1)运输包装。

运输包装是指用于安全运输、保护商品的较大单元的包装形式,又称为外包装或大包装。例如,纸箱、木箱、桶、集合包装、托盘包装等。运输包装一般体积较大,外形尺寸标准化程度高,坚固耐用,表面印有明显的识别标志,主要功能是保护商品,方便运输、装修和储存。

(2)销售包装。

销售包装是指以一个商品作为一个销售单元的包装形式,或由若干个单体商品组成一个小的整体的包装,也称为个包装或小包装。销售包装的特点一般是包装件小,对包装的技术要求美观、安全、卫生、新颖,易于携带,印刷装潢要求较高。销售包装一般随商品销售给顾客,起着直接保护商品、宣传和促进商品销售的作用,也起着保护优质名牌商品以防假冒的作用。

2. 按包装材料分类

(1)纸制包装。

纸制包装是指以纸与纸板为原料制成的包装,包括纸箱、瓦楞纸箱、纸盒、纸袋、纸管、纸桶等。

(2)木制包装。

木制包装是指以木材、木材制品和人造板材(如胶合板、纤维板等)制成的包装,包括木箱、木桶、胶合板箱、纤维板箱和桶、木制托盘等。

(3)金属包装。

金属包装是指以黑铁皮、白铁皮、马口铁、铝箔、铝合金等制成的各种包装,包括金属桶、金属盒、马口铁及铝罐头盒、油罐、钢瓶等。

(4)塑料包装。

主要的塑料包装材料有聚乙烯(PE)、聚氯乙烯(PVC)、聚丙烯(PP)、聚苯乙烯(PS)、聚酯(PET)等。塑料包装主要有全塑箱、钙塑箱、塑料盒、塑料瓶、塑料袋、塑料纺织袋等。

(5)玻璃与陶瓷包装。

这类包装主要有玻璃瓶、玻璃罐、陶瓷瓶、陶瓷罐、陶瓷坛、陶瓷缸等。

(6)纤维织品包装。

这类包装主要有麻袋、布袋、编织袋等。

(7)复合材料包装。

复合材料包装是指两种或两种以上材料粘合制成的包装,主要有纸与塑料、塑料与铝箔和纸、塑料与铝箔、塑料与木材、塑料与玻璃等材料制成的包装。

(8)其他材料包装。

其他材料包装是指竹类、藤皮、藤条、草类等编织的筐、篓、包、袋等。

(二)包装的作用与地位

1.包装的四种作用

(1)保护功能。包装最根本的目的就是给产品以保护和防护。产品防护性是指产品本身强度、刚度和包装抗损性以及由于流通环境中产生外界载荷之间相互的影响等。产品防护性可以通过合理的包装来实现,根据运输、搬运、仓储的手段、条件,考虑物流的时间和环境,根据产品的特性和保护要求而选择合理的包装材料、包装技术、缓冲设计、包装结构、尺寸、规格等要素,才能实现物流中的首要任务——将产品完好无损地实现物理转移。

(2)便利功能。包装可以提供方便。制造者、营销者及顾客要把产品从一个地方搬到另一个地方,使用包装就会比散装方便得多。

(3)单元化。包装有将物资以某种单位集中的功能,这就是单元化。包装单元的规格要视物资的生产情况、消费情况以及物资种类、特征,还有物流方式和条件而定。

一般来讲,包装的单元化主要应达到两个目的:方便物流,即包装单位的大小要和装卸、保管、运输条件的能力相适应,应当尽量做到便于集中输送以获得最佳的经济效果,同时又要求能分割及重新组合以适应多种装运条件及分货要求;方便商业交易,即包装单位大小应适合于进行交易的批量,在零售物资方面,应适合于消费者的一次性购买。

(4)销售功能。促进某种品牌的销售,特别是在自选商店里更是如此。在商店里,包装吸引着顾客的注意力,并能把顾客的注意力转化为兴趣。有人认为,"每个包装箱都是一幅广告牌"。良好的包装能够提高新产品的吸引力,包装本身的价值也能引起消费者购买某项产品的动机。此外,提高包装的吸引力要比提高产品单位售价的代价要低。

2.包装在物流中的地位

在社会再生产过程中,包装处于生产过程的末尾和物流过程的开头,既是生产的终点,又是物流的始点。

在现代物流观念形成以前,包装被天经地义地看成生产的终点,因而一直是生产领域的活动。包装的设计往往主要从生产终结的要求出发,因而常常不能满足流通的要求。物流的研究认为,包装与物流的关系,比之与生产的关系要密切得多,其作为物流始点的意义比之作为生产终点的意义要大得多。因此,包装应进入物流系统之中,这是现代物流的一个新观念。

二、物流包装的标志

物流包装的标志主要分为包装储运图示标志和包装回收标志两大类。

(一)包装储运图示标志

包装储运图示标志是根据不同商品对物流环境的适应能力,用醒目简洁的图形和文字标明在装卸运输及储存过程中应注意的事项。按 GB 191—2000《包装储运图示标志》标准规定了以下 17 种标志,如表 4-1 所示。

表 4-1 标志名称和图形

序号	标志名称	标志图形	含义	备注/示例
1	易碎物品		运输包装件内装易碎品,因此搬运时应小心轻放	使用图例: 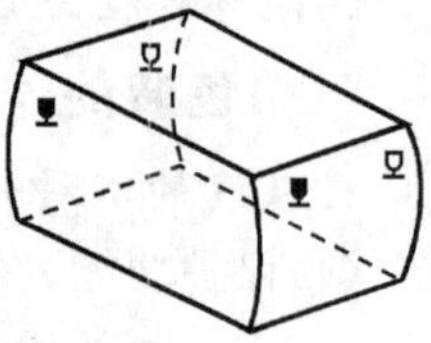
2	禁用手钩		搬运运输包装件时禁用手钩	
3	向上		表明运输包装件的正确位置是竖直向上	使用示例: 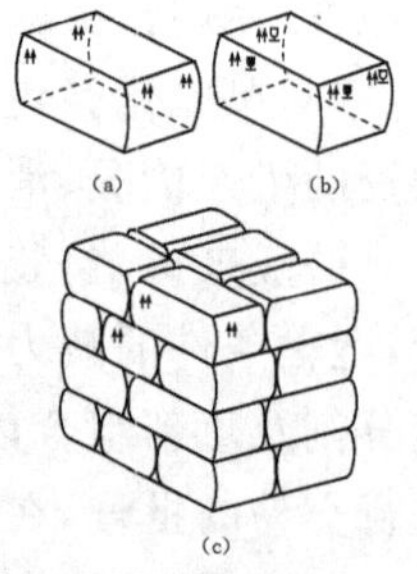 (a) (b) (c)
4	怕晒		表明运输包装件不能直接照晒	

序号	标志名称	标志图形	含义	备注/示例
5	怕辐射		包装物品一旦受辐射便会完全变质或损坏	
6	怕雨		包装件怕雨淋	
7	重心		表明一个单元货物的重心	使用示例： 本标志应标在实际重心位置上
8	禁止翻滚		不能翻滚运输包装	
9	此面禁用手推车		搬运货物时此面禁放手推车	
10	禁用叉车		不能用升降叉车搬运的包装件	
11	由此夹起		表明装运货物时夹钳放置的位置	
12	此处不能卡夹		表明装卸货物时此处不能用夹钳夹持	
13	堆码重量极限		表明该运输包装件所能承受的最大重量极限	

序号	标志名称	标志图形	含义	备注/示例
14	堆码层数极限		相同包装的最大堆码层数,n 表示层数极限	
15	禁止堆码	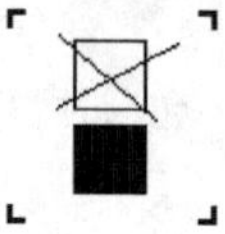	该包装件不能堆码并且其上也不能放置其他负载	
16	由此吊起	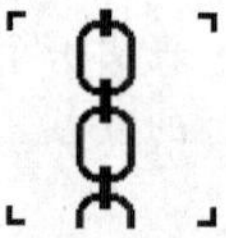	起吊货物时挂链条的位置	使用示例: 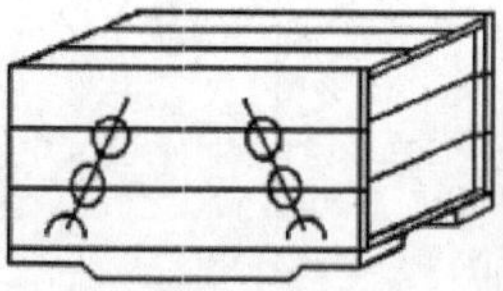 本标志应标在实际的起吊位置上
17	温度极限		表明运输包装件应该保持的温度极限	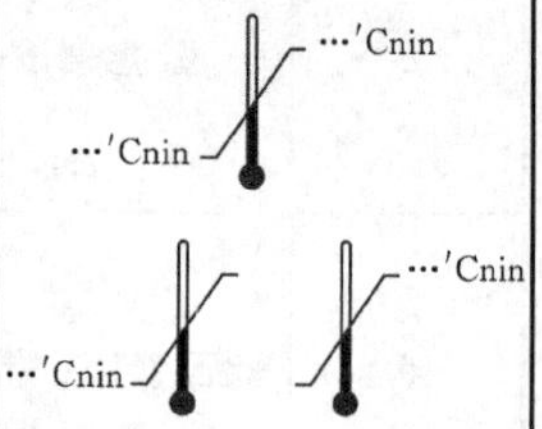 ···'Cnin

(二)包装回收标志

国家质量监督检验检疫总局于 2001 年颁布 GB18455－2001《包装回收标志》,规定了可回收复用包装及可再生利用包装标志的种类、名称、尺寸及颜色等,适用于各类可回收复用和再生利用的包装材料。

人类早期,经济的高速发展是以毫无顾忌地掠夺自然资源为手段的。人类也因此得到了报应,如环境恶化、自然灾害频发、气候异常等,这些直接威胁到人类的生存。商品的包装之所以被有些人称作"垃圾文化",就是因为它造成了大量污染环境的垃圾,人们的忧患意识促使了"环保型"的包装及包装替代材料的研制开发,废旧包装的回收利用得到了发展并形成了新的产业。"环保型"包装是以能否回收利用为界限的,现在具有回收标记的包装在欧美国家市场上已经占绝大部分。可回收再生标记(表 4－2 第 2 个标志)喻义深长:它由三个箭头首尾相接环绕组成,第一个箭头代表废包装回收,第二个箭头代表回收利用,第三个箭头代表消费者的参与,三个箭头构成了永恒的生生不息的循环。

包装回收标志如图 4－2 所示。

表4-2 包装回收标志

标志号	标志名称	标志图形	标志适用范围
1	可重复使用		适用于各类包装
2	可回收再生		
3	含再生材料		
4	绿点标志		适用于各类包装

三、典型包装容器

包装容器是为了满足内装商品的销售、仓储和运输过程要求而使用的包装制品。它们是包装材料、包装工艺、包装结构、包装造型以及包装标识的综合产物。根据内装物的理化性质、内装物形态和物流环境条件,包装容器一般包括纸、纸板、瓦楞纸、塑料、金属、木材、竹藤、天然纤维和化学纤维及各种复合材料的包装袋、包装盒、包装罐、包装箱、包装桶等基本形式。

(一)包装袋及其种类

包装袋属于软包装技术,其所采用的挠性材料具有较高的韧性、拉伸强度和耐磨性。包装袋的一般结构为管状结构,一端预先封死,在完成对内装物的充填操作之后再封合另一端。包装袋能够分别适用于多种产品的运输包装、商业包装、内包装和外包装,用途较为广泛。

对于物流包装而言,一般是根据内装物容量的大小对包装袋进行分类。包装袋可以分为集装袋、一般运输袋和小型包装袋(即普通包装袋)三种类型。

1.集装袋

集装袋是一种盛装内装物重量在1t以上的大容器运输包装袋,多用聚丙烯、聚乙烯等聚酯纤维或由涂胶布、帆布制成,必要时内衬一个较大的塑料薄膜袋,用于盛装怕潮商品。集装袋适用于装运粮食、化工原料、水泥等颗粒状和粉状物品。

2.一般运输包装袋

一般运输包装袋是指盛装重量为10～100kg的包装袋,大部分是由植物纤维或合成树脂纤维纺织而成的织物袋,或者是由几层挠性材料构成的多层材料包装袋。例如,纸和合成纸袋、麻袋、草袋等。

3.普通包装袋

普通包装袋一般是指盛装内装物重量较轻(10kg以内)的包装袋,通常用单层材料或双层材料制成。这种袋型通常用于液状、粉状、块状和异型内装物等物品包装,其包装范围较广。其常见结构包括信封式袋(封筒)、平袋、角撑袋(折档袋)、六角形粘贴袋、方底袋、手提式便携袋(购物袋)等。

(二)包装盒、罐

包装盒、罐是介于刚性包装和柔性包装之间的包装技术,其包装材料具有一定的挠性和抗压强度。包装盒、罐外观造型多为规则几何状立方体,也可设计制造圆柱形、异棱柱形、近似于球状等其他不规则形状,常设置可以反复开闭的结构。一般容装量较小,通过人工或机械装填动作完成包装操作。

1.纸盒、罐

纸盒、罐结构造型多变,是纸包装容器中重要的一种。若与金属、金属箔或塑料加工纸等材料复合制作,则可在许多场合取代玻璃、陶瓷、金属、塑料材质的包装容器。

2.金属盒、罐

金属盒、罐类容器装量较少,刚性一般,外观多样,多用于食品、药品和香烟的包装。

金属盒、罐按制造方法可分为焊接罐(三片罐)与冲制罐(二片罐)。常见的三片罐由罐底、罐盖两片材料焊接形成罐身,然后压合易开盖,主要用于肉、蔬菜、粥、果汁等罐藏食品的包装。常见的二片罐罐身由一片铝板材或钢板材经冲压拉伸而成,然后压合易开盖。其罐底与侧壁之间无接缝,耐内压性能好,适于啤酒、碳酸饮料等含气内装物的包装。

铝箔容器是指以铝箔为主体材料的容器。其特点是质量轻、传热好、隔绝性好、加工性能好、开启方便、用后易处理,而且外表美观,能够进行彩色印刷。铝箔包装容器包括两类:一类是以铝箔为主经过成型加工制成的盒式、盘式容器;另一类是以纸/铝箔、塑料/铝箔、纸/铝箔/塑料复合材料制成的袋式容器。铝箔容器广泛用于医药、化妆品、工业产品及食品包装等领域。

3.塑料盒、罐

塑料盒、罐类容器是指塑料材质的广口销售包装容器,有塑料盒、杯、盘、罐等包装形式。

塑料罐大多由塑料、纸、铝箔、镀铝塑料膜等几种复合材料复合或组合而成,多用于饮料、食品及机械润滑油等产品的包装,具有质量轻、密封性能好的特点。其具有一定强度,内装物货架寿命长,装运和使用方便,而且大量生产时成本低于金属罐。

(三)包装箱

包装箱是刚性包装技术中的重要一类,其包装材料为刚性或半刚性材料,有较高强度且不易变形。包装箱容装量较大,适合做运输包装和外包装,也可以用于从果蔬、加工食品、纺织品、化妆品、玻璃陶瓷制品到自行车、家电、精美家具等各种产品的包装,使用范围很广。

1.瓦楞纸箱

瓦楞纸箱(见图4-1)是用瓦楞纸板制成的刚性纸质容器,以其优越的使用性能和良好的加工性能越来越普遍地应用于运输包装,同时也以多变的造型和精美的印刷开始跻身于一些产品的销售包装。

根据国际纸箱箱型标准,瓦楞纸箱型结构分为基型和组合型两大类。基型即在标准中有

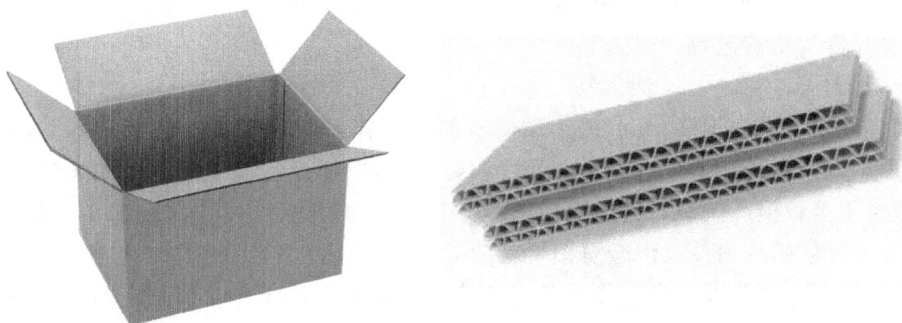

图 4-1　瓦楞纸盒

图例可查的箱型,组合型即由两种以上基型组成或演变而来的箱型。除了国际标准纸箱箱型,还有非标准瓦楞纸箱,如包卷式纸箱、分离式纸箱、三角柱型纸箱、大型组合纸箱等。总之,各种纸箱结构上的变化都是为了能够更好地保护内装物,方便各个作业环节的使用,最终完善和优化物流过程。

2.塑料周转箱

塑料周转箱(见图 4-2)是一种适合长期重复使用的运输包装,包括矩形、方形、梯形和其他形状,一般为敞开品式,另设箱盖。根据需要箱内可设置隔板,箱壁采用加强筋加强。塑料周转箱主要用于食品、饮料、啤酒等瓶装和袋装产品或车间内半成品和零部件的短途周转运输。

图 4-2　塑料周转箱

(四)包装桶

包装桶是材料强度高、整体抗变能力强、容装量较大的刚性包装容器,在物流过程中常被用作运输包装或外包装。

1.纸桶

纸桶是以纸板作坯料,可加内衬材料的大型桶形包装容器(容积可为 25～250L)。纸桶原料成本低,来源丰富,制作工艺及设备简单,易于实现加工机械化、连续化、自动化,主要用来储运干性散装粉粒性产品,若经过特殊处理或附加塑料内衬后,也可用来储运膏状或液状产品。

2.塑料桶

塑料桶是容积从 5～250L 的大型包装容器。塑料桶的口部结构有小盖密封式、大盖密封式和敞口盖式等。成型方法可采用挤出吹塑和旋转成型等加工工艺。塑料桶主要用于化工产品、腌渍食品等货物的包装。

3.金属桶

金属桶是用厚度大于 0.5mm 的钢质薄板制成的容积在 10L 以上的桶状容器,包括圆柱形、长方形和椭圆形等造型。金属桶的强度和韧性好,在物流过程中能承受较大的冲击,即使桶身凹瘪也不至破损或泄漏。另外钢板材料具有良好的阻隔性,使金属桶适用于包装挥发性强或对气、温度敏感的物品。但金属桶材料的易腐蚀、导热性好、撞击易产生火花等特点,也使其应用受到限制。金属桶不宜包装对温度敏感和易爆的货物,有时必须进行特殊喷涂处理,而且金属桶自重较大,其生产成本和物流成本均较高。

四、现代化包装技术

(一)防震保护技术

防震包装又称缓冲包装,在各种包装方法中占有重要的地位。产品从生产出来到开始使用要经过一系列的运输、保管、堆码和装卸过程,置于一定的环境之中。在任何环境中都会有力作用在产品之上,并使产品发生机械性损坏。为了防止产品遭受损坏,就要设法减小外力的影响。所谓防震包装,是指为减缓内装物受到冲击和振动,保护其免受损坏所采取的一定防护措施的包装。防震包装主要有以下三种方法:

(1)全面防震包装方法。全面防震包装方法是指内装物和外包装之间全部用防震材料填满进行防震的包装方法。

(2)部分防震包装方法。对于整体性好的产品和有内装容器的产品,仅在产品或内包装的拐角或局部地方使用防震材料进行衬垫即可。所用包装材料主要有泡沫塑料防震垫、充气型塑料薄膜防震垫和橡胶弹簧等。

(3)悬浮式防震包装方法。对于某些贵重易损的的物品,为了有效地保证在流通过程中不被损坏,因而外包装容器比较坚固。悬浮式防震包装方法用绳、带、弹簧等将被装物悬吊在包装容器内。在物流中,无论是什么操作环节,内装物都被稳定悬吊而不与包装容器发生碰撞,从而减少损坏。

(二)防破损保护技术

缓冲包装有较强的防破损能力,因而是防破损包装技术中有效的一类。此外还可以采取以下几种防破损保护技术:

(1)捆扎及裹紧技术。捆扎及裹紧技术的作用,是使杂货、散货形成一个牢固整体,以增加整体性,便于处理及防止散堆来减少破损。

(2)集装技术。利用集装可以减少与货体的接触,从而防止破损。

(3)选择高强保护材料。通过外包装材料的高强度可以防止内装物受外力作用破损。

(三)防锈包装技术

防锈包装技术主要包括防锈油防锈蚀和气相防锈包装技术两大类:

(1)防锈油防锈蚀包装技术。大气锈蚀是空气中的氧、水蒸气及其他有害气体等作用于金属表面引起电化学作用的结果。如果使金属表面与引起大气锈蚀的各种因素隔绝(即将金属表面保护起来),就可以达到防止金属大气锈蚀的目的。防锈油包装技术就是根据这一原理将金属涂封防止锈蚀的。

用防锈油封装金属制品,要求油层要有一定厚度,油层的连续性好,涂层完整。不同类型的防锈油要采用不同的方法进行涂复。

(2)气相防锈包装技术。气相防锈包装技术就是用气相缓蚀剂(挥发性缓蚀剂),在密封包装容器中对金属制品进行防锈处理的技术。气相缓蚀剂是一种能减慢或完全停止金属在侵蚀性介质中的破坏过程的物质,它在常温下即具有挥发性。它在密封包装容器中,在很短的时间内挥发或升华出的缓蚀气体就能充满整个包装容器内的每个角落和缝隙,同时吸附在金属制品的表面上,从而起到抑制大气对金属锈蚀的作用。

(四)防霉腐包装技术

在运输包装内装运食品和其他有机碳水化合物货物时,货物表面可能生长霉菌,在流通过程中如遇潮湿,霉菌生长繁殖极快,甚至伸延至货物内部,使其腐烂、发霉、变质,因此要采取特别防护措施。

包装防霉烂变质的措施,通常是采用冷冻包装、真空包装或高温灭菌方法。冷冻包装的原理是减慢细菌活动和化学变化的过程,以延长储存期,但不能完全消除食品的变质;高温杀菌法可消灭引起食品腐烂的微生物,可在包装过程中用高温处理防霉。有些经干燥处理的食品包装,应防止水汽浸入以防霉腐,可选择防水汽和气密性好的包装材料,采取真空和充气包装。

真空包装法也称减压包装法或排气包装法。这种包装可阻挡外界的水汽进入包装容器内,也可防止在密闭着的防潮包装内部存有潮湿空气,在气温下降时结露。采用真空包装法,要注意避免过高的真空度,以防损伤包装材料。

防止运输包装内货物发霉,还可使用防霉剂,防霉剂的种类甚多,用于食品的必须选用无毒防霉剂。

机电产品的大型封闭箱,可酌情开设通风孔或通风窗等相应的防霉措施。

(五)防虫包装技术

防虫包装技术常用的是驱虫剂,即在包装中放入有一定毒性和臭味的药物,利用药物在包装中挥发气体杀灭和驱除各种害虫。常用驱虫剂有萘、对位二氯化苯、樟脑精等。也可采用真空包装、充气包装、脱氧包装等技术,使害虫无生存环境,从而防止虫害。

(六)危险品包装技术

危险品有上千种,按其危险性质,交通运输及公安消防部门规定分为十大类,即爆炸性物品、氧化剂、压缩气体和液化气体、自燃物品、遇水燃烧物品、易燃液体、易燃固体、毒害品、腐蚀性物品、放射性物品等,有些物品同时具有两种以上危险性能。

对有毒商品的包装要明显地标明有毒的标志。防毒的主要措施是包装严密不漏、不透气。例如,用作杀鼠剂的磷化锌有剧毒,应用塑料袋严封后再装入木箱中,箱内用两层牛皮纸、防潮纸或塑料薄膜衬垫,使其与外界隔绝。

对有腐蚀性的商品,要注意商品和包装容器的材质发生化学变化。金属类的包装容器,要在容器壁涂上涂料,防止腐蚀性商品对容器的腐蚀。例如,氢氟酸是无机酸性腐蚀物品,有剧毒,能腐蚀玻璃,不能用玻璃瓶作包装容器,应装入金属桶或塑料桶,然而再装入木箱。

对黄磷等易自燃商品的包装,宜将其装入壁厚不少于 1mm 的铁桶中,捅内壁须涂耐酸保护层,桶内盛水,并使水面浸没商品,桶口严密封闭,每桶净重不超过 50kg。

对于易燃、易爆商品,例如有强烈氧化性的,遇有微量不纯物或受热即急剧分解引起爆炸的产品,防爆炸包装的有效方法是采用塑料桶包装,然后将塑料桶装入铁桶或木箱中,每件净重不超过 50kg,并应有自动放气的安全阀,当桶内达到一定气体压力时,能自动放气。

(七)特种包装技术

1.充气包装

充气包装是采用二氧化碳气体或氮气等不活泼气体置换包装容器中空气的一种包装技术方法,因此也称为气体置换包装。这种包装方法是根据好氧性微生物需氧代谢的特性,在密封的包装容器中改变气体的组成成分,降低氧气的浓度,抑制微生物的生理活动、酶的活性和鲜活商品的呼吸强度,达到防霉、防腐和保鲜的目的。

2.真空包装

真空包装是将物品装入气密性容器后,在容器封口之前抽真空,使密封后的容器内基本没有空气的一种包装方法。

一般的肉类商品、谷物加工商品以及某些容易氧化变质的商品都可以采用真空包装。真空包装不但可以避免或减少脂肪氧化,而且抑制了某些霉菌和细菌的生长。同时在对其进行加热杀菌时,由于容器内部气体已排出,因此加速了热量的传导,提高了高温杀菌效率,也避免了加热杀菌时,由于气体的膨胀而使包装容器破裂。

3.收缩包装

收缩包装就是用收缩薄膜裹包物品(或内包装件),然后对薄膜进行适当加热处理,使薄膜收缩而紧贴于物品(或内包装件)的包装技术方法。

收缩薄膜是一种经过特殊拉伸和冷却处理的聚乙烯薄膜,由于薄膜在定向拉伸时产生残余收缩应力,这种应力受到一定热量后便会消除,从而使其横向和纵向均发生急剧收缩,同时使薄膜的厚度增加,收缩率通常为 30%~70%,收缩力在冷却阶段达到最大值,并能长期保持。

4.拉伸包装

拉伸包装是 20 世纪 70 年代开始采用的一种新包装技术,它是由收缩包装发展而来的。拉伸包装是依靠机械装置在常温下将弹性薄膜围绕被包装件而拉伸、紧裹,并在其末端进行封合的一种包装方法。由于拉伸包装不需进行加热,所以消耗的能源只有收缩包装的 1/20。拉伸包装可以捆包单件物品,也可用于托盘包装之类的集合包装。

5.脱氧包装

脱氧包装是继真空包装和充气包装之后出现的一种新型除氧包装方法。脱氧包装是在密封的包装容器中,使用能与氧气起化学作用的脱氧剂与之反应,从而除去包装容器中的氧气,以达到保护内装物的目的。脱氧包装方法适用于某些对氧气特别敏感的物品,使用于那些即使有微量氧气也会促使品质变坏的食品包装中。

(八)绿色包装

绿色包装是指符合环保要求的包装。绿色包装首先要求用料要节约资源,力求减少废弃物量,用后易于回收、重复使用或再生为其他有用之材。绿色包装物焚烧时可回收热能,不会

产生有毒气体,填埋时少占用土地并能自然降解。为了实现绿色包装,各国厂商主要从以下几个方面入手:

1.简化包装,节约材料

简化包装是针对市场上的过分包装而言的。过分包装超出了包装功能的实际需要,既浪费了资源,又增加了垃圾数量,加重了环境污染,而且会增加生产成本,引起商品价格的提高,影响商品竞争力。

2.包装重复使用和回收再生

包装的重复使用和回收再生是节约资源、减少垃圾的有效手段,得到各国的普遍重视。包装能否顺利和方便地回收和再生,主要取决于包装的设计。在进行产品的包装设计时,不但要考虑到包装的一般要求,也要考虑到环境保护的要求。目前回收技术比较成熟的包装材料是玻璃、铝、纸等,回收率也比较高,而塑料则较难于回收和再生利用,回收率也相应较低。

3.开发可分解、降解的包装材料

为了解决给生态环境带来巨大威胁的"金色污染"问题,各国纷纷研制开发可降解的包装材料。目前的可降解塑料大体分为三种类型,即生物降解、光降解和水溶解三种。

任务二　常见的包装机械设备

按照加工的方式不同,可以将包装机械大致分为以下几种,即切割机械、充填机械、灌装机械、缝合机械、包裹机械、贴标机械、捆扎机械等。以下介绍几种具有代表性的机械。

一、填充机械

(一)容积式充填机

容积式充填机是将精确容积的物料装进每一个容器,而不考虑物料密度或重量,常用于那些比重相对不变的物料,或用于那些体积要求比质量要求更重要的物料。根据计量原理不同有固定量杯式、螺杆式、计量泵式等多种。我们重点介绍固定量杯式充填机。

固定式量杯充填机的定量装置如图4-3所示,物料经供料斗1自由落入计量杯内,圆盘口上装有四个量杯和对应的活门底盖4,当转盘主轴8带动圆盘7旋转时,刮板10将量杯3上面多余的物料刮去。当量杯转到卸料工位时,顶杆推开量杯的活门底盖4,量杯中的物料在自重作用下充填到下面的容器中。

固定量杯式充填机适用于颗粒较小且均匀的物料,计量范围一般在200ml以下为宜。在选用时应注意假如量杯的容量调得不正确,料斗送料太慢或不稳定,料斗的装料面太低,进料管太小,物流流动不畅,进料管和量杯不同心等都会引起量杯装不满。或机器运转速度过快、料斗落下物料的速度过快则会引起物料重复循环装料。量杯伸缩机构调节不当常会造成过量回流。如果容器与进料管不同心、节拍不准、容器太小或物料粘在料管中使送料滞后,就会引起物料的溢损。

(二)称重式充填机

称重式充填机是按规定的数量计量产品重量,并进行充装的机械。按计量方式不同有杠

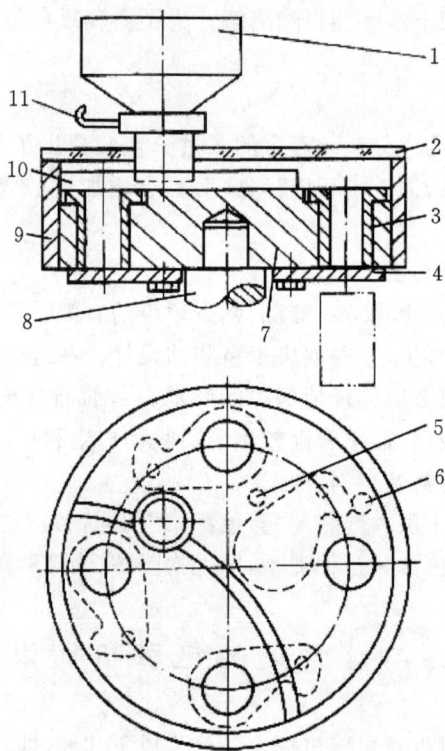

1—料斗　2—外罩　3—量杯　4—活门底盖　5—闭合圆销　6—开启圆销
7—圆盘　8—转盘主轴　9—壳体　10—刮板　11—下料闸门
图4-3　固定式量环充填机的定量装置

杆式、簧片式、电阻应变片式、电子秤式、连续式等多种。这里介绍应用较广的连续式称量充填机。连续式称量充填机是应用连续称量检测和自动调节技术,确保在连续运转的输送机上得到稳定的质量流率,然后进行等分截取,以得到各个相同的定量。其特点是计量速度高,计量精度较低,多用于粮食、化肥类货物,这类货物多采用散装长途运输,到达目的地后再袋装出售的方式。

如图4-4所示的连续式称量充填机主要是通过测量连续输送过程中散料的流量,并将之等分,从而得出某一时间段内散料的总量。其工作过程如下:散料加入料斗1内,通过闸门3均匀洒落到输送带4上,其流量可通过电动机2调节,输送带4的下部是一台重力式电子皮带秤,输送带上的散料重量由它来检测。输送带上的散料运到最右端,落入秤斗8,然后再落入配料转盘上。配料转盘是一种有等分格子的圆盘,按给定的速度做回转运动,盘子的每个格子在回转中获得相等重量的散料。当盘子转到卸料工位时,散料就从格子的底部经漏斗落入包装袋内。

(三)计数式充填机

计数式充填法是把精确个数的产品装进每一个容器的计量充填机械,多用于被包装物呈规则排列的产品包装。根据其计数原理不同分为长度式、容积式、堆积式等几种计数形式。图4-5为长度式计数充填机的原理图。

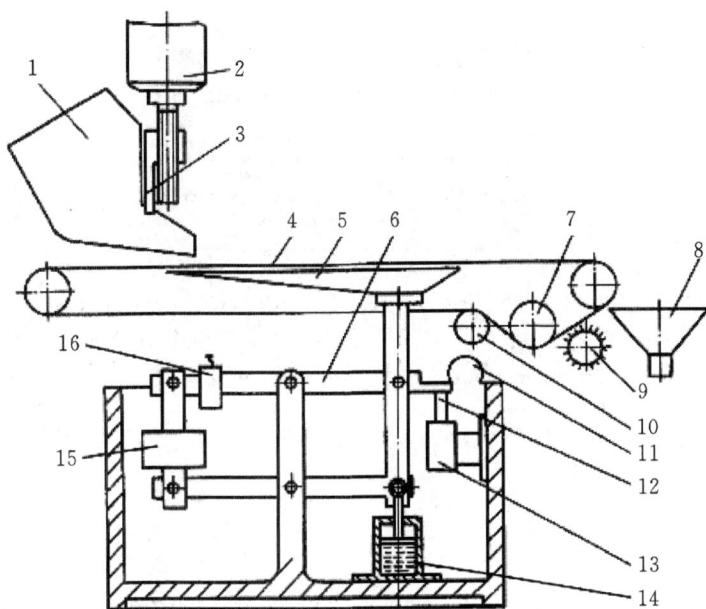

1—料斗　2—电动机　3—闸门　4—输送带　5—秤盘　6—主秤杆　7—张紧轮　8—秤斗
9—刷轮　10—导轮　11—弹簧　12—变压器铁芯　13—传感器　14—阻尼器　15—砝码　16—配重

图 4-4　连续式称重充填机

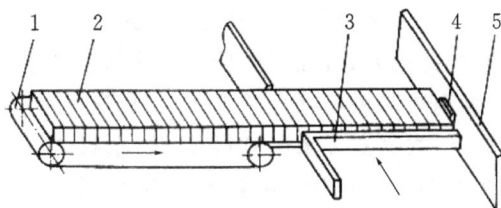

1—输送带　2—被包装物品　3—横向推板　4—微动开关　5—挡板
图 4-5　长度式计数充填机

长度式计数充填机常用于饼干包装、云片糕包装、茶叶装盒后的第二次大包装等。计量时，排列有序的物品经输送机构送到计量机构中，当行进物品的前端触到计量腔的挡板 5 时，挡板上的微动开关 4 动作，横向推板 3 将一定数量的物品送到包装台上进行包装。

二、灌装机械

灌装机械(见图 4-6)主要用于在食品领域中对饮料、乳品、酒类、植物油和调味品的包装，还包括洗涤剂、矿物油和农药等化工类液体产品的包装。包装所用容器主要有桶、瓶、听、软管等。按照灌装产品的工艺可分为常压灌装机、真空灌装机、加压灌装机等。灌装机械通常与封口机、贴标志等连结使用。灌装机的计量方法有定位法、定量法和定时法三种，它们均有相应的控制装置。如在进料上方安置与储槽相连的计量装置，则借助装置内沿液体方向安装的孔板来测量。

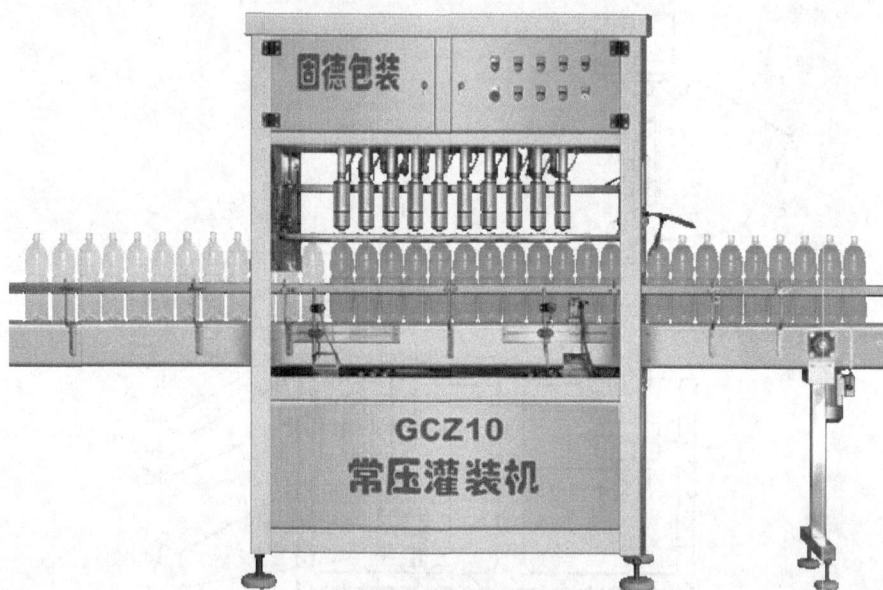

图 4-6　常压罐装机

三、封口机械

封口机械是指在包装容器内盛装产品后对容器进行封口的机器。

不同的包装容器有不同的封口方式,如塑料袋多用接触式加热加压封口或非接触式的超声波熔焊封口,麻袋、布袋、编织袋多采用缝合的方式封口,瓶类容器多采用压盖或旋盖封口,罐类容器多采用卷边式封口,箱类容器多采用钉封或胶带粘封。

自动缝合机的外形结构如图 4-7 所示,主要由机头、线挑、机头支架、备用支架、输送带、脚踏开关等部件组成。从连续式称量充填机输送过来的包装袋依次于输送带 6 上行进,袋口

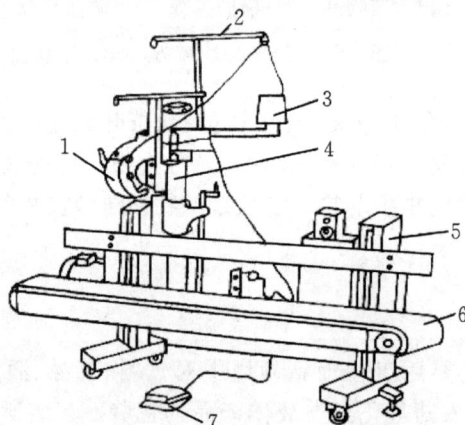

1—缝纫机头　2—线挑　3—缝纫线　4—机头支架　5—备用支架　6—输送带　7—脚踏开关

图 4-7　自动缝合机

合拢从机头经过,此时踏下脚踏开关,缝合机开始工作,将袋口缝合。输送带的高度可以调整,以适应不同高度的包装袋。缝合机的输送带速度可以调整,以便与各种包装生产线匹配;底座装有四个轮子,可以自由移动。

四、包裹机械

包裹机械是用薄型挠性材料(如玻璃纸、塑料膜、拉伸膜、收缩膜等)包裹产品的包装设备,广泛应用于食品、烟草、药品、日用化工品及音像制品等领域。包裹机械种类较多,功能各异,按包裹方式可分为折叠式包裹机、接缝式包裹机、覆盖式包裹机、贴体式包裹机、拉伸式包裹机、缠绕式包裹机等。

折叠式包裹机是用挠性包装材料包裹产品,将末端伸出的包裹材料按一定的工艺方式进行折叠封闭,通常适用于长方形的物品,外观整齐,视觉效果好。图4-8是转塔折叠式包裹机结构图,其工作原理如图4-9所示。包装物品叠放于装料机构1中,推料机构2将最底部的物品推送出去,其余物品由于重力作用自动填补到下一位置。被推出去的物品与切下的薄膜相遇,在前沿挡板的作用下,薄膜将物品三面包住,一起进入转塔(由间歇回转机构4控制,每转45°为一动作周期)的回转盒中,此时两端面的一角被折叠;当转塔转到90°时作间歇停顿,由两折叠爪完成长侧边的折叠与加热定型;转到135°时,进行加热粘合;转到180°时,转塔再次停顿,此时物品已调头,两卸料杆将物品取出,由两推进器送往端侧面折叠机构6进行侧面折叠热封。首先折叠两端面的另一短边,随着物品被推进,物品端面的上边被折叠,接着折叠下边,至此折叠全部完成;随后是侧面热封,转向叠放,最后由输送带输出,完成整个包装过程。

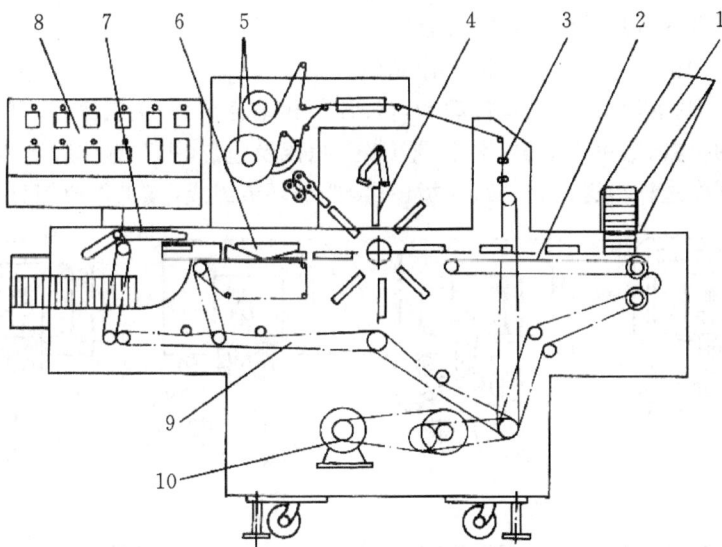

1—装料机构　2—推出机构　3—包装材料进给机构　4—间隙回转机构　5—包装材料
6—端侧面折叠机构　7—整列排除机构　8—电器控制箱　9—传动装置　10—电动机

图4-8　转塔折叠式包裹机结构

1—包装物被依次推出 2—包装材料切下 3—端侧面短边折叠 4—长侧边折叠加热

5—长侧边加热封口 6—端侧面折上边 7—端侧面折下边 8—端侧面热封

9—包装物回转集合 10—端侧面热封

图4-9 转塔折叠式包裹机工作原理

五、捆扎机械

捆扎机械是利用带状或绳状捆扎材料将一个或多个包件紧扎在一起的机器,属于外包设备。目前我国生产的捆扎机械基本上采用塑料带作为捆扎材料,利用热熔搭接的方法使紧贴包件表面的塑料带两端加压粘合,从而达到捆紧包件的目的。

下面介绍一种机械式自动捆扎机工作原理。

机械式自动捆扎机是采用机械传动和电气控制相结合,无需手工穿带,可连续或单次自动完成捆扎包件的机器,适用于纸箱、木箱、塑料箱、信函及包裹、书刊等多种包件的捆扎。

自动捆扎工作过程由送带、拉紧、切烫、粘接四个环节组成,其工作原理见图4-10。

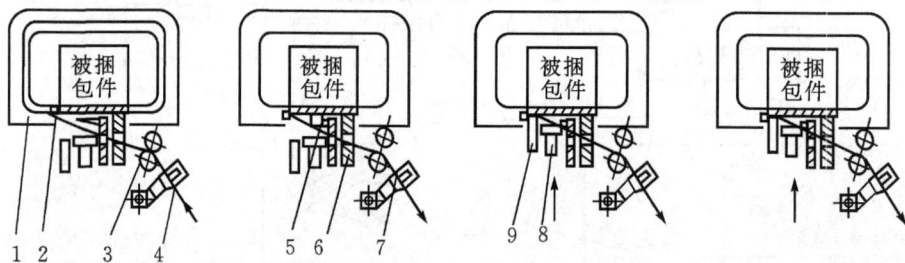

1—轨道 2—止带器 3—送带轮 4—捆扎带 5—隔离器 6—右爪 7—张紧臂 8—压力块 9—左爪

图4-10 机械式自动捆扎机工作原理

(1)送带。送带轮3逆时针转动,利用送带轮与捆扎带的摩擦力使捆扎带4沿轨道1运动,直至带端碰上止带器2的微动开关(或者用控制送带时间的办法),使捆扎带处于待捆位置。

（2）拉紧。右爪 6 上升压住带端，送带轮 3 顺时针方向转动，同样利用摩擦力使捆扎带沿轨道 1 退出，这时轨道中的叶片在捆扎带的退带拉力作用下松开，使捆扎带继续退出直至紧贴在包件表面，而张紧臂 7 随之向下摆动，将带子完全拉紧。

（3）切烫。左爪 9 上升将两层捆扎带压住，隔离器 5 退出而烫头相随跟进，开始将捆扎带两端加热，这时压力块 8 上升切断捆扎带。

（4）粘接。烫头退出至起始位置，而压力块 8 继续上升，将两层已加热的捆扎带两端压粘在一起，完成一个周期捆扎动作。

机械式半自动捆扎机的工作原理与机械式自动捆扎机的工作原理相比，除穿带用手工外，其余工作过程均相同。

任务三 流通加工及设备

一、流通加工的概念及其功用

流通加工机械是完成流通加工任务的专用机械设备。

流通加工机械通过对流通中的商品进行加工，改变或完善商品的原有形态来实现构架生产与消费的"桥梁和纽带"作用。利用流通加工机械进行流通加工的主要优点表现在以下方面：

（一）可以提高原材料利用率

利用流通加工机械对流通对象进行集中下料，即可将生产厂直接运来的简单规格产品，按使用部门的要求进行下料。例如，将钢板进行剪板、切裁，将钢筋或圆钢裁制成各种长度及大小的板、方等。集中下料可以优材优用、小材大用、合理套裁，有很好的技术经济效果。北京、济南、丹东等城市对平板玻璃进行流通加工（集中裁制、开片供应），玻璃利用率从 60% 左右提高到 85%～95%。

（二）可以进行初级加工，方便用户

用量小或临时需要的使用单位，缺乏进行高效率初级加工的能力，依靠流通加工点的机械设备进行流通加工可使使用单位省去进行初级加工的投资、设备及人力，从而搞活供应，方便了用户。目前发展较快的初级加工有将水泥加工成生混凝土，将原木或板方材加工成门窗，加工冷拉钢筋及冲制异型零件，钢板预处理、整形、打孔等加工项目。

（三）提高加工效率

由于建立集中加工点，可以采用效率高、技术先进、加工量大的专门机具和设备。这样做既提高了加工质量，也提高了设备利用率，还提高了加工效率，其结果是降低了加工费用及原材料成本。例如，一般的使用部门在对钢板下料时，采用气割的方法留出较大的加工余量，不但出材率低，而且由于热加工容易改变钢的组织，加工质量也不好。集中加工后可设置高效率的剪切设备，在一定程度上防止了上述缺点。

（四）充分发挥各种输送手段的最高效率

流通加工环节将实物的流通分成两个阶段。一般来说由于流通加工环节设置在消费地，

因此,从生产厂到流通加工的第一阶段输送距离长,而从流通加工到消费环节的第二阶段距离短。第一阶段是在数量有限的生产厂与流通加工点之间进行定点、直达、大批量的远距离输送,因此,可以采用船舶、火车等大量输送的手段;第二阶段则是利用汽车和其他小型车辆来输送经过流通加工后的多规格、小批量、多用户的产品。这样可以充分发挥各种输送手段的最高效率,加快输送速度,节省运力运费。

(五)改变功能,提高收益

在流通过程中进行一些改变产品某些功能的简单加工,其目的除上述几点外还在于提高产品销售的经济效益。例如,内地的许多制成品(如洋娃娃玩具、时装、轻工纺织产品、工艺美术品等)在深圳进行简单的装潢加工,改变了产品外观功能,仅此一项就可使产品售价提高20%以上。所以,在物流领域中,流通加工可以成为高附加价值的活动。这种高附加价值的形成,主要是着眼于满足用户的需要,提高服务功能而取得的,是贯彻物流战略思想的表现,是一种低投入、高产出的加工形式。

二、常见的流通加工方式与设备

流通加工机械类型很多,根据流通加工的对象不同,采用不同的流通加工机械。一般按加工对象,可分为金属加工设备机械、搅拌混合机械、木材加工机械、玻璃加工机械、其他流通加工机械等。

(一)混凝土搅拌机械

混凝土搅拌机械是搅拌混合机械中常用的机械之一。它是制备混凝土,将水泥、骨料、砂和水均匀搅拌的专用机械。它主要包括混凝土搅拌站、混凝土输送车、混凝土输送泵、车泵等。

改变以粉状水泥供给用户,由用户在建筑工地现制现拌混凝土的习惯使用方法,而将粉状水泥输送到使用地区的流通加工点(集中搅拌混凝土工厂或称商品混凝土工厂),在那里搅拌成商品混凝土,然后供给各个工地或小型构件厂使用,这是水泥流通加工的另一种重要方式。它有优于直接供应或购买水泥在工地现制混凝土的技术经济效果,因此,受到许多工业发达国家的重视。

这种流通加工的形式有以下优点:第一,这种流通加工方式,把水泥的使用从小规模的分散形态改变为大规模的集中加工形态。因此,可以充分应用现代管理科学技术组织现代化的大生产;可以发挥现代设备和现代化管理方法的优势,大幅度地提高生产效率和混凝土质量。集中搅拌,可以采取准确的计量手段和选择最佳的工艺;可以综合考虑外加剂及混合材料的影响,根据不同需要,大量使用混合材料拌制不同性能的混凝土;又能有效控制骨料质量和混凝土的离散程度,可以在提高混凝土质量、节约水泥、提高生产率等方面获益,具有大生产的一切优点。例如,制造每立方米混凝土的水泥使用量,采用集中搅拌一般能比分散搅拌减少20~30kg。第二,与分散搅拌比较,相等的生产能力,集中搅拌的设备在吨位、设备投资、管理费用、人力及电力消耗等方面,都能大幅度降低。由于生产量大,可以采取措施回收使用废水,防止各分散搅拌点排放洗机废水造成的污染,有利于环境保护。由于设备固定不动,还可以避免因经常拆建所造成的设备损坏,延长设备的寿命。第三,采用集中搅拌的流通加工方式,可以使水泥的物流更加合理。这是因为在集中搅拌站(厂)与水泥厂(或水泥库)之间可以形成固定的供应渠道,这些渠道的数目大大少于分散使用水泥的渠道数目,在这些有限的供应渠道之间,就容易采用高效率、大批量的输送形态,有利于提高水泥的散装率。在集中搅拌场所内还可以附设熟料粉碎设备,直接使用熟料,实现熟料粉碎及拌制商品混凝土两种流通加工形式的结合。另外,采用集中搅拌混凝土的方式,也有利于新技术的推广应用,大大简化了工地材料的管理,节约了施工用地。

(二)金属加工机械

金属加工机械是对金属进行剪切、折弯、下料、切削加工的机械。它主要包括剪板机、折弯机等。

热连轧钢板和钢带、热轧厚钢板等板材最大交货长度常可达 $7\sim12m$,有的是成卷交货。对于使用钢板的用户来说,大、中型企业由于消耗批量大,可设专门的剪板、下料加工设备,按生产需要进行剪板、下料加工。但是,对于使用量不大的企业和多数中、小型企业来讲,单独设置剪板、下料的设备,有设备闲置时间长、人员浪费大、不容易采用先进方法的缺点,钢板的剪板及下料加工可以有效地解决上述弊病。剪板加工是在固定地点设置剪板机进行下料加工或设置种种切割设备将大规格钢板裁小或切裁成毛坯,降低销售起点,便利用户。集中下料加工目前专设于流通部门的还很少见,主要是大型企业、公司,集中安装设备进行此项工作。钢板剪板机下料的流通加工有如下几项优点:

(1)物料本身不发生变化,可保证原来的交货状态,因而有利于进行高质量加工。

(2)加工精度高,可减少废料、边角料,也可减少再进行机加工的切削量,既可提高再加工效率,又有利于减少消耗。

(3)由于集中加工可保证批量及生产的连续性,可以专门研究此项技术并采用先进设备,从而大幅度提高效率和降低成本。

(4)使用户能简化生产环节,提高生产水平。和钢板的流通加工类似,还有圆钢、型钢、线材的集中下料、线材冷拉加工等。

(三)木材加工机械

它是对木材加工的机械,主要有以下几种:

1.磨制、压缩木屑机械

木材是容重轻的物资,在运输时占有相当大的容积,往往使车船满装但不能满载,同时,装车、捆扎也比较困难。从林区外送的原木中有相当一部分是造纸树,美国采取在林木生产地就地将原木磨成木屑,然后采取压缩方法使之成为容重较大、容易装运的形状,再运至靠近消费地的造纸厂,取得了较好的效果。根据美国的经验,采取这种办法比直接运送原木节约一半的运费。

2.锯木机械

锯木机械可在流通加工点利用木锯机等机械将原木锯裁成各种规格锯材,将碎木、碎屑集中加工成各种规格板,还可根据需要进行打眼、凿孔等初级加工。过去用户直接使用原木不但加工复杂、加工场地大、加工设备多,更严重的是资源浪费大,木材平均利用率不到50%,平均出材率不到40%。实行集中下料,接用户要求供应规格料,可以使原本利用率提高到95%,出材率提高到72%左右,有相当大的经济效果。

(四)玻璃切割机械

它是对玻璃进行切割的专用机械,包括各种各样的切割机。平板玻璃的"集中套载、开片供应"是重要的流通加工方式,这种方式是在城镇中设立若干个玻璃套裁中心,负责按用户提供的图纸统一套裁开片,向用户供应成品,用户可以将其直接安装到采光面上。在此基础上也可以逐渐形成从工厂到套裁中心的稳定的、高效率的、大规模的平板玻璃"干线输送",以及从套裁中心到用户的小批量、多户头的"二次输送"这样一种现代物流通模式。这种方式的好处有以下几种:第一,平板玻璃的利用率可由不实行套裁时的 62%~65% 提高到 90% 以上。第二,可以促进平板玻璃包装方式的改革,从工厂向套裁中心运输平板玻璃,如果形成固定渠道便可以搞大规模集装,这样,不但节约了大量包装用木树,而且可防止流通中大量破损。第三,套裁中心按用户需要裁制,有利于玻璃生产厂简化规格,搞单品种大批量生产。这不但能提高工厂生产率,而且可以简化工厂切裁、包装等工序,使工厂能集中力量解决生产问题。第四,现场切裁玻璃劳动强度大,废料也难于处理,搞集中套裁可以广泛采用专用设备进行裁制,废玻璃相对数量少并且易于集中处理。

(五)煤炭加工机械

它是对煤炭进行加工的机械,主要包括除矸加工机械、管道输送煤浆加工机械、配煤加工机械。除矸是提高煤炭纯度为目的的加工形式。一般煤炭中混入的矸石有一定发热量,因此混入一些矸石是允许的,也是较经济的。但是,有时则不允许在煤炭中混入矸石。例如,在运力十分紧张地区要求充分利用动力,执行多运"纯物质",少运矸石,在这种情况下,可以采用除矸的流通加工排除矸石。煤炭的运输方法主要采用运输工具载运方法,运输中损失浪费较大,又容易发生火灾。采用管道运输是近代兴起的一种先进技术。目前,某些发达国家早已开始投入运行,有些企业内部也采用这一方法进行燃料输送。在流通的起始环节将煤炭磨成细粉,本身便有了一定的流动性,再用水调和成浆状则使其具备了更大的流动性,可以像其他液体一样进行管道输送。这种方式不和现有运输系统争夺运力,输送连续、稳定而且快速,是一种经济的运输方法。配煤加工是在使用地区设置集中加工点,将各种煤及一些其他发热物质,按不同配方进行掺配加工,生产出各种不同发热量的燃料,称做配煤加工。这种加工方式可以按需要发热量生产和供应燃料,防止热能浪费、"大材小用"的情况,也能防止发热量过小,不能满足使用要求的情况出现。工业用煤经过配煤加工还可以起到便于计量控制、稳定生产过程的作用,在经济及技术上都有价值。

(六)其他流通加工机械

其他流通加工机械主要包括包装机械、刷涂标签机械等。

案例分析

钢铁贸易新趋势——突出加工、配售为主的服务定位

近年来,国内一些钢铁集团如宝钢、鞍钢、武钢、马钢等紧紧围绕构筑现代物流体系的需要,以管理信息化为手段,对内重组物流流程,对外延伸信息管理,整合改造物流资源,初步建立了以物流流程为主线的现代物流营销体制,突出加工、配售为主的服务定位,走上了钢铁营销模式的创新之路。

现代物流通过统筹协调、合理规划和优化产品的流动,以达到利益最大或成本最小,已从为社会提供运输、仓储等传统服务,扩展到以现代科技、管理、信息技术为支撑的综合物流服

务。它要求供应链上的物流企业必须有一个系统化的网络体系。通过整合现有的物流资源，打破部门、行业、地区界限和封锁，有计划有步骤地完善和发展社会化的物流企业，为企业提供高效快捷的配送服务。

国内部分钢铁企业针对现代物流系统化的要求，制定了物流整合新机制，积极推进业务流程再造，完成了分散物流、企业化物流、社会化物流的三层面转型。对内打破部门之间的条块管理界限，突显流程职责，促进全员的沟通交流，树立以客户为本的经营理念，实现整个物流作业部门的柔性管理；对外打破企业之间的障碍，充分发挥供应链一体化的作用，增强物流的整体能力，通过管理信息化的组织职能，物流各个环节保持步调一致。

国内一些大型钢铁集团在深入研究钢铁流通领域以加工、配送为主体的现代物流产业将崛起的特点，已经把钢材配售作为发展物流业的突破口并朝此方向发展。像宝钢、鞍钢等集团凭借其钢材资源优势，在全国主要的钢材消费地区，依托资本纽带，实现多元化的投资主体，共建钢材剪切配送中心，形成了自有的钢材物流配送网络。他们利用剪切中心的网络以及信息优势，为国内主要的汽车、家电等企业实行原材料无库存管理；在销售区域200公里半径内建立了快速、高效的分销配送网络，并结合国外建材连锁店的方式，为最终用户逐步向"零库存"过渡创造条件。随着互联网技术和电子银行的不断发展，网上钢材营销将成为未来钢材营销的发展方向，如何逐步开展钢材网上分销配送和电子商务，将是钢铁生产企业和流通企业考虑的问题。

钢材在形成最终工业产品或社会消费品的价值链中属于原材料。为使95％以上的钢材经过延伸加工后直接被用于最终产品上，企业可充分利用国际通行的钢材深加工和第三方物流理念，由钢材加工配送中心把钢材深加工为制造最终产品的零部件，向需方提供钢材半成品，实现需方逐步向零库存过渡。这种钢材加工配送和第三方物流，不仅可给制造企业带来新的经济增长点，而且能优化资源配置，使有限的社会资源得到充分利用。

业内人士通过长期的市场调研认为，加工、配送这一物流体系之所以被市场认可，是因为它符合现代物流的发展方向。它通过钢材剪切加工配送，卷板产品可直接进入终端用户，既可为最终用户方便用料、节约成本，也可以提高公司产品附加值，增加效益，同时也为入世后国内钢厂向现代物流企业的模式迈进寻求新的营销模式积累实践经验。

钢材的加工配送业务不但使钢铁企业产生了新的经济效益，也使用户取得了可观的效益，除了提高成材率、降低采购成本外，还可大大减少钢材的库存量。据业内人士对上海汽车行业加工配送服务的推行状况和效果的调研表明，由加工配送中心按质按量按时发送，仅冷板流通资金占用一项就下降1亿多元。同样，为洗衣机行业进行钢材加工配送，使用户提高了钢材的利用率。如原先洗衣机厂自行采购的冷板都是宽1250cm标准尺寸，而实际使用宽度700cm和800cm，自行剪切的用材利用率仅为65％。由加工配送中心根据不同宽度套裁，用材利用率高达95％，提高了30个百分点。加工配送中心配套服务齐全、协助用户查询资料、代订钢厂期货、代办托运等"一条龙"配送加工的功能，为用户降低了采购成本。而且开平、剪切加工的成材率高，有的卷板开平的成材率高达95％以上。用户来到配售公司，可以直接采购到所需的任何规格的冷热板，无需自己再去剪切加工，省去了一大笔加工费用。通过多种服务，企业进一步拉近了与终端用户的距离，从而实现了企业短渠道的营销策略。

问题

1. 钢铁物流实行几种加工配送的优势是什么？
2. 钢铁流流加工过程中创造了哪些增加值？

本章实训

常见包装容器的选择与包装设备的简单操作

一、实习目的

1. 认识基本的基本包装容器。
2. 了解常见的包装设备。
3. 能够对不同货物选择合适的包装容器。
4. 掌握常见包装设备的简单操作。

二、实习内容

1. 根据教师给定的若干种商品，合理选择包装容器，并说明理由。
2. 掌握封箱机和封口机的简单操作。
3. 掌握捆扎机的使用要领。

三、要求和注意事项

1. 学生应遵守实训单位的劳动纪律，服从安排，注意安全。
2. 实训过程中，学生应按实训指导及教师要求，进行参观。
3. 实训结束后，学生进行分组讨论并写出实训报告，报告包括如下内容：
(1) 实训的目的和要求；
(2) 实训的步骤；
(3) 本次实训所获得的主要收获和体会。

四、考核与评价

根据实训表现及实训报告综合评定学生成绩。

项目五
物流装卸搬运设备认知与操作

▣ 学习目的与要求

1. 了解装卸搬运设备的概念、分类和特点。
2. 了解起重机械的概念、工作特点、组成、分类和主要性能参数。
3. 掌握叉车的概念、分类、特点、主要参数和操作方法。
4. 了解手推车、搬运车和牵引车的特点。

任务一 物流装卸搬运认知

装卸搬运是物流系统的重要环节,其基本功能是改变物品的存放状态和空间位置。无论在生产领域还是在流通领域,装卸搬运都是影响物流速度和物流费用的重要因素。装卸搬运经过长时间的发展,现在已经基本摆脱了人工作业,支撑现代装卸搬运系统的是装卸搬运机械。为了应对现代社会的装卸搬运作业,提高物流的效率,降低物流的成本,装卸搬运行业必须实现其作业合理化。各个国家对装卸搬运的合理化都提出了不同的要求,主要是从装卸搬运的作业、装卸搬运的组织工作、装卸搬运的设备选择三个方面进行规划设计,最终实现装卸搬运的合理化。装卸搬运合理化已经在很多国家和地区开展,为物流行业的发展作出了贡献。

根据运输部门考察,在运输的全过程中(包括运输前后的装卸搬运),装卸搬运所占的时间为全部运输时间的50%。正是装卸搬运活动把物流运动的各个阶段连接起来,使物流成为连续的流动过程。在生产企业物流中,装卸搬运成为各生产工序间连接的桥梁,它是从原材料、设备等装卸搬运为始,以产品装卸搬运为止的连续作业过程。从宏观物流考察,物资离开生产企业到进入再生产消费和生活消费,装卸搬运始终伴随流通活动的始终。

装卸搬运是人与物的结合,而完全的人工装卸搬运在物流发展到今天几乎已经不复存在。现代装卸搬运必须具备劳动者、装卸搬运设备设施、货物以及信息、管理等多项因素组成的作业系统。装卸搬运作业系统中设备、设施的规划与选择取决于物资的特性和组织要求。只有按照装卸搬运作业本身的要求,在进行装卸搬运作业的场合,合理配备各种机械设备和合理安排劳动力,才能使装卸搬运的各个环节互相协调、紧密配合。装卸搬运既是使其他物流环节相互联系的桥梁,又不附属于其他环节,而是作为一项独立的作业而存在的。

一、装卸与搬运的概念

装卸是指物品在指定的地点以人力或机械装入运输设备或卸下的过程（参见 B/T4122.1—1996 中 4.5）。

搬运是在同一场所内（通常指在某个物流节点，如仓库、车站或码头等），对物品进行以水平移动为主的物流作业。按场所分，搬运可分为自用物流设施中的搬运，如工厂、仓库、配送中心等，以及营业用设施中的搬运，如港口、机场等。

在实际操作中，装卸和搬运是密不可分的，两者是伴随在一起发生的。因此，在物流科学中并不过分强调两者的差别，而是将它们作为一种活动来对待。

二、装卸搬运的分类

装卸搬运机械设备所装卸搬运的货物，其种类非常多，来源也很广泛，外形和特点各不相同，如箱装货物、袋装货物、桶装货物、散装货物、易燃易爆货物及剧毒货物等。为了适应各种类型货物的装卸搬运和满足装卸搬运过程中各个不同环节的不同要求，各种装卸搬运机械设备应运而生。目前，装卸搬运机械设备的机型和种类已达数千种，而且各国仍在不断地研制新机型和新机种。

装卸搬运设备的种类很多，分类方法也很多，为了运用和管理的方便，可按以下方法进行分类。

（一）按主要用途和结构特征分类

按主要用途和结构特征，装卸搬运设备可分为起重机械、输送机械、装卸搬运车辆、专用装卸搬运机械。其中专用装卸搬运机械是指带有专用取物装置的装卸搬运机械，如托盘专用装卸搬运机械、集装箱专用装卸搬运机械、船舶专用装卸搬运机械、分拣专用机械等。

（二）按作业性质分类

按作业性质，装卸搬运设备可分为装卸机械、搬运机械、装卸搬运机械。前两种机械结构简单，专业作业能力强，作业效率高，作业成本低，但作业前后需要繁琐的衔接，会降低整个系统效率。而第三种兼有装卸、搬运两种功能，可将两种作业合二为一。常见的装卸机械有手动葫芦、固定式起重机等；常见的搬运机械有各种搬运车、带式运输机等；常见的装卸搬运机械有叉车、龙门起重机等。

（三）按装卸搬运货物的种类分类

按装卸搬运货物的种类，装卸搬运设备可分为四大类：长大笨重货物的装卸搬运机械、散装货物的装卸搬运机械、成件包装货物的装卸搬运机械、集装箱货物的装卸搬运机械。

1. 长大笨重货物的装卸搬运机械

长大笨重货物如大型机电设备、各种钢材、原木等具有长大笨重结构和形状复杂的特点，这类货物的装卸搬运机械作业通常采用轨行式起重机和自行式起重机两种。轨行式起重机有龙门起重机、桥式起重机、轨道起重机等；自行式起重机有汽车起重机、轮胎起重机和履带起重机等。在长大笨重货物运量较大并且货流稳定的货场、仓库，一般配备轨行式起重机；在运量不大或作业地点经常变化时，一般配备自行式起重机。

2.散装货物的装卸搬运机械

散装货物如煤、焦炭、沙子、矿石等一般采用抓斗起重机、装卸机、链斗装车机和输送机等进行机械装车;机械卸车主要用链斗式卸车机、螺旋式卸车机和抓斗起重机等;散装货物搬运主要用连续输送机。

3.成件包装货物的装卸搬运机械

成件包装货物如日用百货、五金器材等一般采用叉车,并配以托盘进行装卸搬运作业,还可以使用牵引车和挂车、带式输送机等解决成件包装货物的搬运问题。

4.集装箱货物的装卸搬运机械

1t集装箱一般选用1t内燃叉车或电瓶叉车作业,5t及以上集装箱采用龙门起重机或旋转起重机进行作业,还可采用叉车、集装箱跨运车、集装箱牵引车、集装箱搬运车等。

三、装卸搬运的作用

大力推广和应用装卸搬运设备,不断更新装卸搬运设备和实现现代化管理,对于加快现代化物流发展,促进国民经济发展,均有着十分重要的作用。

1.改善劳动条件,提高装卸效率

广泛运用装卸搬运机械设备,可节约劳动力,减轻装卸工人的劳动强度,提高装卸搬运效率。

2.缩短作业时间

运用装卸搬运机械设备,可加速车辆周转,加快货物的送达和发出。

3.提高装卸质量,保证货物的完整和运输安全

长、大、笨重货物的装卸,依靠人力,一方面难以完成,另一方面保证不了装卸质量,容易发生货物损坏或偏载,危及行车安全。采用机械作业,则可避免这种情况发生。

4.降低装卸搬运作业成本

装卸搬运机械设备的运用,势必会提高装卸搬运作业效率,而效率提高使每吨货物摊到的作业费用相应减少,从而使作业成本降低。

5.充分利用货位,加速货位周转,减少货物堆码的场地面积

采用机械作业,堆码高度大,装卸搬运速度快,可以及时腾空货位。因此,可以减少场地占用面积。

随着现代物流的不断发展,装卸搬运机械将会得到更为广泛的应用。从装卸搬运机械发展趋势来看,发展多类型的专用装卸搬运机械来适应货物的装卸搬运作业要求,是今后装卸搬运机械的发展方向。

任务二　叉车认知与操作

一、叉车概述

叉车是指以各种叉具作为主要取货装置,依靠液压起升机构升降货物,由轮胎式行驶系统实现货物水平搬运,装卸和搬运功能同时兼得的搬运设备。叉车属具是指附加或替代叉车的货叉装卸装置,又是以扩大叉车对特定物料的装卸范围,并提高其装卸效率的叉取装置。

叉车的作业可使货物的堆垛高度大大增加(可达4～5m);在立体货架仓库中,甚至还可以达到10m高左右,仓库容积利用系数可提高30％～60％。其主要作用有以下方面:

(1)实现装卸、搬运作业机械化,减轻劳动强度,节约大量劳动力,提高工作效率。

(2)缩短了装卸、搬运、堆码的作业时间,加速了物资、车辆周转。

(3)提高了仓库的利用率,促进库房向多层货架和高层仓库发展。

(4)减少了货物的破损量,提高了作业的安全程度等。

如今叉车主要用于物流中心、配送中心及仓储中心、厂矿企业、各类仓库、车站、港口等场所,对成件、包装件以及托盘等集装件进行装卸、堆码、拆垛、短途运输等作业。叉车的主要工作属具是货叉。在换装其他工作属具后,还可用于对散堆货物、非包装货物、长大件货物等进行装卸作业以及对其进行短距离运输作业。叉车广泛应用于公路运输、铁路运输、水路运输各部门,而且在邮政以及军事等部门也有应用。

二、叉车分类

(一)按品牌分类

1.国产品牌

国产品牌有合力、杭州、大连、巨鲸、湖南叉车、台励福、靖江、柳工、佳力、靖江宝骊、天津叉车、洛阳一拖、上力重工、玉柴叉车、合肥搬易通、湖南衡力等。

2.进口品牌

进口品牌有林德(德国)、海斯特(美国)、丰田(日本)、永恒力(德国)、BT(瑞典)、小松(日本)、TCM(日本)、力至优(日本)、尼桑(日本)、现代(韩国)、斗山大宇(韩国)、皇冠(美国)、OM(意大利)、OPK(日本)、日产(日本)、三菱(日本)等。

(二)按动力装置分类

1.内燃叉车

内燃叉车一般采用柴油、汽油、液化石油气或天然气发动机作为动力,行驶速度快,爬坡能力强,载荷能力大。考虑到尾气排放和噪音问题,通常用在室外、车间或其他对尾气排放和噪音没有特殊要求的场所。由于燃料补充方便,因此可实现长时间的连续作业,而且能胜任在恶劣的环境下(如雨天)工作,但其结构复杂,维修困难。

2.蓄电池叉车

蓄电池叉车以电动机为动力,蓄电池为能源,承载能力一般小于内燃叉车。由于没有污染、噪音小,因此广泛应用于对环境要求较高的企业,如医药、食品等行业。由于每个电池一般在工作约8小时后需要充电,因此对于多班制的行业需要配备备用电池。蓄电池叉车虽然结构简单,操作方便,但其驱动功率和起重量都较小。

3.手动托盘叉车

手动托盘叉车是以人工操作为动力,适合短距离频繁作业,尤其是装卸货物区域,如图5-1所示。

图 5-1　手动托盘叉车

(三)按结构特点分类

1.平衡重式叉车

平衡重式叉车应用最为普遍。其最大起重量达 40t,使用率占叉车总量的 80% 左右。平衡重式叉车常简称为叉车,货叉装在车体前端,伸出前轮中心线外。为了平衡货物重量产生的倾覆力矩,在车体尾部装有平衡重,作业时依靠叉车前后移动进行叉卸货物。具体如图 5-2 所示。

图 5-2　平衡重式叉车

2.插腿式叉车

插腿或叉车两条臂状的支腿伸向前方,支腿前端装有小直径的车轮,作业时货叉连同支腿一起插入货物底部,然后使货叉起升。由于货物位于车轮的支承面内,因此整车稳定性好。它的作业特点是起重小、车速低、结构简单、外形小巧,适用于通道狭窄的仓库内作业,起重量一般在 2t 以下。具体如图 5-3 所示。

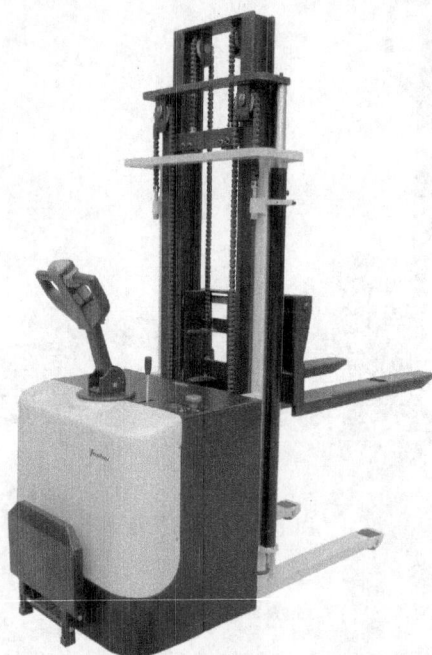

图 5 - 3　插腿式叉车

3.前移式叉车

前移式叉车是插腿式叉车的变型。前移式叉车有两条前伸的支腿,与插腿叉车比较,前轮较大,支腿较高,作业时支腿不能插入货物的底部,而门架可以带着整个起升机构沿支腿内侧的轨道移动,即货叉可在叉车纵向前后移动,卸货物时货叉伸出,行驶时则退回到车体中部,整车稳定性好。其最大起重量为 5t,起重高度最大为 3m,最高速度为 15km/h,适用于车间、仓库内作业。具体如图 5 - 4 所示。

图 5 - 4　前移式叉车

4.高货位拣选式叉车

高货位拣选式叉车主要作用是高货位拣货。操作台上的操作者可与装卸装置一起上下运动,并拣选存储在两侧货架内的货物,适用于多品种少量出库的特选式高层货架仓库。其起伸高度一般为 4~6m,最高可达 13m,大大地提高了仓库空间的利用率。为保证安全,操作台起伸时,只能微动运动。具体如图 5-5 所示。

图 5-5　高货位拣选式叉车

5.高架堆垛机

通常把高架堆垛机及高位拣料车称为 VNA(very narrow aisle),VNA 系列叉车又称为系统车。其最主要的特点是货叉可作三向旋转,或直接从两侧叉取货物,在巷道中无需转弯,因此所需的巷道空间是最小的。VNA 系列最大提升高度超过 14m,巷道宽度通常在 1600mm 左右,载重量最大为 1.5t,在制药行业、电子电器行业使用普遍。具体如图 5-6 所示。

图 5-6　上人式高架堆垛机

6.侧面式叉车

侧面式叉车的门架和货叉在车体的一侧。其作业的主要有以下特点：①在出入库作业的过程中，车体进入通道，货叉面向货架或货物，这样在进行装卸作业时不必再转弯然后再作业，这个特点使侧面叉车适合于窄通道作业。②有利于专版条形长尺寸货物，因为长尺寸货物与车体平行，不受通道宽度的限制。侧面叉车能以较快的速度搬运长件货物，最大起重量为40t，最大起升高度为3m，最高速度为30km/h。具体如图5-7所示。

图5-7 侧面式叉车

7.集装箱式叉车

集装箱式叉车专门用于集装箱的装卸搬运，也有正面式和侧面式两类。它的主要特点是可搬运较大重量的货物。具体如图5-8所示。

8.跨车

跨车是利用车体与车轮之间的空间夹抱和搬运诸如钢材、圆木等长体货物的叉车。其特点是装卸动作快，甚至可以不停车装卸；其缺点是空车行驶重心高，稳定性差。因为其起升高度较小，所以不能做堆垛作业。具体如图5-9所示。

图5-8 集装箱式叉车

图5-9 跨车

9.越野式叉车

越野式叉车又叫野战叉车，是在码头、机场、车站等路况条件较差的物资集散地装卸物资的设备，其突出的特点是它具有良好的越野性、机动性和可靠性。越野叉车的速度高于普通叉车，目前已发展到72km/h，其机动性显而易见。越野叉车发动机功率大，采用全轮驱动和越野轮胎，因而能够在丘陵、山地、滩头、沙地、雪地、冰上及泥泞道路上行驶，具有良好的越野性能。越野叉车车架有边梁式和中部铰接式几种，门架有垂直门架、液压伸缩臂式和连杆前移式等多种,每种都能确保作业中的可靠性。具体如图 5-10 所示。

图 5-10　越野式叉车

三、叉车的型号及主要技术参数

(一)叉车的型号

目前国内内燃叉车的型号标注由动力种类、起重量、传动形式、结构形式等项构成。型号编制规则如图 5-11 所示:

(1)厂牌:有的企业用两个汉语拼音字母表示,有的用两个汉字表示,厂牌由厂家自定。

(2)改型代号:按汉语拼音字母顺序表示。

(3)主参数代号:以额定起重量乘以 10 表示,原机械工业部的部颁标准起重量不乘以 10。

(4)传动形式代号:机械传动不标字母,液力传动标字母 D,液压(静压)传动标字母 J。

(5)动力类型代号:汽油机标字母 Q,柴油机标字母 C,液态石油气机标字母 Y。

(6)结构形式代号:P 表示平衡重式,C 表示侧压式,Q 表示前移式,B 表示低起升高度插腿式,T 表示插入插腿式,Z 表示跨入插腿式,X 表示集装箱叉车,K 表示通用跨车,KX 表示集装箱跨车,KM 表示龙门跨车。

例如:CPQ10B——表示平衡重式叉车,以汽油机为动力,机械传动,额定起重量 1t,同类同级叉车第二次改进。

CPCD160A——表示平衡重式叉车,以柴油机为动力,液力传动,额定起重量 16t,同类同级叉车第一次改进。

CCCD100——表示侧叉式叉车,以柴油机为动力,液力传动,额定起重量 10t,基型。

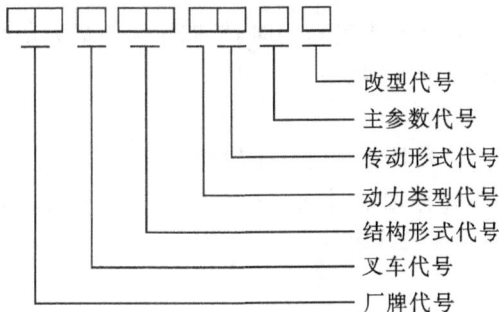

图 5-11　叉车型号编码

(二)叉车的主要技术参数

1. 载荷中心距

载荷中心距是指叉车的载荷中心在设计时,规定有一个标准位置,即货叉上放上标准货物时,其重心到货叉垂直段前臂的水平距离。载荷中心距以字母 C 表示,单位为 mm。

2. 额定起重量

额定起重量是指货物的重心处于载荷中心距以内时,允许叉车举起的最大重量,以字母 Q 表示,单位为 t。叉车作业时,如果货物的实际重心超过了载荷中心距,或者当起升高度超过了一定数值时,为了保证叉车的稳定性,最大起重量就要相应减小,否则叉车就有倾翻的危险。货物实际中心距超出载荷中心距越远,则允许起重量越小。

3. 最大起升高度

最大起升高度是指叉车在额定起重量下,门架垂直地把货物举升到最高位置时,货叉水平段的上表面到地面的垂直距离,以字母 H 表示,单位为 m。

4. 最大起升速度

最大起升速度是指叉车在额定起重量下,门架垂直、货物起升的最大速度,单位为 m/min。

5. 门架倾角

门架倾角是指叉车在平坦、坚实的路面上,门架相对于垂直位置所能进行的前、后倾斜的最大角度,分别以字母 α 和 β 表示,单位为(°)。一般前倾角为 3°～5°,后倾角为 10°～12°。

6. 满载最高行驶速度

满载最高行驶速度是指叉车在平直、干硬的路面上满载行驶时所能达到的最高速度,单位为 km/h。

7. 满载最大爬坡度

满载最大爬坡度是指叉车在良好的干硬路面上,能够爬上的最大坡度,以垂直位移和水平位移的百分比表示。一般内燃式叉车的爬坡度为 20%～30%。

8. 叉车的制动性能

叉车的制动性能反映了叉车的工作安全性。我国的内燃平衡重式叉车标准对制动性能作出的规定为:如果采用脚制动,叉车车速为 20km/h,空载行驶时,紧急制动的制动距离不大于 6m;叉车车速为 10km/h,满载行驶时,紧急制动的制动距离不大于 3m。如果采用手制动,空载行驶能在 20% 的下坡上停住,满载行驶时能在 15% 的上坡上停住。

9. 最小转弯半径

最小转弯半径是指叉车在无载低速行驶时,转向轮偏转最大角度时,瞬时转向中心距叉车最外侧的距离,以字母 R 表示,单位为 mm。具体如图 5-12 所示。

10. 最小离地间隙

最小离地间隙是指叉车在轮压正常时除车轮外车体上最低点至地面的距离,单位为 mm。最小离地间隙表示了叉车无碰撞地越过地面凸起障碍物的能力,离地面间隙越大,通过性越好,但离地间隙过大会影响叉车的稳定性。

11. 直角通道最小宽度

直角通道最小宽度是指可供叉车往返行驶的、成直角相交的通道的最小理论宽度。直角通道最小宽度越小,叉车的机动性越好,库场的利用率就越高。具体如图 5-13 所示。

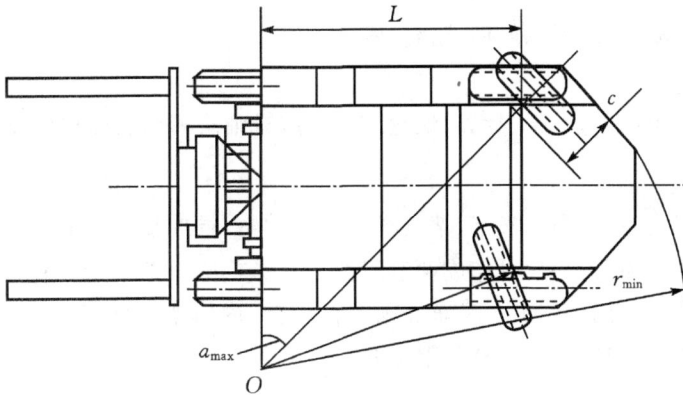

图 5-12　最小转弯半径

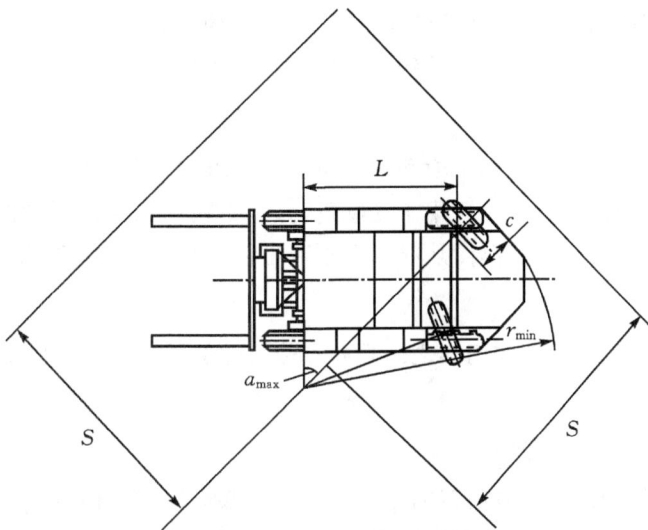

图 5-13　直角通道最小宽度

12. 堆垛通道最小宽度

堆垛通道最小宽度是指叉车在正常作业时,通道的最小理论宽度。叉车的正常作业是指叉车在通道内直线运行,并且要做 90°转向进行取货。具体如图 5-14 所示。

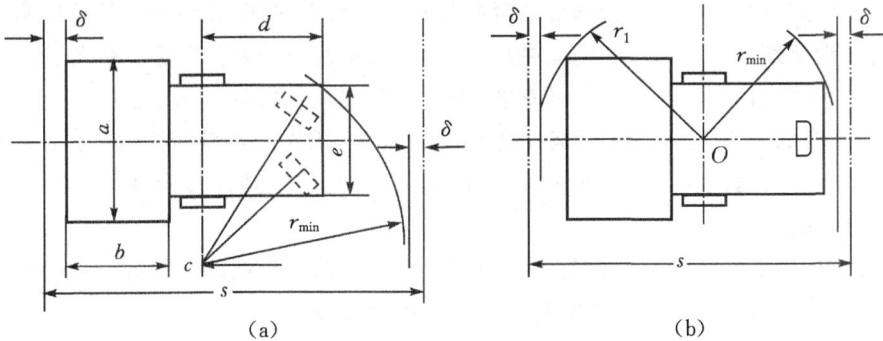

（a）　　　　　　　　　　　　（b）

图 5-14　堆垛通道最小宽度

四、叉车工作装置基本结构与作用

平衡重式叉车由门架、滑架、货叉、滚轮、链条、起升油缸和倾斜油缸组成。

(一)门架

门架是叉车工作装置的骨架。门架支撑着起升油缸,同时要承受货物的垂直作用力和纵向弯矩。根据工作的需要,门架可作成两节门架和三节门架。两节门架由不能升降的外门架和可沿外门架升降的内门架组成。叉车在未工作以前,内门架和外门架的高度是一样的。当叉车进行堆码工作时,内门架沿着外门架上升。

(二)叉架

叉架是一个垂直运动的承载小车,用来安装货叉或其他属具并带动货叉或其他属具沿着内门架升降。货物的重量通过滑架传给起重链条,货物的重量产生的力矩也通过滑架传递给门架。根据结构的不同,叉架可分为挂钩式叉架和轴套式叉架。

(三)货叉

货叉是承载货物的装置,由水平段和垂直段两部分组成。垂直段与滑架连接,连接的方式有挂钩式和轴套式两种形式;水平段用于支撑货物,水平段的前端作成楔形以利于插取货物。货叉是关系到作业安全的重要部件,从材料和制造工艺上都有特殊的要求。

(四)滚轮

滚轮是叉架与门架或门架与门架之间导向和传力的部件,分为纵向滚轮、横向滚轮以及复合滚轮三种。

(五)起升油缸和倾斜油缸

起升油缸和倾斜油缸控制着门架的起升和倾斜。起升时,起升油缸首先带动货叉升至极限位置,然后再带动内门架上升;倾斜油缸的作用可使门架前倾或后倾一定的角度,带动货叉前俯或后仰,以便叉起和卸下货物。

(六)链条

链条带动滑架上升并承受滑架和货物及货叉的重量。叉车一般采用两套滑轮链条组。如果是安装一个起升油缸,便在起升油缸的两侧各布置一套滑轮链条组;如果是采用两个起升油缸,起升油缸则分别立于门架两侧的立柱后方,滑轮链条组也分两侧贴近立柱布置。

另外,叉车的总体结构还应包括叉车的车架、护顶架和平衡重等部分组成。

车架是叉车的基本骨架,是支撑各个零部件的基础,承受的负载较大,同时还要承受较大的纵向弯矩和转矩,因此要求组成车体的材料必须具有足够的强度和刚度。车架一般有板式和箱式两种形式。

护顶架的作用是避免司机因跌落货物而受伤害。在结构及性能上都有一定的要求。

平衡重的作用是平衡叉车前部的荷载。它由铸铁铸造而成。

叉车结构如图 5-15 所示,其仪表与控制如图 5-16 所示。

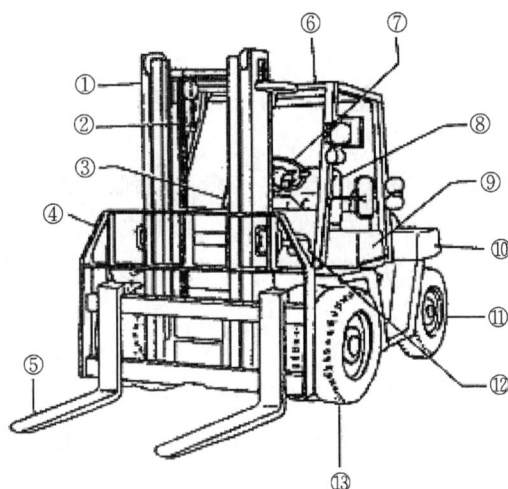

1.门架　2.起升油缸　3.控制杆　4.挡货架　5.货叉　6.护顶架　7.方向盘
8.座椅　9.内燃机罩　10.平衡重　11.后轮胎　12.倾斜油缸　13.前轮

图 5-15　叉车结构

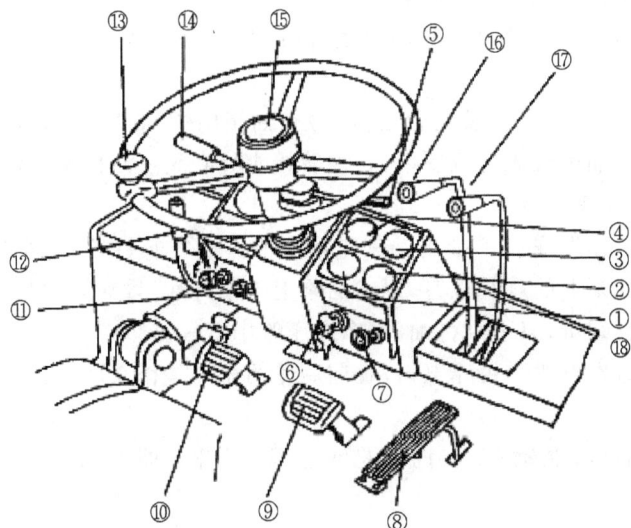

1.发动机油压表(CPCD50-70H/HA)

2.发动机水温表

3.燃油表

4.计时表

5.转向灯开关

6.启动开关

7.大小灯开关

8.油门踏板

9.制动踏板

10.微动踏板

11.总速控制旋钮

12.手制动操纵杆

13.方向盘

14.变速排挡杆

15.喇叭按钮

16.升降操纵杆

17.倾斜操纵杆

18.变矩器油温表(F05W、F05V)

图 5-16　仪表与控制

五、叉车操作技术

(一)叉车驾驶的姿势

正确的驾驶姿势是良好的技术操作基础,而良好的技术操作是保证行车安全、发挥车辆工作效率的基本条件。

1. 上车姿势

从叉车左边上车。左手拉着门架左上方的扶手,左脚先上。注意:不能抓着方向盘上车。

2. 驾车姿势

上车后,系好安全带。身体对正方向盘,头部端正,两眼向前平视,两肩稍向后张,后肩虚靠在背垫上,左手握着方向盘,右手放在操纵杆上。两腿自然下伸,两膝微屈,左右分开,左脚放在离合器踏板之下,右脚以脚跟为轴将脚掌轻放在油门之上。倒车时,身体可以稍微左偏,眼睛正视后方。

3. 下车姿势

右手拉着门架左上方的扶手下车,单脚先落地。注意:不要两脚同时落地,即不能以跳的方式下车。因为在车上坐的时间太长,有时会导致腿部血液循环不流畅,如果两脚同时跳下,就很可能会扭伤或抽筋等。

(二)叉车启动前检查

(1)检查自己是否符合驾驶车辆的基本要求,譬如穿着是否整齐等。

(2)在驾驶操作叉车前首先应对叉车全车结构有全面的了解,熟悉各个仪表和操作机构与手柄位置,知道其用处和作用,为开车前做好准备。

(3)观察车辆表面是否清洁无尘,确保车辆卫生符合要求。

(4)检查各部分机构情况是否正常,离合器踏板及制动踏板自由行程是否正常,刹车是否灵活可靠。

(5)检查转向系统拉杆接头处螺丝是否紧固以及是否松脱;检查油箱内燃油是否足量,发动机油底壳及喷油泵体机油油面是否在油标尺规定范围内,各油管接头处有无渗漏情况;观察散热器内水是否充满,各水管接头处有无渗漏现象。

(6)检查燃油管路中是否存有空气,如发现应予排出。首先将滤清器放气螺钉拧开,排出油箱至滤清器间的空气。然后拧开喷油泵上的放气螺钉,以输油泵上手泵打油,将油路中的空气排净。最后拧开喷油口处的高压油管螺母,以手泵打油,排净高压管中空气。

(7)检查蓄电池极柱导线是否松动,发电机是否充电;检查前后轮胎充气是否充足,胎纹间如嵌有石子等物应予以清除。

(8)检查照明系统的大灯、小灯、后灯、制动灯、转向灯是否正常,以及喇叭是否能正常工作。

(三)叉车的启动(以内燃柴油叉车为例)

叉车启动检查工作完毕,无异常后,方可启动车辆。启动发动机前,应检查手制动器是否拉紧,并检查变速杆是否在空挡。如有动力输出装置(如水泵、油泵等),动力输出操纵杆也须放在空挡位置,然后扭开钥匙。当电路接通后,必须等预热指示灯熄灭之后,才能启动叉车,当已启动则立即松开钥匙,让它自动回位。但这种启动方式是根据车型而定,也有的是将预热启动开关手柄搬到启动位置后,几秒钟内即应启动,一般汽油发电站发动机在 10 秒以内,柴油机在 15 秒以内。当已启动后应立即将手柄放回空挡。如不能启动,应间隔 1~2 分钟后再次启动,如仍不能启动,即应检查原因排除故障。当环境温度低时,启动后要观察机油压力,如没有压力时,应立即停车检查;起步前一定要挂慢速挡,缓缓起步后即试验制动器和转向器是否良好。载重时更须严格遵守此项规定,以免发生临时制动或转向不灵事故。

(四)叉车的起步

叉车的起步具有以下步骤:

(1)叉车启动后,应按喇叭。以此提醒旁边的人,注意安全,叉车启动了。驾驶员应观察周围的状况。

(2)起步之前,先将货叉升高10cm左右(如果路面不平,则视路面而定),并稍微向后倾斜一点点,门架与地面保持90°。

(3)踏下离合器,挂上慢档以及前进挡。

(4)按下手刹车按钮(有的车手刹上没有),再次观察周围情况,必要时再次按响喇叭。

(5)迅速将离合器抬到接触点,待动力接触后,离合器踏板略停,当车略有抖动时松开手刹车,加油,抬起离合器,使车平稳起步。

(6)如感到动力不足、不能起步时,应迅速踏下离合器,重新起步。

(五)叉车的停车

停车时先抬油门减速同时踏下离合器;轻踩刹车,使车平稳停住并保证车轮轮胎是处于打直状态;挂好空档,使门架下降及货叉落地,并与地面完全吻合;拉紧手刹,拉出熄火装置熄火并拔出钥匙。

六、叉车安全行驶

"十次事故九次快",这是用鲜血换来的教训。因此,自觉遵守安全操作规程,遵守国家法令和企业的各项规章制度,是企业内机动车驾驶员应尽的义务。

(一)操作人员

(1)叉车操作人员必须经过专业培训,通过安全生产监督部门的考核,取得特种操作证,严禁无证操作。

(2)严禁酒后驾驶,作业过程中不得打手机、闲谈和吃食物。

(二)启动

(1)车辆启动前,检查启动、音响信号,照明电路,运转、制动性能,货叉,轮胎,使之处于完好状态。

(2)起步时要查看周围有无人员和障碍物,然后鸣号起步。

(3)叉车在载物起步时,驾驶员应先确认所载货物平稳可靠,起步时须缓慢平稳。

(三)行驶

(1)叉车在运行时,不准任何人上下车,严禁在货叉上站人。确实需要叉车辅助人员工作时,应配有专用的用于叉车的篮子,货叉应入篮子下面专用的固定槽中。

(2)除装卸货以外,叉车必须靠右边行驶。

(3)空载行驶时,货叉距地面300~400mm,起升门架须后倾一定角度。

(4)如遇前面有人,应当按喇叭提示。

(5)应与其他叉车保持三倍自身叉车长的安全距离,叉车会车时除外。

(6)在交叉或狭窄路口,应小心慢行,并按喇叭随时准备停车。

(7)进出作业现场或行驶途中,要注意上空有无障碍物剐撞。非紧急情况下,不能急转弯和急刹车。

(8)禁止在坡道上转弯,也不应横跨坡道行驶。

(四)作业

(1)严禁超载、偏载行驶。

(2)作业速度要缓慢,严禁冲击性地装载货物。

(3)作业时,遵守"七不准"。

①不准将货物升高做长距离行驶。

②不准用货叉挑翻货盘和利用制动惯性溜放的方法卸货。

③不准直接铲运危险品。

④不准用单货叉作业。

⑤不准利用惯性装卸货物。

⑥不准用货叉带人作业,货叉举起后货叉下严禁站人和进行维修工作。

⑦不准用叉车去拖其他车,如确实需要叉车牵引,则需经过上级同意。

(4)停车后禁止将货物悬于空中,卸货后应先降货叉至正常的行驶位置后再行驶。叉载物品时,货物重量应平均分担在两货叉上,货物不得偏斜,物品的一面应贴靠挡货架。小件货物应放入集物箱(板)内,防止掉落。叉车所载物品不得遮挡驾驶员视线,如出现遮挡驾驶员视线时应倒车缓慢行驶,如遇上坡则不应倒车行驶,应有一人在旁指挥货叉朝上前进。

(5)当货叉接近或撤离物品时,车速应缓慢平稳,注意车轮不要碾压物品、垫木(货盘)和叉头,不要刮碰物品扶持人员。

(6)叉车在起重升降或行驶时,禁止任何人员站在货叉上把持物件或起平衡作用。叉物升降时,货叉范围半径 1m 内禁止有人。

(7)搬运影响视线的货物或易滑的货物时,应倒车低速行驶。

(8)禁止在码头岸边直接叉装船上物料。

(五)停车

(1)尽量避免停在斜坡上,如不可避免,则应取其他可靠物件塞住车轮、拉紧手刹并熄火。停放时应将货叉降到最低位置,拉紧后刹车,切断电路,并不能停放在纵坡大于 5% 的路段上。

(2)不能将叉车停在紧急通道、出入口、消防设施旁。

(3)叉车暂时不使用时应关掉电源,拉紧手刹。

任务三　起重机械认知与操作

起重机械是吊运或顶举重物的物料搬运机械,亦是一种间歇工作、提升重物的机械。多数起重机械在吊具取料之后即开始垂直或垂直兼有水平的工作行程,到达目的地后卸载,再空行程到取料地点,完成一个工作循环,然后再进行第二次吊运。一般来说,起重机械工作时,取料、运移和卸载是依次进行的,各相应机构的工作是间歇性的。起重机械主要用于搬运成件物品,配备抓斗后可搬运煤炭、矿石、粮食之类的散状物料,配备盛桶后可吊运钢水等液态物料。

有些起重机械如电梯也可用来载人。在某些使用场合,起重设备还是主要的作业机械,例如在港口和车站装卸物料的起重机就是主要的作业机械。

一、起重机械分类

起重机械按其功能和运动方式可分为四类。

第一类是轻小型起重设备。轻小型起重设备包括千斤顶、滑车、起重葫芦、卷扬机、绞车等。其特点是轻便,构造紧凑,动作简单,作业范围投影以点、线为主。

第二类是桥架型起重机。桥架型起重机是桥架在高架轨道上运行的一种起重机,又称天车。桥架型起重机的桥架沿铺设在两侧高架上的轨道纵向运行,起重小车沿铺设在桥架上的轨道横向运行,构成一矩形的工作范围,就可以充分利用桥架下面的空间吊运物料,不受地面设备的阻碍。桥架型起重机广泛地应用在室内外仓库、厂房、码头和露天贮料场等处。普通桥架型起重机一般由起重小车、桥架运行机构、桥架金属结构组成。起重小车又由起升机构、小车运行机构和小车架三部分组成。起升机构包括电动机、制动器、减速器、卷筒和滑轮组。电动机通过减速器带动卷筒转动,钢丝绳缠绕卷筒或将卷筒放下,以升降重物。小车架是支托和安装起升机构和小车运行机构等部件的机架,通常为焊接结构。

第三类是臂架型起重机。臂架型起重机配有起升机构、旋转机构、变幅机构和运行机构,液压臂架型起重机还配有伸缩臂机构。依靠这些机构的配合动作,可在圆柱形场地及上空作业。臂架型起重机可装在车辆上或其他运输(移动)工具上,这种起重机具有良好的机动性,可适用于码头、货场、工场等场所。臂架型起重机包括固定式回转起重机、定柱转臂起重机、固定桅杆动臂起重机、塔式起重机、汽车起重机、轮胎起重机、履带起重机、门座起重机、浮式起重机、轮胎式集装箱起重机等。

第四类是升降机。升降机包括电梯、施工升降机和简易升降机等。其特点是重物或其他取物装置只能沿导轨升降。

二、起重机械的组成

尽管各类起重机外观形式千差万别,但其组成都有共同点,即各类起重机均由四部分组成,包括金属结构、工作机构、电力拖动与电气控制系统和安全防护装置等。

(一)金属结构

由金属材料轧制的型钢和钢板作为基本构件,采用铆接、焊接等方法,按照一定的结构组成规则连接起来,能够承受载荷的结构物称为金属结构。这些金属结构可以根据需要制作梁、柱、桁架等基本受力组件,再把这些金属受力组件通过焊接或螺栓连接起来,构成起重机用的桥架、门架、塔架等承载结构,这种结构又称为起重机钢结构。

起重机钢结构作为起重机的主要组成部分之一,其作用主要是支承各种载荷,因此本身必须具有足够的强度、刚度和稳定性。

(二)工作机构

能使起重机发生某种动作的传动系统,统称为起重机的工作机构。因起重运输作业的需要,起重机要做升降、移动、旋转、变幅、爬升及伸缩等动作,而这些动作必然要由相应的机构来完成。

起重机最基本的机构,是人们早已公认的四大基本机构——起升机构、运行机构、旋转机构(又称为回转机构)和变幅机构。除此之外,还有塔式起重机的塔身爬升机构和汽车、轮胎等起重机专用的支腿伸缩机构。

起重机每个机构均由四种装置组成,其中必然有驱动装置、制动装置和传动装置。另外一种装置是与机构的作用直接相关的专用装置,如起升机构的取物缠绕装置、运行机构的车轮装置、回转机构的旋转支承装置和变幅机构的变幅装置。

驱动装置分为人力、机械和液压驱动装置。手动起重机是依靠人力直接驱动;机械驱动装置是电动机或内燃机;液压驱动装置是液压泵、液压油缸或液压马达。

制动装置是制动器,各种不同类型的起重机根据各自的特点与需要,将采用各种块式、盘式、带式、内张蹄式和锥式等制动器。

传动装置是减速器,各种不同类型的超重机根据各自的特点与需要,将采用各种不同形式的齿轮和蜗轮等形式的减速器。

(三)电力拖动与电气控制系统

起重机钢结构负责载荷支承,起重机工作机构负责动作运转,起重机机构动作的启动、运转、换向和停止等均由电气或液压控制系统来完成。为了起重机运转动作能平稳、准确、安全可靠,离不开电力拖动与电气控制系统的保护。

(四)安全防护装置

为保证起重机设备的自身安全及人员的安全,各种类型的起重机均设有多种安全防护装置,常见的起重机安全防护装置有各种类型的限位器、缓冲器、防碰撞装置、防偏斜和偏斜指示装置、夹轨器和锚定装置、超载限制器和力矩限制器等等。

三、起重机械的主要参数

起重机的技术参数是表征起重机的作业能力,是设计起重机的基本依据,也是所有从事起重作业人员必须掌握的基本知识。

国家标准 GB6974.2-86《起重机械名词术语——起重机械参数》中介绍了我国目前已生产制造与使用的各种类型起重机械的主要技术参数(标准的术语名称)、定义及示意图。

起重视的基本技术参数主要有起重量、起升高度、跨度(属于桥式起重机)、幅度(属于臂架式起重机)、机构工作速度、利用等级、载荷状态和工作级别等。其中臂架式起重机的主要技术参数中还包括起重力矩等,对于轮胎、汽车、履带、铁路起重机其爬坡度和最小转弯半径也是主要技术参数。随着起重机技术的发展,工作级别已成为起重机一项重要的技术参数。

(一)起重量(G)

起重量是指被起升重物的质量,一般分为有效起重量、额定起重量、总起重量、最大起重量等。单位为千克(kg)或吨(t)。

(二)起升高度(H)

起升高度是指起重机水平停车面至吊具允许最高位置的垂直距离。对吊钩和货叉,算至它们的支承表面;对其他吊具,算至它们的最低点(闭合状态)。单位为米(m)。

对桥式起重机,应是空载置于水平场地上方,从地面开始测定其起升高度。

(三)跨度(S)

跨度是指桥架型起重机支承中心线之间的水平距离。单位为米(m)。

(四)幅度(L)

幅度是指起重机置于水平场地时,空载吊具垂直中心线至回转中心线之间的水平距离。单位为米(m)。

最大幅度(L_{max}):起重机工作时,臂架倾角最小或小车在臂架最外极限位置时的幅度。

最小幅度(L_{min}):起重机工作时,臂架倾角最大或小车在臂架最内极限位置时的幅度。

(五)运动速度(V)

运动速度包括升降、变幅、回转、大车运行、小车运行等机构的工作速度等。单位为米/秒(m/s)。

(1)起升(下降)速度(V_n):稳定运动状态下,额定载荷的垂直位移速度。

(2)微速下降速度(V_m):稳定运动状态下,安装或堆垛最大额定载荷时的最小下降速度。

(3)回转速度(V_w):稳定状态下,起重机转动部分的回转角速度。规定为在水平场地上,离地10m高度处,风速小于3m/s时,起重机幅度最大,且带额定载荷时的转速。

(4)起重机(大车)运行速度(V_k):稳定运动状态下,起重机运行的速度。规定为在水平路面(或水平轨面)上,离地10m高度处,风速小于3m/s时的起重机带额定载荷时的运行速度。

(5)小车运行速度(V_t):稳定运动状态下,小车运行的速度。规定为离地面10m高度处,风速小于3m/s时,带额定载荷的小车在水平轨道上的运行速度。

(6)变幅速度(V_r):稳定运动状态下,额定载荷在变幅平面内水平位移的平均速度。规定为离地10m高度处,风速小于3m/s时,起重机在水平路面上,幅度从最大值至最小值的平均速度。

(六)起重机的利用等级(U)

起重机在有效寿命期间有一定的工作循环总数,其单位为次数。起重机作业的工作循环是从准备起吊物品开始,到下一次起吊物品为止的整个作业过程。工作循环总数表征起重机的利用程度,它是起重机分级的基本参数之一。工作循环总数是起重机在规定使用寿命期间所有工作循环次数的总和。

确定适当的使用寿命时,要考虑经济、技术和环境因素,同时也要涉及设备老化的影响。

工作循环总数与起重机的使用频率有关。为了方便起见,工作循环总数在其可能范围内,分成10个利用等级($U_0 \sim U_9$),如表5-1所示。

表5-1 起重机利用等级

利用等级	总的工作循环次数 N	附 注
U_0	1.6×10^4	
U_1	3.2×10^4	不经常使用
U_2	6.3×10^4	
U_3	1.25×10^5	

续表 5-1

U_4	2.5×10^5	经常轻闲地使用
U_5	5×10^5	经常中等地使用
U_6	1×10^6	不经常繁忙地使用
U_7	2×10^6	繁忙地使用
U_8	4×10^6	
U_9	$>4 \times 10^6$	

(七)起重机载荷状态(Q)

载荷状态是起重机分级的另一个基本参数,它表明起重机的主要机构——起升机构——受载的轻重程度。载荷状态与两个因素有关:一个是实际起升载荷 G 与额定载荷 G_n 之比 G/G_n,另一个是实际起升载荷 G 的作用次数 N 与工作循环总数 N_n 之比 N/N_n。表示 G/G_n 和 N/N_n 关系的线图称为载荷谱。表 5-2 列出了起重机载荷状态。

表 5-2 起重机载荷状态

载荷状态	名义载荷谱系数 Kp	说明
Q_1—轻	0.125	很少起升额定载荷,一般起升轻微载荷
Q_2—中	0.25	有时起升额定载荷,一般起升中等载荷
Q_3—重	0.5	经常起升额定载荷,一般起升较重载荷
Q_4—特重	1.0	频繁起升额定载荷

(八)起重机工作级别(A)

起重机的工作级别,即起重机的分级是由起重机的利用等级(见表 5-1)和起重机的载荷状态(见表 5-2)所决定,起重机的工作级别用符号 A 表示,其工作级别分为八级,即 $A_1 \sim A_8$ 级。起重机的工作级别如表 5-3 所示。

表 5-3 起重机的工作级别

载荷状态	名义载荷谱系数 KF	利用等级									
		U_0	U_1	U_2	U_3	U_4	U_5	U_6	U_7	U_8	U_9
Q_1—轻	0.125			A_1	A_2	A_3	A_4	A_5	A_6	A_7	A_8
Q_2—中	0.25		A_1	A_2	A_3	A_4	A_5	A_6	A_7	A_8	
Q_3—重	0.5	A_1	A_2	A_3	A_4	A_5	A_6	A_7	A_8		
Q_4—特重	1.0	A_2	A_3	A_4	A_5	A_6	A_7	A_8			

起重机机构的工作级别反映机构工作繁忙程度和承受载荷轻重的程度,按机构的利用等级 $T_0 \sim T_9$ 和载荷状态 $L_1 \sim L_4$ 来划分,可分为 $M_1 \sim M_8$ 八个级别,见表 5-4。

表 5-4　起重机机构工作级别

载荷状态	名义载荷谱系数 Kp	利用等级									
		T_0	T_1	T_2	T_3	T_4	T_5	T_6	T_7	T_8	T_9
L_1（轻）	0.125			M_1	M_2	M_3	M_4	M_5	M_6	M_7	M_8
L_2（中）	0.250		M_1	M_2	M_3	M_4	M_5	M_6	M_7	M_8	
L_3（重）	0.500	M_1	M_2	M_3	M_4	M_5	M_6	M_7	M_8		
L_4（特重）	1.000	M_1	M_2	M_3	M_4	M_5	M_6	M_7	M_8		

我国原来使用的工作类型是根据机构的闲忙程度和载荷率分为轻级、中级、重级和特重级四级。整个起重机的工作级别按起重机起升机构的工作级别确定。为了便于过渡,在新的由《起重机设计规范》规定的工作级别和旧的原来使用的工作级别之间,可找到以下的对应关系:$A_1 \sim A_4$ 相当于轻级;$A_5 \sim A_6$ 相当于中级;A_7 相当于重级;A_8 相当于特重级。常见起重机及其工作机构的工作级别如表 5-5 所示。

表 5-5　常见起重机及其工作机构的工作级别

起重机械类型			起重机工作类别	机构工作类别			运行机构	
				起升机构	变幅机构	回转机构	小车	大车
桥式起重机	吊钩式	一般车间及仓库用	$A_3 \sim A_5$	$M_2 \sim M_5$	—	—	$M_3 \sim M_5$	M_3、M_5
		繁重车间及仓库用	$A_6 \sim A_7$	$M_5 \sim M_7$	—	—	M_5、M_6	M_6、M_7
	抓斗式	间断装卸用	$A_6 \sim A_7$	$M_6 \sim M_7$	—	—	$M_6 \sim M_8$	M_6、M_7
		连续装卸用	A_8	$M_7 \sim M_8$	—	—	M_6、M_7	M_6、M_7
门式起重机	一般用途吊钩式		$A_5 \sim A_6$	M_5、M_6	—	—	M_5	M_5
	装卸抓斗式		$A_7 \sim A_8$	M_7、M_8	—	—	M_7、M_8	M_6、M_7
	装卸集装箱用		$A_6 \sim A_8$	$M_6 \sim M_8$	—	—	$M_6 \sim M_8$	$M_5 \sim M_8$
装卸桥	港口装卸用抓斗式		A_8	M_7、M_8	M_3	—	M_7、M_8	M_6、M_7
	港口装卸集装箱用		$A_6 \sim A_8$	$M_5 \sim M_7$	M_3	—	$M_5 \sim M_7$	$M_5 \sim M_7$
门式起重机	装卸用吊钩式		$A_6 \sim A_7$	M_5	M_5	M_5	M_3	
	装卸用抓斗式		$A_7 \sim A_8$	M_7、M_8	M_5	M_3、M_5	M_4	
汽车或轮胎起重机、履带起重机、铁路起重机	安装及装卸用吊钩式		$A_1 \sim A_4$	M_3、M_4	M_4	M_4	$M_2 \sim M_4$	
	安装用抓斗式		$A_4 \sim A_6$	$M_5 \sim M_7$	M_4、M_5	M_5、M_6	M_4、M_5	
浮式起重机	装卸用吊钩式		$A_5 \sim A_6$	M_5、M_6	M_5、M_6	M_5、M_6	—	
	装卸用抓斗式		$A_6 \sim A_7$	M_6、M_7	M_5、M_6	$M_5 \sim M_7$	—	

四、常见起重设备

(一)桥式起重机的运用

1.桥式起重机的应用场合

桥式起重机(见图5-17)是横架于车间、仓库及露天堆场的上方,用来吊运各种货物的机械设备,通常称为"桥吊"、"天车"或"行车"。它放置在固定的两排钢筋混凝土栈桥上,可沿栈桥上的轨道做纵向运移,起重小车可在桥架上的小车轨道上做横向移动。这样,吊钩、抓斗就可以在一个长方体(起升高度×跨度×走行线长度)的空间内任意位置上做升降、搬运物件的运动。桥式起重机是拥有量最大和使用量最广泛的一种轨道运行式起重机,其数量约占各种起重机总数量的60%~80%,额定起重量从几吨到几百吨。它一般用吊钩、抓斗或电磁盘来装卸货物,最基本的类型是通用吊钩桥式起重机,其他类型的桥式起重机基本上是在通用吊钩桥式起重机的基础上派生出来的。

图5-17 桥式起重机

桥式起重机起重量大,速度快,作业面辐射大,效率高,通用化程度高,广泛用于车间、仓库、货场装卸搬运货物。但由于桥式起重机须在装卸作业场地修建桥墩,造成建造费用较高,作业上不够方便,再加上其只能在跨度范围内布置货位,货位面积较小,在一些场合,桥式起重机有被龙门起重机取代的趋势。

2.桥式起重机的分类

桥式起重机的类别很多,按桥架结构不同可分为单梁桥式起重机和双梁桥式起重机两种。

单梁桥式起重机主梁多采用工字型钢或型钢与钢板的组合截面,其主梁强度和刚度较小。起重小车通常采用葫芦,通常起重量在 10t 以下,跨度为 5～15m。双梁桥式起重机通常由起升机构、大车运行机构、小车运行机构、桥与小车架等组成,其应用范围广,技术参数的变动范围也较大,因此在构造上亦相应有多种形式。按用途和取物装置,桥式起重机常分为吊钩桥式起重机、抓斗桥式起重机、电磁桥式起重机、桥式两用起重机、桥式三用起重机等。

3. 桥式起重机的构造

桥式起重机一般是由大车和小车两部分组成。小车上装有起升机构和小车运行机构,整个小车沿装于主梁架上盖板上的小车轨道运行。大车部分则是由起重机桥架(大车桥架)及司机室等组成。在大车桥架上装有大车运行机构和小车输电滑触线或小车传动电缆及电气设备等。司机室又称操纵室,其内装有起重机控制装置及电气保护柜、照明开关板等。按功能分,桥式起重机则是由金属结构、机械部分和电气部分组成。

4. 桥式起重机的特点

第一,与其他类型起重机相比,桥式起重机本身无支腿,稳定性较好,工作速度稍高些,单机生产率高。

第二,桥式起重机用电动机提供动力,电动机的故障率远远低于内燃机。各机构分别驱动,传动方法简单,使用、保养、维修方便。

第三,桥式起重机的桥墩是一种永久性建筑物,给货场的扩建、改建带来困难。受桥墩限制,桥吊主架无法带悬臂,不仅货位得不到充分利用,也给装卸作业带来影响。

(二)龙门起重机的运用

1. 龙门起重机的应用场合

龙门起重机(见图 5-18)又称龙门吊或门式起重机,它是由支承在两条刚性或一刚一柔支腿上的主梁构成的门形框架得名。

图 5-18　龙门起重机

龙门起重机的起重小车在主梁的轨道上行走,而整机则沿着地面轨道行走,为了增加作业面积,主梁两端可以具有外伸悬臂。悬臂长度是龙门起重机的支腿中心线至悬臂部分最外端的距离,单位为 m,通常用 l 表示。当起重小车运行至悬臂最外端时,吊钩中心至支腿中心线之间的距离称有效悬臂长度,通常用 $l_{效}$ 表示。有效悬臂长度 $l_{效}$ 小于悬臂长度 l,这是由于以下原因:第一,起重小车不可能运行到悬臂最外端,要留有一定的安全距离;第二,起重小车自身有一定长度,一般卷筒安置在小车的中部,卷筒中电线到小车外侧也有一定距离。龙门起重机的横向(沿主梁方向)工作范围是由跨度 $L+2\times l_{悬}$ 决定的。

龙门起重机具有场地利用率高,作业范围大,适应面广,通过性强等特点,在库场、车站、港口、码头等场所,担负着生产、装卸、安装等作业过程中的货物装卸搬运任务,是企业生产经营活动中实现机械化和自动化的重要生产力。龙门起重机运用十分普遍,其使用数量仅次于桥式起重机。

2.龙门起重机的分类

(1)按照门架结构型式,可分为半门架式、L 型单主梁双悬臂门架、双主梁箱型门架、Ⅱ型桁架式门架、单主梁梯形截面一刚一柔支腿门架、双主梁无悬臂门架、三角形截面桁架门架等。

(2)按主梁数目,可分为双主梁龙门起重机和单主梁龙门起重机。

(3)按照悬臂结构,可分为双悬臂龙门起重机、单悬臂龙门起重机、无悬臂龙门起重机。

(4)按支腿形状,可分为 L 型、折线型、C 型、A 型、O 型等支腿形状的起重机。

3.龙门起重机的组成

龙门起重机也同样由机构部分、电气设备、金属结构三部分组成。

机构部分包括起升机构和运行机构,而运行机构又分为大车运行机构和小车运行机构两部分。起升机构和小车运行机构都安装在起重小车上。龙门起重机大车运行机构是用来完成吊起沿轨道方向移动货物的装置。

金属部分包括小车车架和大车车架。大车车架主要包括主梁、支腿以及大车走行端梁等,用于安设机械及电气设备,并承受货重、自重、风力和大、小车制动时产生的惯性力等,要求具有足够的刚度和强度。

金属结构有桁架式和箱型两种。桁架结构具有重量轻,用料省,迎风面积小等优点,但制造较费工,备料费事,维修保养也不如箱型结构容易。箱型结构制造方便,工时较少,但跨度大时重量大。因此,桁架结构用于大跨度、小起重量起重机,箱型结构适用于小跨度、大起重量起重机。

电气设备由电机、照明和信号组成。电机的运行状态分为电动状态和制动状态两种。在龙门起重机中,当电机引进电能时,电机开始运转,将电能转化为机械能,这种状态称为电动状态。当电机轴上加入机械能,除去电机本身的损耗外,在电机内转变为电能,这种状态称为制动状态。发电状态在一定条件下,任何一台电机,都可以采用上述两种状态的任一种状态运行。照明分为内部照明和工作场地照明两种。内部照明包括操纵室照明、电气设备室照明和手提检修灯。在露天工作场地的起重机一般由于场地照明条件较差,往往需增设探照灯2~4只。

4.龙门起重机的特点

第一,与桥式起重机相比,龙门起重机的走行轨道直接铺设在作业场地,并且走行轨道面的高度可与作业场地在同一平面上,因此,龙门起重机下的货位面积、通道等能得到充分利用。

第二,龙门起重机没有固定永久性建筑物(只有走行轨道的基础埋置于地表面以下),如果货场改建、变迁,则影响不大。

第三,大多数龙门起重机两端带有一定长度的悬臂,不仅作业面积增大,货位得到充分利用,而且汽车等短途搬运设备与铁路车辆可直接进行装卸或换装,提高了装卸效率,加速了车辆和货位的周转。

(三)门座起重机的运用

1.门座起重机的应用场合

门座起重机(见图 5-19)又称门机,是有轨运行的臂架型移动式起重机。在现代的港口、车站库场装卸设备中,门座起重机占据着重要的地位,其主要原因是它具有较好的工作性能和独特的优越结构。门座起重机的额定起重能力范围很宽,额定起重范围一般在 5～100t,造船用门座起重机的起重量范围则更大,现已达到 150～250t。门座起重机的工作机械具有较高的运动速度,起升速度可达 70m/min,变幅速度可达 55m/min。门座起重机使用效率高,每昼夜可工作 22h,台时效率也很高,一般能达 100t/h 以上。同时,它的结构是立体的,不用多占码头、货场的面积,具有高大的门架和较长距离的伸臂,因而具有较大的起升高度和工作幅度,能满足港口码头船舶和车辆的机械化装卸、转载以及充分使用场地的要求。此外,还具有高速灵活、安全可靠的装卸能力,对提高装卸生产率、减轻劳动强度都具有重大的意义。但门座起重机也有它的缺点,如造价高,需用钢材多,需要较大电力供给,一般轮压较大,需要坚固的地基,附属设备也较多。

图 5-19　门座起重机

2.门座起重机的组成

从门座起重机外形结构来看,它的构造大致可分为上部旋转部分和下部运行部分。上部旋转部分安装在一个高大的门型底架上,并相对于下部运行部分可以实现 360°任意旋转,这也是它与其他转动起重机的主要区别。门架可以沿轨道运行,同时它又是起重机的承重部分。起重机的自重和吊重均由门架承受,并由它传到地面轨道上,门座起重机正是由此而得名。

门座起重机的上部旋转部分包括臂架系统、人字架、旋转平台、司机室等,同时还安装有起升、变幅、旋转机构。门架底部能通过火车或其他车辆。轨距有三种规格:能通过一列火车的轨距为 6m,称单线门架;能通过两列火车的轨距为 10.5m,称双线门架;能通过三列火车的轨距为 15.3m,称三线门架。港口码头前沿的门座起重机大多属双线门架。门座底部装有行车车轮或运行台车,运行机构使整台起重机可以沿着地面或建筑物上的轨道运行。

3.门座起重机的特点

门座起重机通过起升、变幅、旋转三种运行的组合,可以在一个大环形圆柱体空间内实现货物的升降、移动,并通过运行机构调整整机的工作位置,故可以在较大的作业范围内满足运移货物的需要。门座起重机同其他起重机一样,主要由驱动部分、金属部分和工作机构组成。门座起重机大多采用电力驱动。金属部分的作用是承受各种载荷,它包括门架、机房、转盘、转柱、人字架、主臂架、直线型象鼻架和刚性大拉杆等,这些结构件多数制成箱型结构。而其中的主臂架、直线型象鼻架、刚性大拉杆三者又构成了组合臂架。门座起重机的各种载荷就是由这些金属结构件来承担的,最后载荷通过门腿传到车轮,再传给轨道。工作机主要有起升、变幅、旋转、运行四大机构,用来实现货物搬移和提升。

(四)流动式起重机的运用

1.流动式起重机的应用场合

流动式起重机是指在带载或空载情况下,能在无轨道路或专用轨道行驶,机体靠重力保持稳定的臂架式旋转起重机。这类起重机机动灵活,稳定性较好,操纵简单方便,移动迅速,广泛用于港口、车站、厂矿、货场等部门的装卸和安装作业。

2.流动式起重机的种类

流动式起重机按运行部分的结构不同,可分为汽车起重机、轮胎起重机、履带起重机和轨道起重机,其中轮胎起重机、汽车起重机拥有量大,使用普遍。

3.流动式起重机的运用

(1)汽车起重机。

汽车起重机是安装在标准的或专用的载货汽车底盘上的全旋转臂架起重机,其车轮采用弹性悬挂,行驶性能接近于汽车。一般在车头设有司机室,此外,绝大多数还在转台(或转盘等)上设有起重司机室。汽车起重机行驶速度高,越野性能好,作业灵活,能迅速改变作业场地,特别适合于流动性大、不固定的作业场所。汽车起重机一般作业时都放下支腿,不能带负荷行驶,且不能配套双绳抓斗使用,因而其使用受到一定限制,如图5-20所示。

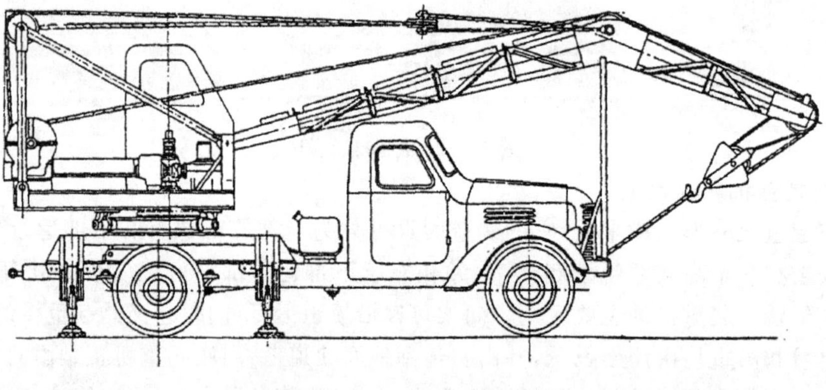

图5-20 汽车起重机

(2)轮胎起重机。

轮胎起重机(见图5-21)同汽车起重机相比,其主要区别在于:一是底盘不同。汽车起重机用标准或专用汽车底盘,轮胎起重机用专用底盘,其轴距和轮距配合适当,从而稳定性好,并能在平坦的地面上吊货行驶,但走行速度较低,所以适合于固定在一个货场内作业。二是司机室的数目不同。轮胎起重机只有一个司机室,位于转台上,四个机构都从这个司机室中操纵。汽车起重机有两个司机室:一个在转台上,操纵起升、旋转和变幅机构;另一个在起重机前方,操纵起重机的行驶和转向。

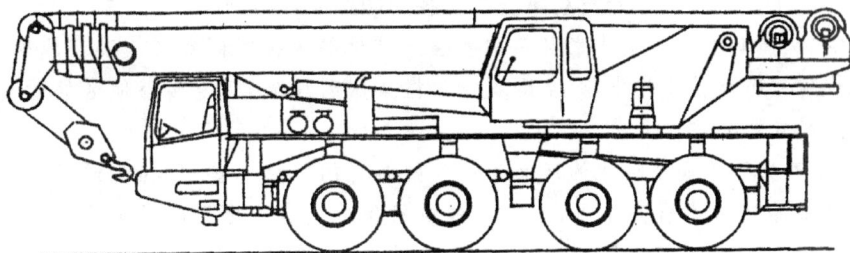

图 5-21　轮胎起重机

由于轮胎起重机的起重量大,稳定性好,在一定的起重范围内可以不用支腿作业,灵活方便,且能配套双绳抓斗进行散货作业。因而在装卸作业中,它得到比汽车起重机更为广泛的应用。

(3)履带起重机。

履带起重机(见图 5-22)是将起重机作业部分装在车架上的臂架式旋转起重机,这种起重机可在路面不好的情况下作业,稳定性好,可不打开支腿进行作业,但运行速度较低(一般不超过 4～6km/h),并且在行驶时会损坏路面。另外,维修操作也较复杂,配件不易解决,在使用中受到一定的限制,一般只适用于建筑、建设施工工地。

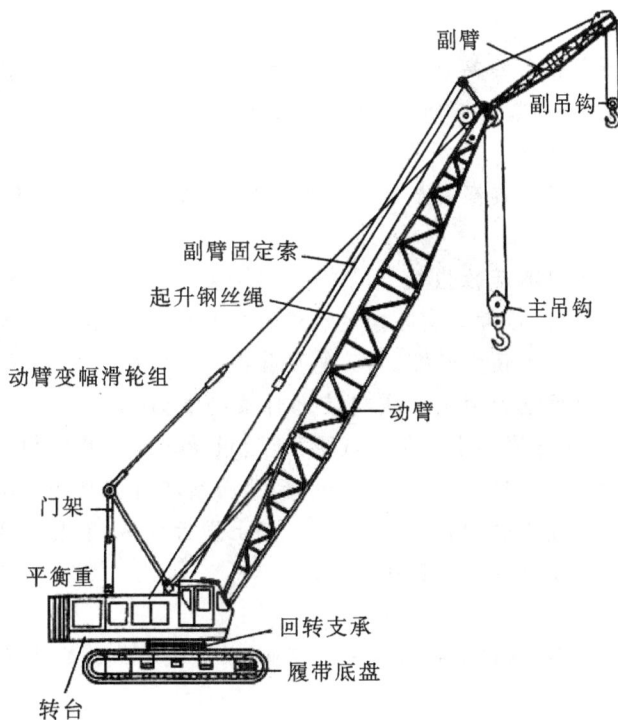

图 5-22　履带起重机机构造简图

案例分析

云南双鹤医药的装卸搬运成本案例

云南双鹤医药有限公司是北京双鹤这艘医药航母部署在西南战区的一艘战舰,是一个以市场为核心、现代医药科技为先导、金融支持为框架的新型公司,是西南地区经营药品品种较多、较全的医药专业公司。

虽然云南双鹤已形成规模化的产品生产和网络化的市场销售,但其流通过程中物流管理严重滞后,造成物流成本居高不下,不能形成价格优势。这严重阻碍了物流服务的开拓与发展,成为公司业务发展的"瓶颈"。

装卸搬运活动是衔接物流各环节活动正常进行的关键,而云南双鹤恰好忽视了这一点,由于搬运设备的现代化程度低,只有几个小型货架和手推车,大多数作业仍处于人工作业为主的原始状态,工作效率低,且易损坏物品。另外仓库设计的不合理,造成长距离的搬运,并且库内作业流程混乱,形成重复搬运,大约有70%的无效搬运。这种过多的搬运次数,损坏了商品,也浪费了时间。

建议和方法如下:

如果说物流硬件设备犹如人的身体,那么物流软件解决方案则构成了人的智慧与灵魂,灵与肉的结合才是完整的人。同理,要想构筑先进的物流系统,提高物流管理水平,单靠物流设备是不够的。

1. 减少装卸搬运环节

改善装卸作业,既要设法提高装卸作业的机械化程度,还必须尽可能地实现作业的连续化,从而提高装卸效率,缩短装卸时间,降低物流成本。

2. 防止和消除无效作业

尽量减少装卸次数、努力提高被装卸物品的纯度、选择最短的作业路线等都可以防止和消除无效作业。

3. 提高物品的装卸搬运活性指数

企业在堆码物品时事先应考虑装卸搬运作业的方便性,把分类好的物品集中放在托盘上,以托盘为单元进行存放,既方便装卸搬运,又能妥善保管好物品。

4. 积极而慎重地利用重力原则,实现装卸作业的省力化

装卸搬运使物品发生垂直和水平位移,必须通过做功才能完成。由于我国目前装卸机械化水平还不高,许多尚需人工作业,劳动强度大,因此必须在有条件的情况下利用重力进行装卸,将设有动力的小型运输带(板)斜放在货车、卡车上进行装卸,使物品在倾斜的输送带(板)上移动,这样就能减轻劳动强度和能量的消耗。

5. 进行正确的设施布置

采用L型和U型布局,以保证物品单一的流向,既避免了物品的迂回和倒流,又减少了搬运环节。

云南双鹤医药的装卸搬运成本案例,表明装卸搬运活动是衔接物流各环节活动正常进行的关键,从云南双鹤医药的装卸搬运成本案例不难看出,装卸搬运应执行减少操作次数,提高装卸搬运活性指数,实现装卸作业的省力化等措施。

![问题图标] **问题**

1.结合案例分析说明云南双鹤药业公司业务发展的"瓶颈"。

2.面对云南双鹤药业的现状,你能提出哪些改进措施?

![本章实训图标] **本章实训**

装卸搬运设备操作训练

一、实习目的

1.了解典型装卸搬运设备的构造。

2.掌握叉车的基本操作。

3.掌握轮胎式起重器的安全作业要求。

二、实习内容

进行平衡重式叉车操作技能训练(详见实训任务)。

三、要求和注意事项

1.学生应遵守实训单位的劳动纪律,服从安排,注意安全。

2.实训过程中,学生应按实训指导及教师要求,进行参观。

3.实训结束后,学生进行分组讨论并写出实训报告,报告包括如下内容:

(1)实训的目的和要求;

(2)实训的步骤;

(3)本次实训所获得的主要收获和体会。

四、考核与评价

根据实训表现及实训报告综合评定学生成绩。

实训任务　平衡重式叉车操作技能训练

对于叉车的式样驾驶,通常包括"8"字行进、侧方移位、倒进车库、通道驾驶、场地综合练习等几项训练内容,下面分别说明其场地设置及操作要领。

1."8"字行进训练

叉车"8"字行进,俗称绕"8"字,主要是训练驾驶员对方向盘的使用和对叉车、牵引车行驶方向的控制。

(1)场地设置。

叉车"8"字行进的场地设置,如图5-23所示。对于大吨位的电动叉车和大吨位的内燃叉车,其路幅还可以适当放宽。

(2)操作要领。

前进行驶时,要按小转弯要领操作,前内轮应靠近内圈,随内圈变换方向,既要防止前内轮压内圈,又要防止后外轮压碰外圈。叉车行至交叉点的中心线时,就应向相反的方向转动方向盘。

后倒行驶时,要按大转弯的要领操作,后外轮应靠近外圈,随外圈变换方向,既要防止后外

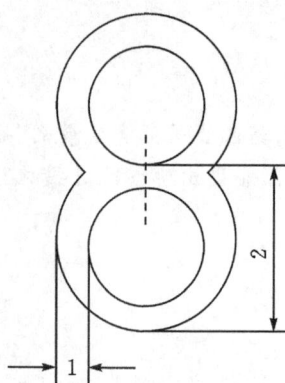

1—路幅:内燃叉车为车宽+80cm,电动叉车为车宽+60cm 2—大圆直径:25 倍车长

图 5-23 "8"字行进场地设置

轮越出外圈,又要防止前内轮压碰内圈。叉车行至交叉点中心线时,应及时向相反方向转动方向盘。当熟练后,可去掉中心线练习。

(3)注意事项。

①初学叉车驾驶时,车速要慢,运用加速踏板要平稳。行进时,因叉车随时都在转弯状态中,故后轮的阻力较大,如加油不够,会使行进的动力不足,造成熄火;如加油过多,则车速太快,不易修正方向。所以,必须正确应用加速踏板,待操作熟练后再适当加快车速。

②转动方向盘要平稳、适当,修正方向要及时,角度要小,不要曲线行驶。

2.侧方移位训练

侧方移位是车辆不变更方向,在有限的场地内将车辆移至侧方位置。侧方移位在叉车作业中应用较多,如在取货和码垛时,就经常使用侧方移位的方法调整叉车的位置。

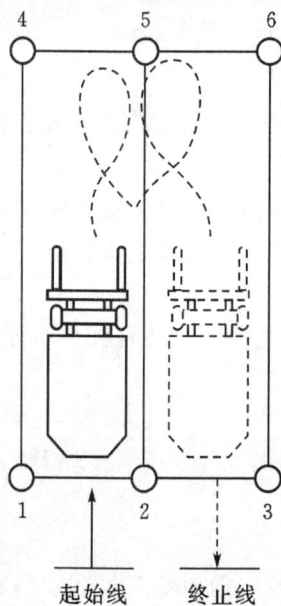

1~6 场地标识点;1~3 位宽;1~4 位长

图 5-24 叉车侧方移位场地设置

①场地设置。叉车侧方移位的场地设置,如图 5-24 所示。图中位宽＝两车宽＋80cm;位长＝两车长。

②操作要领。当叉车第一次前进起步后,应稍向右转动方向盘(或正直前进,防止左后轮压线),待货叉尖距前标杆线 1m 处,迅速向左转动方向盘,使车尾向右摆。当车摆正(或车头稍向左偏)或货叉尖距前标杆线 0.5m 处,迅速向右转动方向盘,为下次后倒做好准备,并随即停车,如图 5-25(a)所示。

倒车起步后,继续向右转动方向盘,注意左前角及右后角不要刮碰两侧标杆线,待车尾距后标杆线 1m 处,迅速向左转动方向盘,使车尾向左摆。当车摆正(或车头稍向右)或车尾距后标杆线 0.5m 处,迅速向右转动方向盘,为下次前进做好准备,并随即停车,如图 5-25(b)所示。

第二次前进起步后,可按第一次前进时的转向要领,使叉车完全进入右侧位置,并正直前进停放,如图 5-25(c)所示。

第二次倒车起步后,应观察车后部与外标杆和中心标杆去等距离倒车。待车尾距后标线约 1m 时,驾驶员应转过头来向前看,将叉车校正位置后停车,如图 5-25(d)所示。

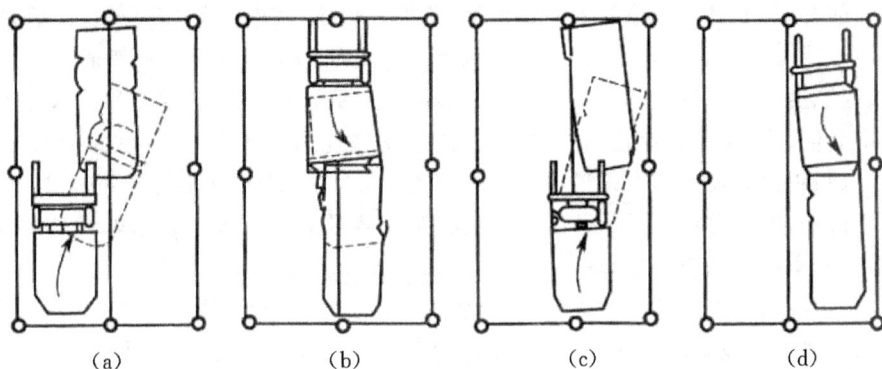

(a)　　　　(b)　　　　(c)　　　　(d)

图 5-25　叉车侧方移位图

③注意事项。依照上述要领操作时,必须注意控制车速;对于内燃式叉车在进退途中不允许踏离合器踏板,也不允许随意停车,更不允许打"死方向",以免损坏机件。倒车时,应准确判断目标,转头要迅速及时,应兼顾好左右及前后。

3. 通道驾驶训练

通道驾驶即为驾驶员驾车在库房或货物的堆垛通道内行驶。驾驶员在通道内驾驶的熟练程度,直接影响叉车的作业效率和作业安全。因此,通道驾驶科目的训练,对新训叉车驾驶员来说是十分重要的。

(1)场地设置。

通道内驾驶训练,可将托盘、空油桶等物件列成模拟通道,其通道宽度实际为叉车直角拐弯时的通道宽度。通道驾驶场地应设置有左、右直角拐弯和横通,其型式不限,具体如图5-26所示。

(2)动作要领。

①叉车前进。叉车在直通道内前进时,除应注意驾驶姿势外,应使叉车在通道中央或稍偏左行驶,以便于观察和掌握方向。在通过直角拐弯处时,应先减速,并让叉车靠近内侧行驶,只

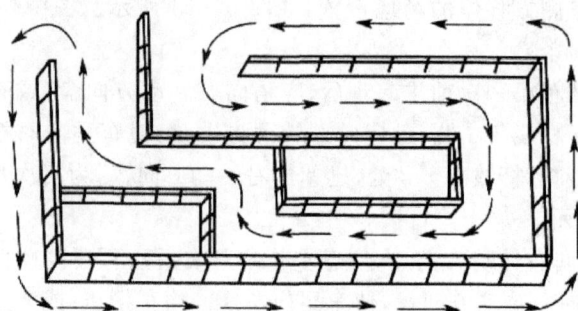

图 5 - 26　通道驾驶场地

需留出适当的安全距离即可；根据车速快慢、内侧距离大小，确定转向时机和转向速度，使叉车内前轮绕直角行驶。

　　一般车速慢、内侧距离大，应早打慢转；车速快、内侧距离小，应迟打快转。无论是早打还是迟打，在内前轮中心通过直角顶端处时，转向一定要在极限位置。在拐弯过程中，要注意叉车的内侧和前外侧，尤其要注意后外轮或后侧，不要刮碰通道或货垛；在拐过直角后，应及时回转方向进入直线行驶，回方向的时机由通道宽度和回方向的速度而定。一般通道宽度小，应迟回快回；通道宽度大，应早回慢回。避免回方向不足或回方向过多，以防叉车在通道内"画龙"。

　　②叉车后倒。叉车在直通道内后倒时，应使叉车在通道中央行驶，并注意驾驶姿势，同时还要选择好观察目标，使叉车在通道内平稳正直地后倒。在通过直角拐弯处时，应先减速，并靠通道外侧行驶，使内侧留有足够的距离。应根据车速快慢、内侧距离大小，确定转向时机和转向速度，使叉车内前轮绕直角行驶。

　　在拐弯过程中，要注意叉车前外侧、后外侧、后外轮，尤其要注意内轮差，防止内前轮及叉车其他部位压碰通道或货垛。在拐过直角后应及时回转方向进入直线行驶。

　　4.倒进车库训练

　　(1)场地设置。

　　叉车倒进车库的场地设置，如图 5 - 27 所示。其中，车库长＝车长＋40cm；车库宽＝车宽＋40cm；库前路宽＝5/4 车长。

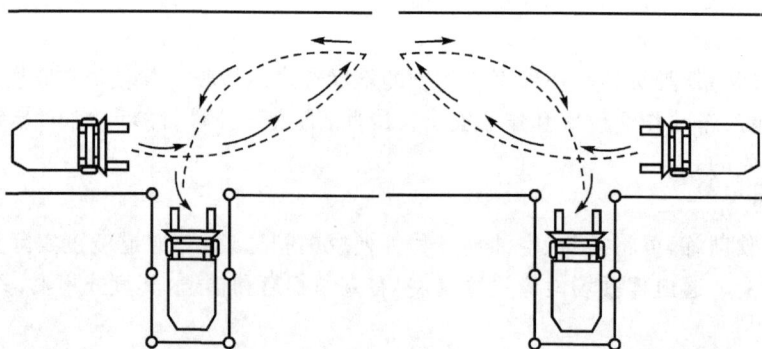

图 5 - 27　叉车倒进车库图

（2）操作要领。

①当叉车接近车库时，应以低速靠近车库的一侧行驶，并适当留足车与库之间的距离，待方向盘与库门（墙）对齐时，迅速向左（右）转方向盘，使叉车缓慢地驶向车库前方。当前轮接近路边或货叉接近障碍物时，迅速回转方向盘并停车。

②后倒前，驾驶员应先向后看准车库目标。起步后，向右（左）转动方向盘，慢慢后倒；当车尾进入车库时，就应及时向左（右）回转方向盘，并前后照顾，及时修正，使车身保持正直倒进库内，回正车轮后立即停车。

（3）注意事项。

倒进车库时，要仔细注意两旁，进退速度要慢，不要刮碰车库门（或标杆），如倒车困难，应先观察清楚后再后倒；停车位置应在车库的中间，货叉和车尾均不准突出车库（或地面画线）之外。

5.场地综合驾驶训练

叉车场地综合驾驶训练，是把通道驾驶、过窄通道、转"8"字等式样驾驶和直角取卸货结合在一起，进行综合性练习。其场地设置可以参照图 5-28。

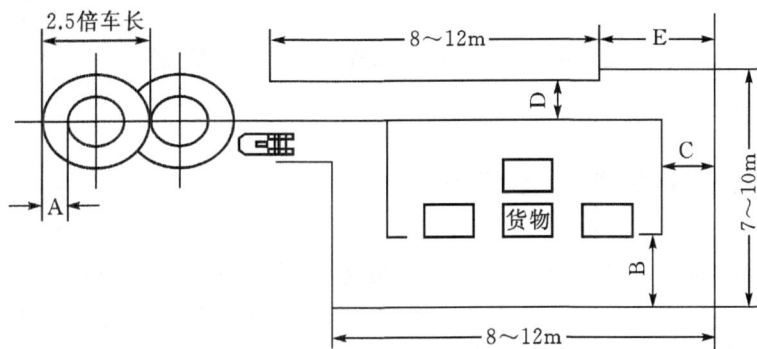

图 5-28 叉车综合练习场地

图中 A＝车宽＋80cm（1t 以下电瓶叉车为车宽＋60cm）；E＝C＋a＋L＋$C_安$，其中，a 为前轴中心线至货叉垂臂前侧的距离，L 为货物的前后长度，$C_安$ 为安全距离（一般取 0.2m）；B＝$B_取$，C＝$B_转$，D＝车宽＋10cm。

叉车从场外起步后，进入通道（图示位置），经右拐直角弯、左拐直角弯后，左拐直角取货，并左拐退出货位停车，然后又起步前进。经两次左拐直角弯后进入窄通道，通过窄通道后，绕"8"字转 1～2 圈后又进入通道，经右拐直角弯、左拐直角弯后，左拐直角卸货，起步后倒出货位，倒车经左拐直角弯、右拐直角弯后到达初始位置停车，整个过程完毕。

操作中，要正确运用各种驾驶操纵装置，起步、停车要平稳，中途不得随意停车或长期使用半联动，不允许发动机熄火和打死方向，叉货和卸货应按要求动作进行。

项目六

连续输送与自动分拣设备

学习目的与要求

1. 了解连续输送设备与技术的现状和发展趋势。
2. 理解连续输送设备的分类和构造特点。
3. 理解自动分拣设备的工作原理。
4. 掌握根据不同货物合理选择连续输送和自动分拣设备的能力。

任务一 连续输送机械概述

一、连续输送机械的概念与作用

由于货物性质的不同,与之对应的输送机械有两类,即间歇性输送机械和连续性输送机械。前者主要用于集装单元的装卸搬运,又称单元负载式输送机;而后者则主要用于散货的输送装卸,本节主要介绍后者。连续性输送机械是以连续的方式沿着一定的线路从装货点到卸货点均匀输送散装货物的机械。

对于某些货物,如煤、化肥、粮食、矿砂等,采用包装流通还是散料流通,成本相差巨大。以粮食为例,采用包装流通,费用约为 13.12 元/t,而采用散料流通,费用仅 0.93 元/t;此外,在作业时间与人数方面,也相差甚远。所以粮食采用散装流通,可以加快流通,提高各个环节的生产率,减少作业人员和人的劳动强度,大幅度降低流通费用,从而降低粮食的成本与价格,增强其市场竞争力。对于其他散料的流通,情况也是如此。

何谓散料流通?即散装、散卸、散储、散运。在现代物流中,散料流通是一个主要的发展趋势,而散料流通的实现,必须借助于连续输送机械。

二、连续输送机械的特点与类型

(一)连续输送机械的特点

1.效率高

连续输送机械的输送路线固定,加上散料具有的连续性,所以装货可以连续进行。输送过程中极少进行紧急制动和启动,因此可以采用较高的工作速度,效率很高,而且不受距离远近的影响。

2. 自动控制性好

由于输送路线固定,动作单一,而且载荷均匀,速度稳定,因此容易实现自动控制。

3. 适应性差

一般地,一种机型只能适用于一种或几种同类型的货物,对于重量很大的货物,通常的输送机械都是不适用的。

(二)连续输送机械的分类

(1)按照安装方式的不同,连续输送机械可分为固定式和移动式两大类。固定式输送机械是指整个设备安装在一个地方,不能再移动。它主要用于固定输送场合,具有输送量大、单位能耗低、效率高等特点。移动式输送机械是指整个设备安装在车轮上,可以移动,它具有机动性好,利用率高,能及时布置输送作业达到装卸要求的特点,这类设备输送量不太高,输送距离不长。

(2)按输送机械的结构特点,连续输送机械可分为具有挠性牵引构件的输送机械和无挠性牵引构件的输送机械。具有挠性牵引构件的输送机械的工作特点是物料在牵引构件的作用下,利用牵引构件的连续运动使货物向一定方向输送。牵引构件是往复、循环的一个封闭系统,通常是一部分输送物料,另一部分牵引构件返回。常见的有带式输送机、斗式提升机等。无挠性牵引构件输送机械的工作特点是利用工作构件的旋转运动或振动,使物料向一定方向输送,它的输送构件不具有往复循环形式。常见的有螺旋输送机、气力输送机等。

任务二 常见连续输送设备

一、带式输送机

带式输送机是由电动机作为动力,胶带为输送带,利用摩擦力连续输送货物的机械。

(一)带式输送机的应用场合及特点

根据工作的需要,带式输送机可做成工作位置不变的固定式输送机和可以运行的移动式输送机,也可做成输送方向可以改变的可逆式输送机,还可做成机架伸缩以改变距离的可伸缩式输送机。

带式输送机主要用于水平方向或坡度不大的倾斜方向连续输送散粒货物,也可以用于输送重量较轻的大宗成件货物。其特点有以下方面:输送距离大;输送能力大,生产率高;结构简单,基建投资少、营运费用低;输送线路呈水平、倾斜布置或在水平方向、垂直方向弯曲布置,因而受地形条件限制小;工作稳定可靠;操作简单、安全可靠,易于实现自动控制。正是由于其优越的特点,使其应用场合遍及仓库、港口、车站、煤矿、工厂、矿山、建筑工地等。但是带式输送机不能自动取货,当货流变化时,需要重新布置输送线路,且输送角度不大。

(二)带式输送机的结构

带式输送机由金属结构机架,装在头部的驱动滚筒和装在尾部的张紧滚筒,绕过头滚筒、尾滚筒和沿输送机全长安置的上支承托辊、下支承托辊的无端的输送带,以及包括电动机、减速器等在内的驱动装置、卸载装置和清扫装置等组成。

工作时无端输送带绕过驱动滚筒和张紧滚筒,利用输送带与驱动滚筒之间的摩擦力来驱使输送带运动,物料通过装载装置送到输送带上,随着输送带的运动一起被输送到卸载地点,通过卸载装置或端部滚筒,物料从输送带上卸出,输送带经清扫装置和下托辊返回进料处。

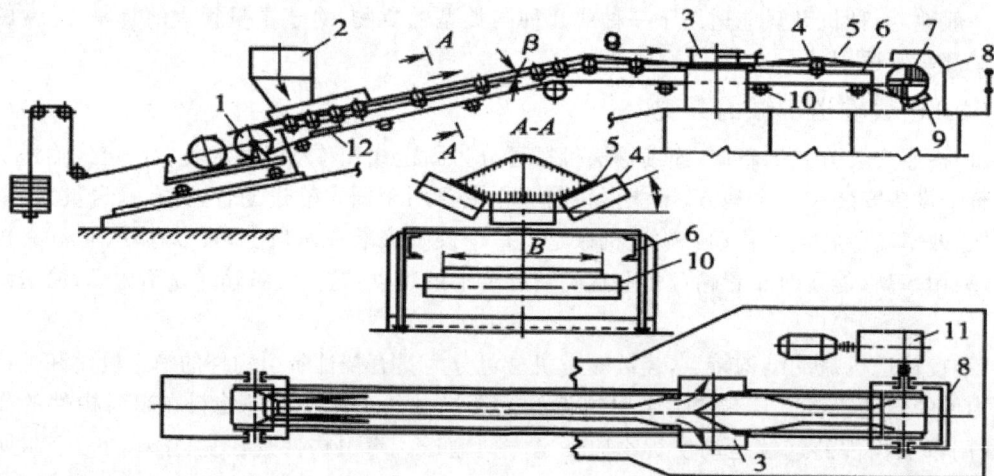

1—张紧滚筒 2—装载装置 3—犁形卸载挡板 4—槽形托带 5—输送带 6—机架 7—驱动滚筒 8—卸载罩壳 9—清扫装置 10—平托盘 11—减速箱 12—空段清扫器

图 6-1 带式输送机的结构示意图

带式输送机的输送长度受输送带本身强度和运动稳定性的限制。输送距离越大,驱动力越大,输送带所承受的张力也越大,带的强度要求就越高。当输送距离长时,若安装精度不够,则输送带运行时很容易跑偏成蛇形,使带的使用寿命降低。所以采用普通胶带输送机,单机长度一般不超过 40m,而采用高强度的夹钢丝绳芯胶带输送机和钢丝绳牵引的胶带输送机,单机长度可达 10km 以上。

带式输送机的布置型式有水平式、倾斜式、带凸弧曲线式、带凹弧曲线式、带凹凸弧曲线式五种基本型式。在具体使用时,应根据输送工艺的需要进行选择。

带式输送机在工作时,应注意以下事项:

(1)要经常检查胶带的松紧程度,并进行空载启动以降低启动阻力。

(2)应经常检查所有托辊的回转情况,如托辊不转,造成胶带运动阻力增大、功率消耗增大,同时还将造成胶带和托辊的严重磨损。

(3)带式输送机必须保持匀速运行。

(4)带式输送机必须在停止进料且待机上的物料卸完后才能停机。如果中途突然停车,在事故排除后,卸下带上的物料才能启动。

(5)多台带式输送机联合工作时,开机从卸料端的输送机开始启动,停机时先停止进料,将进料端的输送机停机,然后逐一向前停机。如中间某台机器发生故障,则应先停止供料,停止进料端的输送机,进行维修,否则会造成物料的堵塞。

(6)带式输送机不工作时,应盖上油布,防止日晒夜露和雨淋,致使输送机腐蚀和生锈。若较长时间不使用,应调松胶带,入库保存。

（三）新型带式输送机

1. 压带式带式输送机

为了充分发挥带式输送机的优点，克服其不能实行垂直方向输送的缺点，近年来出现了一种压带式带式输送机。这种输送机与一般带式输送机构造相同，只是在垂直区域增加一台并列的带式输送机，两输送机的输送带夹持着物料同步提升。

2. 中间带驱动的带式输送机

这种输送机的输送方式是在一条长距离的带式中间安装几台较短的驱动带式输送机，借助两条紧贴在一起的输送带所产生的摩擦力来驱动长距离的带式输送机。

采用中间带驱动形式可以大幅度降低长距离输送带张力，因而降低对输送强度的要求，使驱动带厚度、自重、价格和传动装置尺寸减小，并且使长距离带式输送机可采用变通标准输送带来实现无转载的物料输送，同时输送带的使用寿命显著提高。但是，中间带驱动的带式输送机也存在着以下缺点：输送带用量大；空载或间断供料时，中间摩擦驱动装置的牵引能力降低，一旦过载易打滑；电气控制较复杂。

3. 气垫带式输送机

气垫带式输送机的工作原理在于用气室代替辊组。当鼓风机将空气压入气室后，由气室上部的弧形盘槽上的若干小孔喷出，在盘槽和承载带之间形成一薄层气膜，用来支承输送带使其不与盘槽接触，由驱动滚筒驱动输送带，使其在气垫上运行，达到输送物料的目的。

气垫带式输送机继承了普通带式输送机的优点，它有以下工作特点：首先，克服了普通带式输送机输送带在托辊间波浪式运行的缺点，使物料在运行中非常平衡，不撒料，不产生温升，降低了故障率，提高了运行的可靠性；其次，气垫带式输送机运行阻力小，运行平衡，可以减少输送带的张力，减小带宽和层数，使输送带总体投资减少；再次，气垫带式输送机除头尾段外，中间无旋转部件，可实现密闭输送，粉尘污染少；最后，气垫带式输送机以气垫支承代替众多的托辊支承，转动部件大大减少，输送带寿命可提高3～4倍。气室盘槽一般不需要维修，所以气垫带式输送输送机一般比普通带式输送机的维修费用节约60％～70％，减少了运营费用。

二、辊筒式输送机

辊筒式输送机（见图6-2）是由一系列以一定间距排列的辊筒组成的用于输送成件货物或托盘货物的输送机械。与其他输送成件货物的输送机相比，它除了结构简单，运转可靠，布置灵活，输送平稳，使用方便、经济、节能之外，最突出的特点是它与生产过程和装卸搬运系统能很好地衔接和配置，并有功能的多样性，易于组成流水线作业，可并排组成大宽度的输送机，以运送大型成件物品。由于其独特的特点，因而在仓库、港口、货场得到了广泛的应用。为了能方便输送货物，货物和托盘的底部必须有沿输送方向的连续支承面。为保证货物在辊筒上移动时的稳定性，该支承面至少应该接触四个辊子，即辊筒间距应小于货物支承面长度的1/4。

（1）辊筒式输送机按照动力方式可以分为无动力式辊筒输送机和动力式辊筒输送机。

①无动力式辊筒输送机。它自身无驱动装置，辊筒转动呈被动状况，物品依靠人力、重力或外部推拉装置移动。它有水平和倾斜两种布置形式。水平布置依靠人力或外部推拉装置移动物品。人力推动用于物品重量较轻、输送距离短、工作不频繁的场合。外部推拉采用链条牵

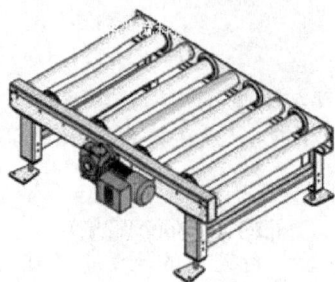

图 6-2 辊筒式输送机

引、胶带牵引、液压气动装置推拉等方式,可以按要求的速度移动物品,便于控制运行状态,用于物品重量大、输送距离长、工作比较频繁的场合。倾斜布置依靠物品重力进行输送,结构简单,经济实用,但不易控制物品运行状态,物品之间易发生撞击,不宜输送易碎物品,适用于重力式高架仓库及工序间短距离输送。

②动力式辊筒输送机。它本身有动力装置,辊筒转动呈主动状态,可以严格控制物品运行状态,按规定的速度精确、平稳、可靠地输送物品,便于实现输送过程的自动控制。链传动辊筒输送机是最常用的动力式辊筒输送机,它承载能力大,通用性好,布置方便,对环境适应性强,可在经常接触油、水及湿度较高的地方工作。但链传动辊筒输送机在多尘环境中工作时链条容易磨损,高速运行时噪音较大。

(2)辊筒式输送机按照辊筒形状可以分为圆柱型辊筒输送机和圆锥型辊筒输送机。

①圆柱型辊筒输送机。它通用性好,可以输送具有平直底部的各类物品,允许物品的宽度在较大范围内变动,一般用于输送机线路的直线段。

②圆锥型辊筒输送机。它用于输送机线路圆弧段,多与圆柱型辊筒输送机直线段配套使用,可以避免物品在圆弧段运行发生滑动和错位现象。

三、刮板式输送机

(一)普通刮板式输送机

1.结构组成与工作原理

普通刮板式输送机如图 6-3 所示,在牵引构件(链条)2、5 上固定着刮板,并一起沿着机座槽内运动。牵引链条环绕着头部 1 驱动链轮和尾部 9 张紧链轮,并由驱动链轮来驱动,由张紧链轮进行张紧。被输送的物料可以在输送机长度上的任意一点装入敞开槽内,并由刮板推动前移。输送机的卸载同样可以在槽底任意一点所打开的洞孔来进行,这些洞孔是用闸门关闭的。

刮板输送机分为上、下工作分支,上工作分支供料比较方便,可在任何位置将物料供入敞开的导槽内,具有下工作分支的输送机,在卸料方面较为方便,因为物料可以直接通过槽底的洞孔卸出。

2.特点与适用范围

刮板输送机的主要优点是:结构简单,当两个分支同时成为工作分支时,可以同时向两个

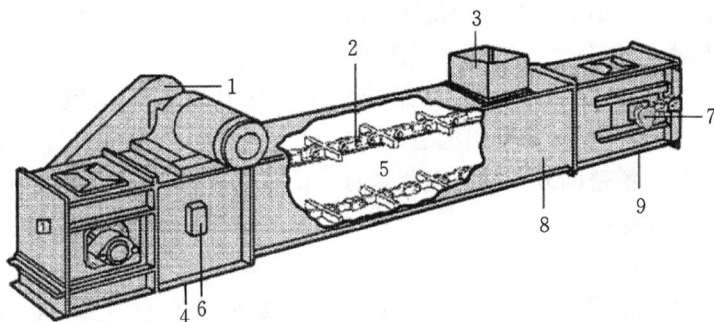

1—头部 2—上刮板链条 3—加料口 4—卸料口 5—下刮板链条
6—加料堵料探测器 7—断链指示器 8—中间段 9—尾部
图6-3 刮板式输送机

方向输送物料,可同时方便地沿输送机长度上的任意位置进行装载和卸载。它可以用来输送各种粉末状、小颗粒和块状的流动性较好的散粒物料。

它的缺点是:物料在输送过程中会被捻碎或者挤压碎,所以不能用来输送脆性物料。由于物料与料槽及刮板与料槽的摩擦(尤其是输送摩擦性大的物料时),会使料槽和刮板的磨损加速,同时也增大了功率的消耗。因此,刮板输送机的长度,一般不超过50~60m,生产率不超过150~200t/h。

(二)埋刮板输送机

1.结构组成与工作原理

埋刮板输送机(见图6-4)是由刮板输送机发展而来的,但其工作原理与刮板输送机不同,在其机槽中,物料不是一堆一堆地被各个刮板刮运向前输送的,而是以充满机槽整个断面或大部分断面的连续物料流形式进行输送。

由于刮板链条埋在被输送的物料之中,与物料一起向前移动,故而称为埋刮板输送机。刮板链条既是牵引构件,又是带动物料运动的输送元件,因此,它是埋刮板输送机的核心部件。

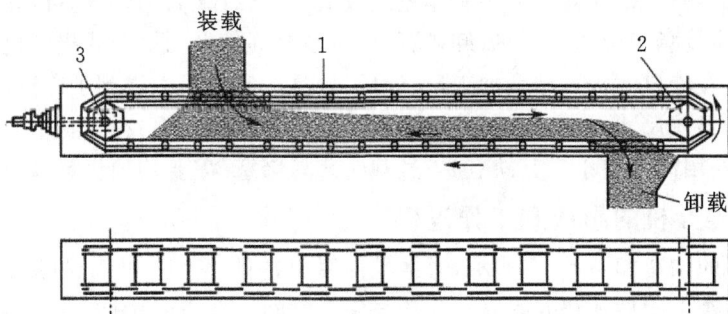

1—封闭的料槽 2—驱动装置 3—张紧装置
图6-4 埋刮板式输送机

埋刮板输送机除可进行水平、倾斜输送和垂直提升之外,还能在封闭的水平或垂直平面内的复杂路径上进行循环输送。

埋刮板输送机的工作原理是利用散粒物料具有内摩擦力以及在封闭壳体内对竖直壁产生侧压力的特性,来实现物料的连续输送的。在水平输送时,由于刮板链条在槽底运动,刮板之间物料被拖动向前成为牵引层。当牵引层物料对其上的物料层的内摩擦力大于物料与机槽两侧壁间的外摩擦力时,上层物料就随着刮板链条向前运动。

在垂直输送时,机槽内的物料不仅受到刮板向上的推力和下部不断供入的物料对上部物料的支撑作用,同时物料的侧压力会引起运动物料对周围物料产生向上的内摩擦力。当以上的作用能够克服物料与槽壁间外摩擦力及物料自身的重力作用时,物料就形成连续整体的物料流随刮板链条向上输送。

2.特点与适用范围

埋刮板式输送机既适用于水平或小倾角方向输送物料,也可以垂直方向输送。水平输送距离最大为80～120m,垂直提升高度为20～30m,通常用在生产率不高的短距离输送。

埋刮板式输送机所运送的物料以粉状、粒状或小块状物料为佳,物料的湿度以用手捏团后仍能松散为度;不宜输送磨损性强、块度大、粘性大、腐蚀性大的物料,以避免对设备损伤。埋刮板式输送机结构简单可靠,体积小,维修方便,进料卸料简单。埋刮板输送机分为普通型和特殊型,普通型埋刮板输送机用于输送物料特性一般的散粒物料,而特殊型埋刮板输送机用于输送有某种特殊性能的物料。

此外,还有为化工、粮食、电站、港口等部门设计的各种专用系列的机型。特殊型和专用型埋刮板输送机的输送原理同普通型完全相同,只是在普通型的基础上,针对性地加强了某一方面的结构或材料,使之更加适应于某一种或某一类物料,以满足其特殊输送要求而已。

四、斗式提升机

(一)斗式提升机的应用场合和特点

斗式提升机是一种在垂直方向或大于70°倾角的倾斜方向上输送粉粒状物料的输送设备。

斗式提升机根据牵引构件的不同,分为带斗式提升机和链斗式提升机。带斗式提升机适用于粉末或块度磨损性较小的物料,可以有很高的工作速度,但其强度较低,不能用于承载力很大、工作繁忙的场合;链斗式提升机工作速度较低,但具有很高的强度,可用于提升中等或大块度的物料,大型货场采用的卸煤机、卸矿石机、装砂机等都采用链斗式提升机。

斗式提升机在港口、仓库、粮食加工厂、油厂、食品厂等部门中得到了广泛的应用。它的优点是:结构简单、形式尺寸小、占地面积小、提升高度和输送能力强;在全封闭的机身内工作,对环境的污染小,耗用的动力小。其缺点是:过载时容易堵塞、需要均匀供料、料斗容易磨损等。

(二)斗式提升机的组成和工作过程

斗式提升机的构造如图6-5所示,通常是由牵引构件、料斗、机头、机座、机筒、驱动装置等组成。它是由牵引构件环绕并张紧于斗轮与底轮之间。在牵引构件上每隔一定的间距固定着承载物料的料斗。全部构件都封闭在密闭的外壳中,防止灰尘的飞扬和物料的撒料。外壳上端称为机头,下端称为机座,中间称为机筒。机筒的长短可根据提升高度由若干节组成。提升机的驱动装置与头轮轴相连,提供给提升机必要的动力,以保证提升机正常运转,机头上装有止逆器,以防头轮逆转,机筒中装有牵引构件跑偏报警器,机头端设有防爆孔,以便排泄爆炸性气体,防止粉尘爆炸。

斗式提升机的工作过程分为三个阶段,即装料、提升、卸料。其中装料与卸料尤为重要,对提升机的生产率起决定性作用。提升较为简单,只要胶带或链条强度保证,输送过程无打滑或抖动现象,基本上就可保证提升平稳,不撒料。下面着重介绍斗式提升机的装料与卸料两个过程。

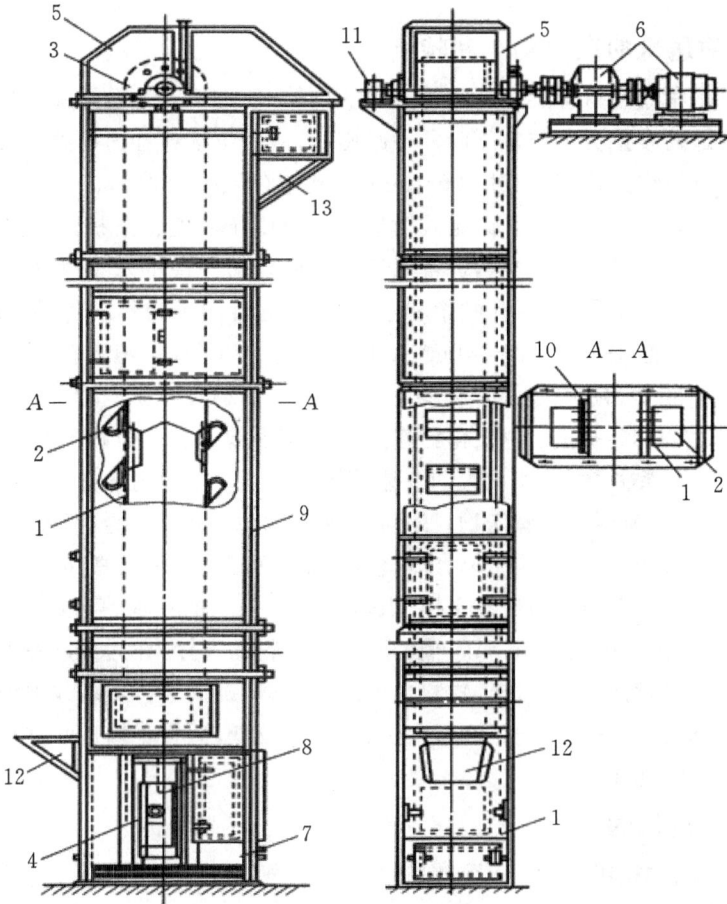

1—牵引构件　2—料斗　3、6—驱动装置　4—张紧装置　5—上部罩壳　7—下部罩壳　8—导轨　9—中部罩壳　10—导向装　11—停止器　12—借料口　13—御料口

图6-5　斗式提升机的构造示意图

斗式提升机的装料方式有注入式和挖取式两种。注入式装料由前方的加料料斗加料,物料迎着向上运动的料斗注入,主要适用于输送较重、大块物料,如砾石、矿石等;挖取式装载的料斗,是从料堆中采用挖取的办法装料,适用于高速输送粉状、粒状或中、小块磨损性小的物料,如煤粉、谷物、水泥等。

物料从料斗中卸出,根据物料的受力情况的不同,可分为离心式、重力式和混合式三种。在离心式卸载中,物料主要是在料斗绕过驱动链轮时产生的离心力的作用下卸载的,这种卸载方式适用于运送流动性良好的粉末状、粒状和小块状物料,如水泥、砂等;带斗式提升机常采用这种方式卸载。重力式卸载是当物料绕过驱动链轮的顶部时,物料在重力的作用下从料斗中卸出,这种卸载方式适用于输送较重、磨损性大的块状物料,如砾石、矿石、焦炭等,链斗式提升机常采用这种方式卸载。当物料卸载时部分是由于重力的作用,部分是由于离心力的作用,这种卸载方式称为混合式,适用于卸载流动性不良粉状和潮湿的物料,如煤粉、石灰等。

五、螺旋输送机

(一)螺旋输送机的应用场合和特点

螺旋输送机是利用带有螺旋叶片的螺旋轴的旋转,使物料产生沿螺旋面相对运动,物料受到料槽或输送管道的摩擦力不与螺旋叶片一起旋转,从而将物料轴向推进,实现物料的输送。

螺旋输送机分为快速(转速超过 200r/min)和慢速(转速不超过 200r/min)两种,按结构型式又可分为固定式和移动式两种。固定式输送机一般属于慢速输送机,它可以进行输送距离不太长的水平输送,或低倾角的输送,通常用于车间内作短距离的水平输送;移动式输送机一般属于快速输送机,它也可以完成高倾角和垂直输送,通常用于物料出仓、装卸、灌包等作业。

螺旋输送机的输送量一般为 20~40m³/h,最大可达 100m³/h。螺旋输送机广泛用于各行各业中,用来输送各种粉状、粒状、小块状物料,所输送散粒物料有谷物、豆类、面粉等粮食产品,水泥、黏土、沙子等建筑材料,盐类、碱类、化肥等化学品,以及煤、焦炭、矿石等大宗散货。螺旋输送机不宜输送易变质的、粘性大的、块度大的及易结块的物料。除输送散货外,螺旋输送机也可输送各种成件物品。螺旋输送机的输送物料的同时,还可对物料进行混合、搅拌等作业。

螺旋输送机有以下优点:结构简单、成本较低;工作可靠、易于维修;横截面尺寸小,占地面积小;能实现密封输送,有利于输送易飞扬、炽热及气味强烈的物料;可以在多处装货或卸货。它的缺点是:由于物料对螺旋、物料对料槽的摩擦和物料的搅拌,在运送过程中阻力大,使单位功率能耗较大;螺旋和料槽容易磨损,物料也可能破碎;螺旋输送机对超载很敏感,易产生堵塞现象。因此,螺旋输送机一般输送距离不太长、生产率较低,适合于输送摩擦小的物料,不宜输送粘性大、易结块及大块的物料。

(二)螺旋输送机的组成

螺旋输送机的结构如图 6-6 所示,螺旋输送机主要由封闭的料槽、具有螺旋叶片和轴组成的螺旋体、轴承和驱动装置等组成。螺旋由电动机通过减速器带动,当物料由进料口进入料槽,被螺旋叶片推动沿轴向运动,直到卸料口卸出。

在水平输送中,料槽的摩擦力是由物料的自重引起的;在垂直螺旋输送中,输送管壁的摩擦力主要是由物料的旋转离心力引起的。

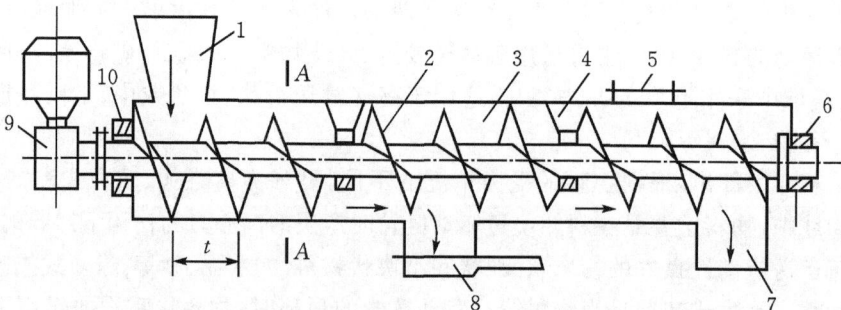

1—装载漏斗　2—螺旋叶片　3—料槽　4—中间轴承　5—中间卸载口
6—末端轴承　7—末端卸载口　8—中间卸载机　9—驱动装置　10—首端装置

图 6-6　螺旋输送机的结构

六、气力输送机

(一)气力输送机的应用场合和特点

气力输送机是采用风机使管道内形成气流来输送散粒物料的机械。它的输送原理是将物料加到具有一定速度的空气中,空气和物料形成悬浮的混合物,通过管道输送到卸料地点,然后将物料分离出来卸出。它主要用于输送粉状、粒状及块度不大于 20～30mm 的小块物料,有时也输送成件货物。对于不同的物料,选择不同的风速,既要保证物料在管道内形成悬浮状态,不堵塞管道,又要尽可能多地输送物料,做到既经济又合理。

气力输送机和其他输送机相比,具有以下优点:

(1)可以改善劳动条件,提高劳动生产率,有利于实现自动控制。采用气力输送机只需要很少的工人操作管理,操作简便。对于像粮谷之类比较松散的货物,可以将吸粮机的吸料软管伸到舱内不易到达的地方进行清舱,可以大大减轻工人的劳动强度。气力输送装置可用来输送水泥,由于在密封的系统内运输,灰尘可大大减少。气力输送机只要加装一些控制设备,很易实现自动操作。

(2)可以减少货损,保证货物质量。例如,采用吸粮机卸粮,不仅避免了抓斗操作中的撒漏,还可使粮食通风冷却和减少虫害。又如,袋装水泥常因纸袋破损或倒不干净,使平均耗损达 2%～3%,用气力输送机输送可降低到 1% 以下。

(3)结构简单,输送管道载面尺寸较小,没有牵引构件。各部件加工方便,重量轻,投资少,且机械故障少,维修方便。

(4)生产率高,不受管路周围条件和气候的影响。

(5)输送管路能灵活布置,适应各种装卸工艺。

(6)有利于实现散装运输,节约包装费用,降低成本。

气力输送机的缺点是:动力消耗比其他输送机大;鼓风机的噪声大,若消声设备不好,会造成噪声公害;被输送的物料有一定的限制,不宜输送潮湿的、粘性的和易碎的物料;气力输送磨损性大的物料时,管道等部件很容易磨损。

(二)气力输送机组成及种类

气力输送机主要由送风装置(抽风机、鼓风机或气压机)、输送管道及管件、供料器、除尘器等组成。

物料和空气的混合物能在管路中运动而被输送的必要条件是在管路两端形成一定的压力差。按压力差的不同,气力输送机可分为吸送式、压送式和混合式三种。

吸送式气力输送机是利用风机对整个管路系统抽气,使管道内的气体压力低于外界的大气压,形成一定的真空度,进料口处外界空气在压力差的作用下透过料层间隙和物料形成混合物进入吸嘴,并沿管道输送。它可以装多根吸料管,同时在多处吸取物料,但是输送距离不能过长。吸送式气力输送机供料装置简单,吸料点不会有粉尘飞扬,对环境污染小,但对管道系统封闭性要求较高,进入风机的空气必须除尘,这是为了保证风机能正常工作,减少零件的磨损,具体如图 6-7 所示。

压送式气力输送机的风机安在整个系统的最前端,利用风机将空气的压力提高,输送入管

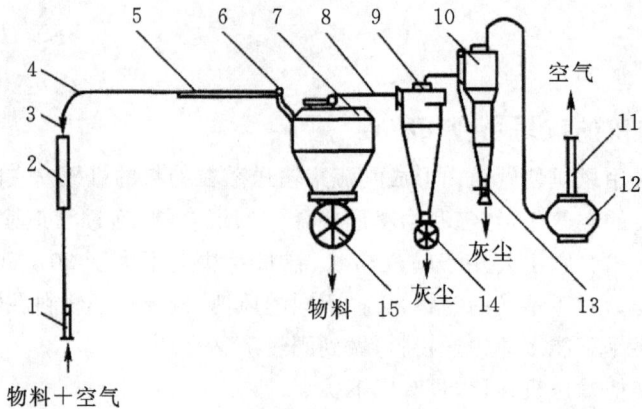

1—吸嘴　2—垂直伸缩管　3—软管　4—弯管　5—水平伸缩管　6—铰接弯管　7—分离器　8—风管
9、10—除尘器　11—消声器　12—风机　13—阀式卸灰器　14—旋转式卸灰器　15—旋转式卸料器

图 6-7　吸送式气力输送机

道,使管道中的气体压力高于外界大气压。物料从供料器进入输送管道与空气形成混合物,并沿管道输送到卸料点。压送式气力输送机可实现长距离输送,生产率较高,并可由一个供应点向几个卸料点输送,风机的工作条件较好。但要把物料送入高于大气压的管道中去,供料器比较复杂,具体如图 6-8 所示。

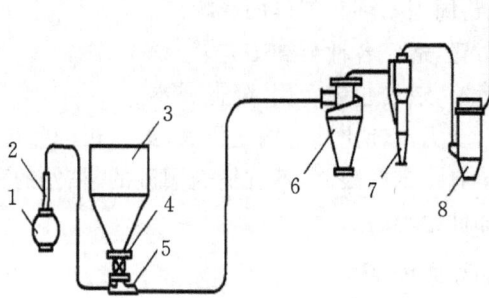

1—风机　2—消声器　3—料斗　4—旋转式供料器　5—喷嘴
6—分离器　7—第一级除尘器　8—第二级除尘器

图 6-8　压送式气力输送机

混合式气力输送机的风机安在整个系统的中间,即吸气又压气。在吸送区,管道内是负压,空气和物料混合物由吸嘴吸入管道,输送一段距离后,经风机压入压送区输送到卸料点。混合式气力输送机综合了吸送式和压送式的优点,即吸取物料方便,能长距离输送,可以由几个地点吸取物料,同时向几个地点输送物料。其缺点是结构复杂,具体如图 6-9 所示。

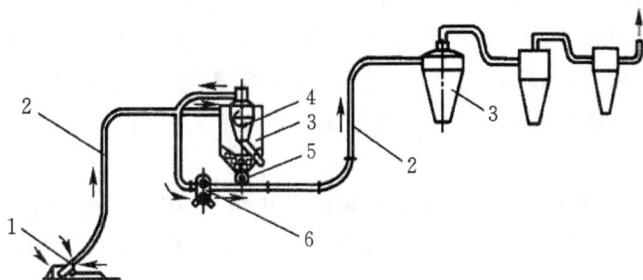

1—吸嘴 2—管道 3—分离器 4—除尘器 5—旋转式供料器 6—风机

图 6-9 混合式气力输送机

任务三 分拣作业技术

一、分拣作业概念

分拣作业就是将用户所订的货物从保管处取出,按用户分类集中,处理放置。

分拣、配货及送货是配送中心的主要职能,而送货是在配送中心之外进行的,所以分拣、配货就成为配送中心的核心工序。分拣作业在配送中心作业中所占的比重较大,是最耗费人力和时间的作业。分拣作业的效率直接影响着配送中心的作业效率和经营效益,也是配送中心服务水平高低的重要因素。

分拣作业的动力产生于客户的订单,拣选作业的目的就在于正确且迅速地集合客户所订的货品。要达到这一目的,必须根据订单分析采用适当的拣选设备,按拣选作业过程的实际情况,运用一定的方法策略组合,采取切实可行且高效的拣选方式提高拣选效率,将各项作业时间缩短,提升作业速度与能力。同时,拣选作业可以防止错误,避免送错货,尽量减少内部库存的料账不符及作业成本增加。可以说,拣选作业完成的结果,就是配送中心企业形象的象征。

因此,如何在无拣选错误率的情况下,将正确的货品、正确的数量在正确的时间及时配送给顾客,是拣选作业最终的目的及功能。

从成本分析的角度看,物流成本约占货品最终售价的 30%,其中包括运输、搬运、仓储等成本项目。在物流成本中,拣选和配送两大项目几乎占整个物流成本的 80%,配送费用的发生大多在厂区外部,影响因素难以控制,拣选成本约是其他堆叠、装卸、运输等成本总和的 9 倍,占物流搬运成本的绝大部分,因此,要降低物流成本以及其中的搬运成本,由拣选作业上着手改进可以获得事倍功半的效果。

二、自动分拣系统

(一)自动分拣系统的组成

自动分拣系统一般由控制装置、分类装置、输送装置及分拣道口组成。

(1)控制装置的作用是识别、接收和处理分拣信号,根据分拣信号的要求指示分类装置,按商品品种、商品送达地点或货主的类别对商品进行自动分类。这些分拣需求可以通过不同方式,如可通过条形码扫描、色码扫描、键盘输入、重量检测、语音识别、高度检测及形状识别等方式,输入到分拣控制系统中去,根据对这些分拣信号判断,来决定某一种商品该进入哪一个分拣道口。

(2)分类装置的作用是根据控制装置发出的分拣指示,当具有相同分拣信号的商品经过该装置时,该装置改变在输送装置上的运行方向进入其他输送机或进入分拣道口。分类装置的种类很多,一般有推出式、浮出式、倾斜式和分支式几种,不同的装置对分拣货物的包装材料、包装重量、包装物底面的平滑程度等有不同的要求。

(3)输送装置的主要组成部分是传送带或输送机,其主要作用是使待分拣商品鱼贯通过控制装置、分类装置,并输送装置的两侧,一般要连接若干分拣道口,使分好类的商品滑下主输送机(或主传送带),以便进行后续作业。

(4)分拣道口是已分拣商品脱离主输送机(或主传送带)进入集货区域的通道,一般由钢带、皮带、滚筒等组成滑道,使商品从主输送装置滑向集货站台,在那里由工作人员将该道口的所有商品集中后或是入库储存,或是组配装车并进行配送作业。

以上四部分装置通过计算机网络联结在一起,配合人工控制及相应的人工处理环节构成一个完整的自动分拣系统。

(二)自动分拣系统的工作过程

一个分拣系统是由一系列各种类型的输送机、各种附加设施的控制系统等组成,大致可分为合流、分拣信号输入、分拣和分流、分运四个工作过程。

1.合流

商品进入分拣系统,有人工搬运方式或机械化、自动化搬运方式,也可以通过多条输送线进入分拣系统。经过已流逐步将各条输送线上输入的商品合并于一条汇集输送机上;同时将商品在输送机上的方位进行调整,以适应分拣信号输入和分拣的要求。汇集输送机具有自动停止和启动的功能。如果前端分拣信号输入装置偶然发生事故,或商品和商品连接在一起,或输送机上商品已经满载时,汇集输送机就会自动停止,等恢复正常后再自行启动,所以它也起到缓冲作用。

为了达到高速分拣,要求分拣的输送机高速运行。例如,一个每分钟可分拣75件商品的分拣系统,就要求输送机的速度达到75方/分,而目前的高速分拣机的分拣速度是每分钟200件以上,这就要求输送机有更高的速度。为此,商品在进入分拣信号输入装置之前,有一个使商品逐渐加速到分拣机输送机的速度,以及使前后两商品间保持一定的最小固定距离的要求。

2.分拣信号输入

在这个分段中,商品接受激光扫描器对其条形码标签的扫描,或者通过其他自动识别方式,如光学文字读取装置、声音识别输入装置等,将商品分拣信息输入计算机。商品之间保持一个固定值的间距,对分拣速度和精度是至关重要的。即使是高速分拣机,在各种商品之间也必须有一个固定值的间距。当前的微型计算机和程序控制器已能将这间距减少到几英寸。

3.分拣和分流

商品离开分拣信号输入装置后在分拣输送机上移动时,根据不同商品分拣信号所确定的移动时间,使商品行走到指定的分拣道口,由该处的分拣机构按照上述的移动时间自行启动,将商品排离主输送机进入分流滑道排出。这种分拣机构在国外经过四、五十年的应用研制,有多种形式可供选用。

4.分运

分拣出的商品离开主输送机,再经滑道到达分拣系统的终端。分运所经过的滑道一般是无动力的,借以商品的自重从主输送机上滑行下来。各个滑道的终端,由操作人员将商品搬入容器或搬上车辆。

任务四　常见的自动分拣设备

一、挡板式分拣机

挡板式分拣机(见图 6-10)是利用一个挡板(挡杆)挡住在输送机上向前移动的商品,将商品引导到一侧的滑道排出。挡板的另一种形式是以挡板一端作为支点,可作旋转。挡板动作时,像一堵墙似地挡住商品向前移动,利用输送机对商品的摩擦力推动,使商品沿着挡板表面移动,从主输送机上排出至滑道。平时挡板处于主输送机一侧,可让商品继续前移;如挡板作横向移动或旋转,则商品就排向滑道。

挡板一般是安装在输送机的两侧,和输送机上平面不相接触,即使在操作时也只接触商品而不触及输送机的输送表面,因此它对大多数形式的输送机都适用。就挡板本身而言,也有不同形式,如有直线型、曲线型,也有的在挡板工作面上装有滚筒或光滑的塑料材料,以减少摩擦阻力。

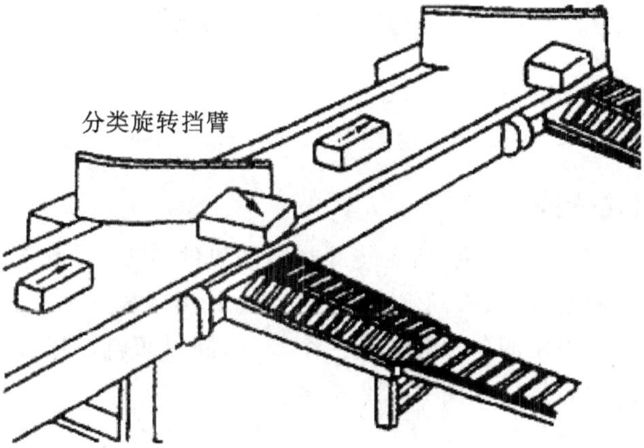

分类旋转挡臂

图 6-10　挡板式分拣机

二、浮出式分拣机

浮出式分拣机是把商品从主输送机上托起,从而将商品引导出主输送机的一种结构形式。从引离主输送机的方向看,一种是引出方向与主输送机构成直角,另一种是呈一定夹角(通常是 30°～45°)。一般是前者比后者生产率低,且对商品容易产生较大的冲击力。浮出式分拣机大致有以下几种形式。

(一)胶带浮出式分拣机

这种分拣机构用于辊筒式主输送机上,将有动力驱动的两条或多条胶带或单个链条横向安装在主输送辊筒之间的下方。当分拣机结构接受指令启动时,胶带或链条向上提升,接触商品后把商品托起,并将其向主输送机一侧移出。

(二)辊筒浮出式分拣机

这种分拣机构用于辊筒式或链条式的主输送机上,将一个或数十个有动力的斜向辊筒安装在主输送机表面下方,分拣机构启动时,斜向辊筒向上浮起,接触商品底部,将商品斜向移出主输送机——上浮式分拣机,有一种是采用一排能向左或向右旋转的辊筒,以气功提升,可将商品向左或向右排出,具体如图6-11所示。

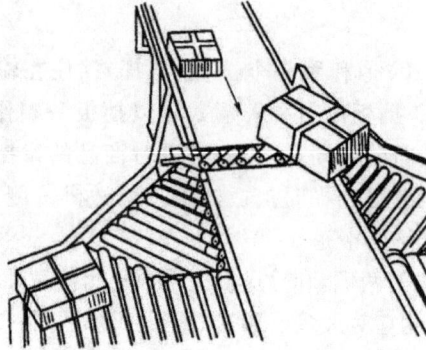

图6-11 滚筒浮出式分拣机

三、倾斜式分拣机

(一)条板倾斜式分拣机

这是一种特殊型的条板输送机,商品装载在输送机的条板上,当商品行走到需要分拣的位置时,条板的一端自动升起,使条板倾斜,从而将商品移离主输送机。商品占用的条板数目随不同商品的长度而定,经占用的条板数如同一个单元,同时倾斜,因此,这种分拣机对商品的长度在一定范围内不受限制,具体如图6-12所示。

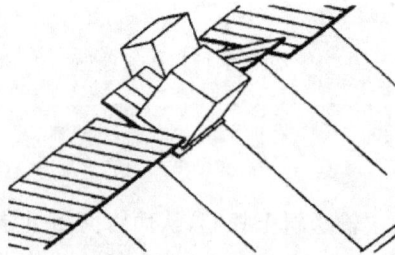

图6-12 条板倾斜式分拣机

(二)翻盘式分拣机

这种分拣机是由一系列的盘子组成,盘子为铰接式结构,向左或向右倾斜。装载商品的盘子行上到一定位置时,盘子倾斜,将商品翻到旁边的滑道中,为减轻商品倾倒时的冲击力,有的分拣机能控制商品以抛物线状来倾倒出商品。这种分拣机对分拣商品的形状和大小可以不拘泥于某种限度,但以不超出盘子为限。对于长形商品可以跨越两只盘子放置,倾倒时两只盘子同时倾斜。这种分拣机能常采用环状连续输送,其占地面积较小,又由于是水平循环,使用时可以分成数段,每段设一个分拣信号输入装置,以便商品输入,而分拣排出的商品在同一滑道排出,这样就可提高分拣能力,具体如图 6 - 13 所示。

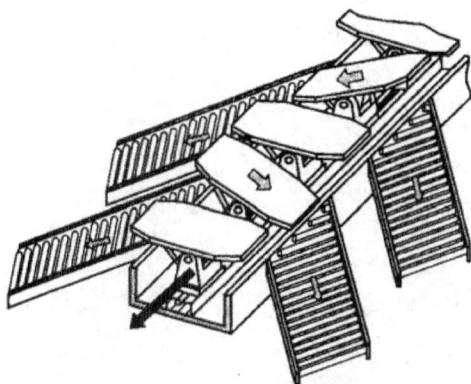

图 6 - 13 翻盘式分拣机

四、滑块式分拣机

滑块式分拣机也是一种特殊形式的条板输送机。输送机的表面用金属条板或管子构成,如竹席状,而在每个条板或管子上有一枚用硬质材料制成的导向滑块,能沿条板作横向滑动。平时滑块停止在输送机的侧边,滑块的下部有销子与条板下导向杆联结,通过计算机控制,当被分拣的货物到达指定道口时,控制器使导向滑块有序地自动向输送机的对面一侧滑动,把货物推入分拣道口,商品就被引出主输送机。这种方式是将商品侧向逐渐推出,并不冲击商品,因此商品不容易损伤,它对分拣商品的形状和大小适用范围较广,是目前国外一种最新型的高速分拣机,具体如图 6 - 14 所示。

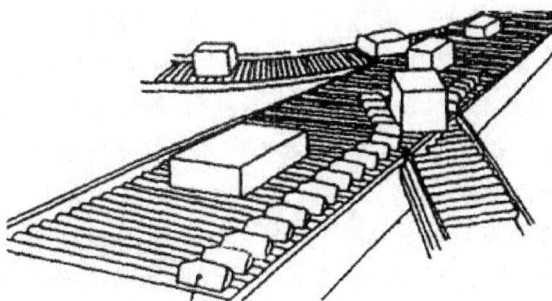

图 6 - 14 滑块式分拣机

五、托盘式分拣机

托盘式分拣机(见图6-15)是一种应用十分广泛的机型,它主要由托盘小车、驱动装置、牵引装置等组成。其中托盘小车形式多种多样,有平托盘小车、U形托盘小车、交叉带式托盘小车等。传统的平托盘小车利用盘面倾翻,重力卸载货物,结构简单,但存在上货位置不稳、卸货时间过长的缺点,从而造成高速分拣时不稳定以及格口宽度尺寸过大。

交叉带式托盘小车的特点是取消了传统的盘面倾翻、利用重力卸落货物的结构,而在车体下设置了一条可以双向运转的短传送带(又称交叉带),用它来承接上货机,并由牵引链牵引运行到格口,再由交叉带运送,将货物强制卸落到左侧或右侧的格口中。

图 6-15　托盘式分拣机

案例分析

UPS 世界港的超级自动分拣系统

午夜23时,在美国路易斯维尔国际机场总会呈现出一片别样的星空,点点繁星在深暗的天幕中闪烁着、移动着,朝着机场的方向汇集。但它们并不是真正的星星,而是即将着陆的飞机。与此同时,在路易斯维尔机场的周边,车辆、行人也越来越多,和飞机一样涌向机场。

从晚上的23时到次日凌晨的4时,这里或许是世界上最繁忙的航空港,因为这里是UPS全球最大的全自动化包裹处理中心——UPS"世界港"。每天晚上会有超过100架的飞机满载着各式各样的包裹,从世界各地飞抵这里,然后再带着分拣好的包裹飞往世界各地,其最繁忙的时候,每分钟都会有一架飞机起降。

"1982年路易斯维尔航空转运中心刚开始修建的时候,第一天晚上我们总共处理了2000件包裹,而现在处理2000件包裹只需要17秒。"UPS航空公司公关部经理麦克介绍说。自1999年起,UPS开始投资10亿美元,用来扩建其在路易斯维尔国际机场的分拣中心,进而开启了UPS历史上最大的基础设施建设项目。此次扩建使路易斯维尔转运中心的规模增加了两倍以上，包裹每小时分拣能力提升至30.4万件。2002年竣工后，中心正式被命名为"世界港"。2006年，UPS又宣布了新一轮扩建计划，到2010年4月竣工时，转运中心规模相当于90个足球场大小，面积达到520万平方英尺，周长7.2英里，包裹处理能力提升了37%，达到每小时分拣41.6万件。

当飞机降落以后，可以直接滑行到飞机装卸点，与分拣中心形成最短的衔接。按照需要处理的包裹的外形，分拣中心传送设备分为3个系统，分别处理小件包裹、正常包裹和异形包裹。站在分拣中心里面，就仿佛置身于一台高速运转的机器内部，总长150英里、3万多条传送带叠加交错在一起，却井井有条，有的地方是平行排列，有的地方是反复迂回，有的地方是层叠向上，而最高的地方达4层楼的高度。当包裹被送上传送带后，它的奇妙"旅行"就开始了。

在"旅行"的开始，首先由传送设备上的高架摄影机读取包裹上的含有货物信息的智能标签，"我们的机器非常聪明，可以保证每个包裹的标签向上，从而保证分拣正确率达到99%以上。"麦克介绍说。在"旅行"的过程中，无论是上坡还是下坡，无论是直行还是拐弯，或是遇到岔路口，都不用担心这些包裹会走错路，因为它们全部按照预先设计好的程序在快速地运动，知道自己该去的目的地，也知道自己该走哪一条路。"如果有几个包裹在某处挤在了一起，系统会自动停下来，由人工进行处理。"麦克补充说，"不过这种情况很少。"根据智能标签上的信息，传送系统会把包裹按不同送达地点分拣到不同区域。一件包裹的行程最少要走800米，而最长的要走10英里，传送设备的运转速度可以根据货量来改变，平均来说，它们的"旅行"时间为13分钟，这期间一般要被扫描6次。

"在路易斯维尔机场，UPS每天晚上的处理能力是120架飞机，但机场只有70个停机位能够接驳到装卸点，其余的飞机则要停在另外的地方，用车把货物拖过去。每天晚上会有9000人在这里进行货物装卸。"麦克说，"在全世界，无论是欧洲还是亚洲，UPS都有不同形式的分拣系统，但路易斯维尔的系统是最完整的。"

思考

1. 输送设备如何应付各种大小、重量各不相同的货物？
2. UPS自动分拣系统的效率是如何体现的？

本章实训

认识配送中心的分拣系统

一、实习目的

1. 理解各种输送设备的构造特点。
2. 掌握分拣系统的工作原理与特点。
3. 能根据实际案例进行配送分拣系统设计与设备选型。

二、实习内容

1. 选择一家快递企业的配送分拣中心参观。
2. 了解该企业快递配送作业流程及使用的设施设备。
3. 以小组为单位分析该配送分拣中心的作业效率与设施设备的应用特点。

三、要求和注意事项

1. 学生应遵守实训单位的劳动纪律，服从安排，注意安全。

2. 实训过程中，学生应按实训指导及教师要求，进行参观。

3. 实训结束后，学生进行分组讨论并写出实训报告，报告包括如下内容：

（1）实训的目的和要求；

（2）实训的步骤；

（3）本次实训所获得的主要收获和体会。

四、考核与评价

根据实训表现及实训报告综合评定学生成绩。

项目七
集装单元设备与技术应用

📋 学习目的与要求

1.了解集装单元化的基本概念。
2.掌握托盘的结构、类型以及集装方法。
3.掌握集装箱的分类、规格以及装箱要求。
4.了解集装箱装运机械设备的结构与操作。

任务一　集装单元化技术

一、集装单元化的基本概念

现代提倡"快速物流"就是要求物流活动必须提高速度,提高物流作业效率的第一步是要将被处理的货物规整成规格化的货物单元,实现集装单元化输送。

(一)集装

集装是将许多大小不同、形状各异的单件物品,通过一定的技术措施组合成尺寸规格相同、重量相近的大型标准化的组合体,这种大型的组合状态称为集装。

集装就是以最有效地实行物资搬运作为条件,把若干物品和包装货物或者零散货物恰当地组合包装,达到适合于装卸、存放、搬运及机械操作。集装单元就是把一定的物料整齐地集结成一个便于存放、搬运和运输的单元。

(二)集装单元化

集装单元化就是以集装单元为基础组织的装卸、搬运、储存和运输等物流活动的方式。应用不同的方法和器具,把有包装或无包装的物品整齐地汇集成一个扩大了的、便于装卸搬运的、并在整个物流过程中保持一定形状的作业单元的技术,称为集合包装技术,简称集装技术。它包括集装箱、托盘、集装袋、框架集装和无托盘集装等。

集装单元化的实质就是要形成集装单元化系统,集装单元化系统是由货物单元、集装器具、装卸搬运设备和输送设备等组成的为高效、快速地进行物流服务业服务的系统。

(三)集装单元化技术

集装单元化技术是物流管理硬技术(设备、器具等)与软技术(为完成装卸搬运、储存、运输等作业的一系列方法、程序和制度等)的有机结合。

集装单元化技术是随着物流管理技术的发展而发展起来的。采用集装单元化技术后,使物流费用大幅度降低,同时使传统的包装方法和装卸搬运工具发生了根本变革。

二、集装单元化的基本原则

(一)标准化

标准化是指集装器具的尺寸、规格、外形、刚度、强度和重量,集装器具的材质、性能和耐用性,装卸搬运的规则、编号、标志和操作规范等,都必须标准化,以利于全社会和国际间的流通和交换,标准化是实现集装器具通用化的必要条件。国际采用国际标准化组织标准(ISO),我国采用国家标准(GB)。

(二)通用化

为兼顾物流全过程,协调各运输环节中不同运载工具的运输,必须使集装器具通用化,以适用物流各环节的工艺和设备,在物流各部门中畅通无阻。如汽车宽度不超过 2.5m,集装箱的宽度不超过 2.438m,集装箱适用海运的同时,也可以适用汽车和铁路运输,真正实现"多式联运"。

(三)系统化

集装不仅仅是指集装器具,还包括集装器具在内的成套物流设备、设施、工艺和管理的总和,是一个连接生产、消费的动态系统。要把货物的包装、储存、搬运、装卸和运输等环节作为一个整体,集装中的所有问题都要放到物流系统中考虑,综合规划,使之达到最大的经济效益。

(四)配套化

配套化是指货物从入箱到出箱,中间不用经过掏箱、装箱的换装作业。采用配套设备,包括一定数量的集装箱、装掏箱设备、紧固设备、起重设备和运输工具,如集装箱火车、船、拖挂车、堆场和搬运设备等。

三、集装技术的优势

在物流过程中,物品要经过包装、运输、装卸和存储等基本作业环节,并伴随着质量检验、数量检查等许多的附加作业。在这个复杂的物流过程中,如果采用每次处理少量物品的方法,既麻烦费时,又不能提高工作效率。如何实现物流过程的合理化,这就需要先进的科学技术和科学的管理方法。集装技术的出发点是将数件物品汇集为一定重量或容积单位的整体,并使货物的外形定型化,以实现机械化高效率作业和提高运输器具的装载效率。集装技术是物流规划和设计中不能忽略的重要因素。应用集装技术的优势很多,主要表现在下述十个方面:

(1)便于实现装卸、搬运机械化和自动化,提高装卸、运输效率和整个系统的作业效率,这是集装技术最突出的优点。集装技术不仅有利于机械化操作,减轻操作员的劳动强度,而且使运输货运单元化,进而大大提高装卸速度。由于装卸速度快,缩短了车船占用线路和泊位的时间,大大提高了车船和其他运输设备的使用效率,从而提高了物流的工作效率。

(2)提高货物运输质量,减少货物在运输中的货损和货差。过去由于运输环节多,物资品种堆放杂乱,加上途中换装,在搬运过程中常发生碰、划甚至摔坏等货损事故和货物产生差错的事故。例如,我国铁路运输中零担货物的货运事故占铁路货运事故的90%以上。而采用集装箱运输后,货损和货差事故大大减少,有效地提高了货物的运输质量。

（3）便于堆垛,提高单位面积的储存能力。集装技术将货物组成一定形状的单元,堆垛向空中发展,节省了土地面积。在土地面积有限、地皮昂贵的今天,提高单位面积的存储能力是有重要意义的。

（4）便于物资储存,减少库房需要量。在物流过程中,办理货运工作必须备有货物流动的转运仓库。随着生产和流通的不断发展,货运量不断增加,流通和转运仓库的建设已不能满足生产和运输的需要,而采用集装技术就可以缓解这种矛盾。集装箱是密封的容器,相当于一个个小型仓库,雨水不易侵入,货物在箱内存放跟库房存放差不多,而且在场地采用机械搬运集装箱比库房更方便。

（5）有利于组织联运,加速物资周转,实现"门到门"运输。集装单元在直达联运中,由一种运输方式向另一种运输方式进行换装作业时,不需要倒装箱内的货物,直接将集装单元进行换装,大大加快了换装作用,简化了换装形式和手续,提高了运输部门的服务质量,实现了先进的"门到门"运输方式。

（6）节省包装费用,降低运输成本。采用集装技术运输后,可以大大简化货物的包装,节省大量的包装材料,从而节省包装费用,提高包装容器的装载率。

（7）便于清点件数,简化交接手续。成件货物在运输过程中需经过交付、承运、装卸车船、到达移交和提运货物等手续。一节车厢装的货物少则几件,多则上万件,一艘货轮装载的货物一般在百件以上,一条海船装载的货物在上万件以上。这么多的件数在运输的各个环节中需要很多人进行理货,手续繁杂,浪费时间。但用集装箱装货后,转运、装卸的交接手续不需要逐个清点货物件数,只需按集装箱的个数进行清点和交接,交接责任凭铅封移交,方便明确,节约时间。

（8）装卸托运作业不受气候影响,保证车船正常运输,加速物资周转速度。按常规作业规定,在阴雨天气,一般怕潮湿的货物就要停止装卸,因此影响车船的正常运转,打乱车船日调度计划。采用集装技术运输后,可基本解决这个问题。

（9）对散装和液体货物可以减少环境污染。在整个货运作业中,散装货物的运输量占很大比重,过去一直采用散装、袋装运输,破损率高,严重污染环境。采用集装技术运输后,可基本解决这个问题。

（10）提高托运灵活性,加速物资周转。在物流系统整个物资搬运中,散装货物和杂件货物的运量占很大比重,装卸和搬运最不方便。采用集装技术,物料经托盘、集装袋、集装箱、组合包装以及其他集装器具后,装卸方便,加速了物资的周转。

四、物流模数

物流模数是物流设施与设备的尺寸基准。

物流模数是为了物流的合理化和标准化,以数值关系表示的物流系统各种因素尺寸的标准尺度。它是由物流系统中的各种因素构成的,这些因素包括货物的成组、成组货物的装卸机械、搬运机械和设备货车、卡车、集装箱以及运输设施、用于货物保管的机械和设备等。

（一）物流基础模数尺寸

物流基础模数尺寸是指为使物流系统标准化而制定的标准规格尺寸。

国际标准化组织中央秘书处和欧洲各国确定的物流基础模数尺寸为 600×400（mm）。确定这样的基础模数尺寸，主要考虑了现有物流系统中影响最大而又最难改变的输送设备，采用"逆推法"，是由现有输送设备的尺寸推算的，也考虑了已通行的包装模数和已使用的集装设备，并从行为科学角度研究人和社会的影响，使基础模数尺寸适合于人体操作。基础模数尺寸一经确定，物流系统的设施建设、设备制造，物流系统中各环节的配合协调，物流系统与其他系统的配合，都要以基础模数尺寸为依据，选择其倍数为规定的标准尺寸。

（二）物流建筑基础模数尺寸

物流建筑基础模数尺寸是指物流系统中各种建筑物所使用的基础模数尺寸。

它是以物流基础模数尺寸为依据而确定的，也可以选择共同的模数尺寸；该尺寸是设计物流建筑物长、宽、高尺寸，门窗尺寸，建筑物立柱间距、跨度及进深等尺寸的依据。

（三）集装模数尺寸

集装模数尺寸也称物流模数尺寸，是指在物流基础模数尺寸基础上，推导出的各种集装设备的基础尺寸，以此尺寸作为设计集装设备三项（长、宽、高）尺寸的依据。

在物流系统中，集装起贯穿作用，集装尺寸必须与各环节物流设施、设备、机具相匹配。因此，整个物流系统设计时往往以集装模数尺寸为依据，决定各设计尺寸。集装模数尺寸是影响和决定物流系统标准化的关键。

（四）物流模数的确定方法

1.确定物流基础模数尺寸

物流基础模数尺寸，按运输设备的尺寸采取"逆推法"确定，应考虑因素包括包装尺寸、集装设备尺寸、人机匹配关系。ISO 认定的基础模数尺寸为 600×400mm。

2.确定集装基础模数尺寸

集装基础模数尺寸以物流基础模数为基础，按其整数倍系列推导出来，目前通常从货车或大型集装箱的分割系列进行推导。物流基础模数尺寸与集装模数尺寸的配合关系如图 7-1 所示。

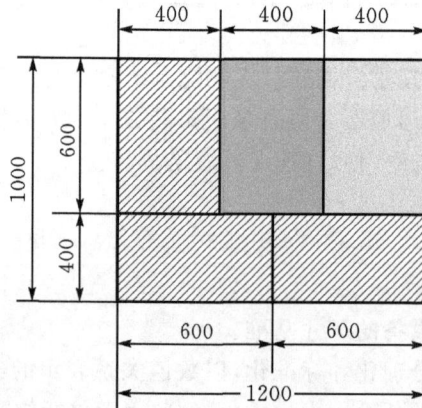

图 7-1　物流基础模数尺寸与集装模数尺寸的配合关系

3.以分割及组合法确定系列尺寸

以物流基础模数尺寸为基准,确定其倍数系列尺寸,从中选出部分作为定型制造尺寸。日本在确定物流模式尺寸时,就是采用的第一种方法,以卡车(早已大量生产并实现了标准化)的车厢宽度为物流模数确定的起点,推导出集装基础模数尺寸。

任务二 托盘的运用与管理

一、托盘的概念、分类与特点

(一)托盘的概念

为了使物品能有效地装卸、运输、保管,将其按一定数量组合放置于一定形状的台面上。这种台面有供叉车从下部叉入并将台板托起的叉入口。以这种结构为基本结构的平板台板和在这种基本结构基础上所形成的各种形式的集装器具都可统称为托盘。我国国标把托盘定义为由于集装、堆放、搬运和运输的放置作为单元负荷的货物和制品的水平平台装置。

托盘是一种重要的集装器具,是在物流领域中适应装卸机械化而发展起来的一种集装器具,托盘的发展可以说是与叉车同步,叉车与托盘的共同使用,形成的有效装卸系统大大地促进了装卸活动的发展,随着装卸机械化水平大幅度提高,使长期以来在运输过程中的装卸瓶颈得以解决或改善。所以,托盘的出现也有效地促进了全物流过程水平的提高。

托盘的出现也促进了集装箱和其他集装方式的形成和发展,现在托盘尤其以简单、方便的优点在集装领域中颇受青睐,托盘已成为和集装箱一样重要的集装方式,两者形成了集装系统的两大支柱。

(二)托盘的分类

1.平托盘

一般所称之托盘,主要指平托盘。平托盘是托盘中使用量最大的一种,可以说是托盘中之通用型托盘。其中木制平托盘基本构造,如图7-2所示。

图7-2 木托盘的基本构造

(1)按台面分类,平托盘可分为单面型、单面使用型和双面使用型等,具体如图7-3所示。
(2)按叉车叉入方式分类,平托盘可分为单向叉入型、双向叉入型、四向叉入型三种。对于四向叉入型平托盘,叉车可从四个方向进叉,因而叉运较为灵活。

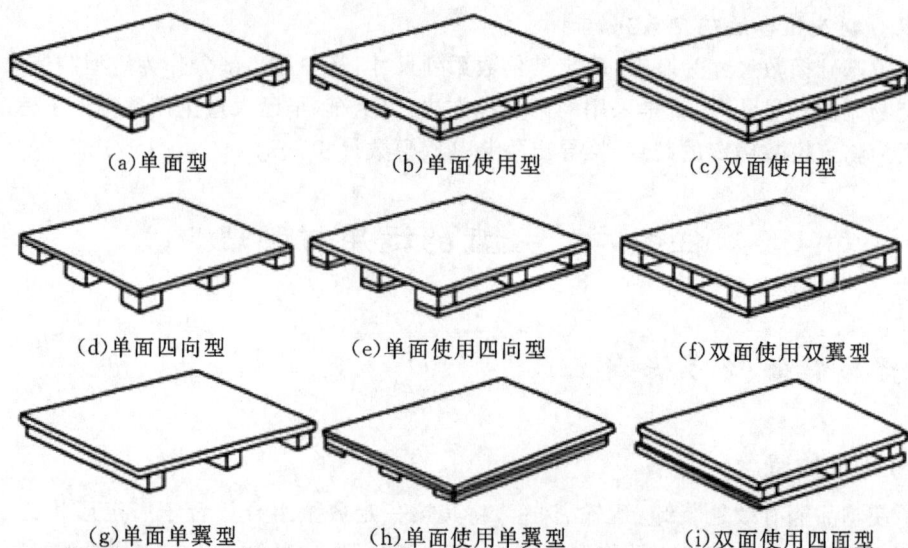

(a)单面型　　　　　　(b)单面使用型　　　　　　(c)双面使用型

(d)单面四向型　　　　(e)单面使用四向型　　　　(f)双面使用双翼型

(g)单面单翼型　　　　(h)单面使用单翼型　　　　(i)双面使用四面型

图7-3　各种平托盘形状构造

（3）按制造材料分类，平托盘可分为木制、钢制、塑料制和高密度合式板四种。

①木制平托盘。如图7-3所示的各种平托盘都是木制平托盘的构造。木制平托盘制造方便，便于维修，本体也较轻，是使用广泛的平托盘。

②钢制平托盘。钢制平托盘是用角钢等异型钢材焊接制成的平托盘，和木制平托盘一样，也有各种叉入型和单面、双面使用型等各种型式。钢制平托盘自重较重，人力搬运较为困难，最近采用轻钢结构，可使用人力方便搬移。钢制平托盘最大特点是强度高，不易损坏和变形，维修工作量较小。钢制平托盘制成翼形平托盘使用较为普通，这种托盘不但可使用叉车装卸，也可利用两翼套吊吊具进行吊装作业。

③塑料制平托盘。采用塑料模制成平托盘，一般是双面使用型、两向叉入型或四面叉入型。由于塑料强度有限，很少有翼形的平托盘。塑料制平托盘最主要特点是本体重量轻，平稳美观，整体性好，无味无毒，易冲洗消毒，不腐烂，不助燃，无静电火花，可回收，耐腐蚀性能强，可着各种颜色分类区分。这种托盘是整体结构，不存在透钉刺破货物的问题，是仓储的重要工具，适合周转使用，但塑料承载能力不如钢、木制托盘。

④高密度合成板托盘（免熏蒸）。这种托盘用各类废弃物经高温高压压制而成，属于再生环保材料，具有抗高压、承重性能好、成本低的优点，同时避免了传统木托盘的木结、虫蛀、色差、湿度高等缺点，适合各类货物的运输，尤其是重货（化工，金属类等产品）成批运输，也是替代木托盘的最佳选择。

2.柱式托盘

柱式托盘（见图7-4）的基本结构是托盘的四个角有固定式或可卸式的柱子，这种托盘的进一步发展又可从对角的柱子上端用横梁连结，使柱子成门框型。柱式托盘的柱子部分用钢材制成，按柱子固定与否分为固定柱式和可卸柱式两种。

柱式托盘的主要作用有两个：一是防止托盘上置货物在运输、装卸等过程中发生塌垛；二是利用柱子支撑承重，可以将托盘货载堆高叠放，而不用担心压坏下部托盘上的货物。

(a)固定柱式托盘   (b)可拆装柱式托盘   (c)折叠式柱式托盘

图 7-4 柱式托盘

3.箱式托盘

箱式托盘(见图 7-5)的基本结构是沿托盘四个边有板式、栅式、网式等各种平面组成箱体,有些箱体有顶板,有些箱体上没有顶板。箱板有固定式、折叠式和可卸式三种。箱式托盘有以下两个主要特点:第一,防护能力强,可有效防止塌垛,防止货损;第二,由于四周的护板护栏,这种托盘装运范围较大,不但能装运可码垛的整齐形状包装货物,也可装运各种异型、不能稳定的物品。

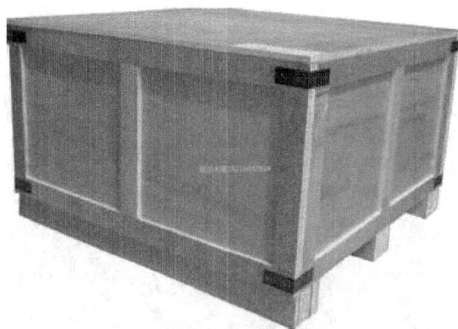

图 7-5 箱式托盘

4.轮式托盘

轮式托盘(见图 7-6)的基本结构是在柱式、箱式托盘下部装有小型轮子,这种托盘不但具有一般柱式、箱式托盘的优点,而且可利用轮子做小距离运动,可不需搬运机具实现搬运。轮式托盘可利用轮子做滚上滚下的装卸,也有利于装放车内、船内后移动其位置,所以轮式托盘具有很强的搬运性。此外,轮式托盘在生产物流系统中还可以兼做作业车辆。

图 7-6 轮式托盘

5.特种专用托盘

上述托盘都带有一定通用性,可适装多种中、小件杂、散、包装货物。由于托盘制做简单,造价低,因此某些较大数量运输的货物,都可制出装载效率高、装运方便、适于某种物品有特殊要求的专用托盘。现在各国采用的专用托盘种类不可计数,都在某些特殊领域发挥作用。

(1)航空托盘。航空货运或行李托运用的托盘,一般采用铝合金制造,为适应各种飞机货舱及舱门的限制,一般制成平托盘,托盘上所载物品以网络覆罩固定。

(2)玻璃集装托盘,又称平板玻璃集装架。这种托盘能支撑和固定立放的平板玻璃,在装运时,平板玻璃顺着运输方向放置以保持托盘货载的稳定性。平板玻璃集装托盘有若干种,使用较多的是 L 型单面装放平托盘。

(3)油桶专用托盘。专门装运标准油桶的异型平托盘,托盘为双面型,两个面皆有稳固油桶的波形表面或侧挡板,油桶卧放于托盘上面,由于波形槽或挡板的作用,不会发生滚动位移。同时,还可堆几层叠垛,不但解决桶形物难以堆高码放的困难,也方便了储存,具体如图 7-7 所示。

图 7-7　油桶专用托盘

(4)托盘货架式托盘。这种托盘是一种框架形托盘,框架正面尺寸比平托盘略宽,以保证托盘能放入架内,架的深度比托盘宽度窄,以保证托盘能搭放在架上。架子下部有四个支脚,形成了叉车进叉的空间。这种架式托盘也是托盘货架的一种,是货架与托盘的融合体。

(5)长尺寸物托盘。这是专门用于装放长尺寸材料的托盘,它叠高码放后便成了组装式长尺寸货架。

(6)轮胎专用托盘。轮胎本身有一定的耐水、耐蚀性,因而在物流过程中勿需密闭,且本身很轻,装放于集装箱中不能充分发挥箱的载重能力,其主要问题是储运时怕挤压,采用轮胎专用托盘是一种很好的选择。

(三)托盘的特点

托盘和集装箱在许多方面是优点、缺点互补,因而往往难以利用集装箱的地方可利用托盘,托盘难以完成的工作可由集装箱完成。托盘主要有以下几个特点:

1.自重量小

由于自重量小,因而在装卸、运输中托盘本身所消耗的劳动较小,无效运输与装卸相比较集装箱为小。

2.返空容易,返空时占用运力很少

由于托盘造价不高,又很容易互相代用,可以互以对方托盘抵补,所以无需像集装箱那样必有固定归属者,返空比集装箱容易。

3.装盘容易

托盘不需像集装箱那样深入到箱体内部,装盘后可采用捆扎、紧包等技术处理,使用时较为简便。

4.装载量有限

托盘装载量虽较集装箱小,但有时也能集中一定数量,比一般包装的组合量大得多。

5.保护性差

托盘保护性比集装箱差,露天存放困难,需要有仓库等配套设施。托盘包装在国际贸易中已经使用了很多年,被认为是经济效益较高的运输包装方法之一,它不仅可以简化包装,降低成本,使包装可靠,减少损失,而且易机械化,节省人力,可实现高层码垛,充分利用空间。

二、托盘的堆码与紧固

(一)托盘码垛的方法

在托盘上放装同一形状的立体形包装货物,可以采取各种交错组合的办法码垛,这可以保证足够的稳定性,甚至不需要再用其他方法加固。码放的方式有(a)重叠式、(b)纵横交错式、(c)正反交错式和(d)旋转交错式四种,如图7-8所示。

1.重叠式

重叠式即各层码放方式相同,上下对应,各层之间不交错堆垛。这种方式的优点是工人操作速度快,由于包装物四角和边重叠垂直,因此承载力大。缺点是各层之间缺少咬合作用,稳定性差,容易发生塌垛。

2.纵横交错式

纵横交错式即相邻两层货物的摆放旋转90°,一层成横向放置,另一层成纵向放置,层间纵横交错堆垛。这种方式层间有一定的咬合效果,但咬和强度不高。重叠式和纵横交错式适合自动装盘操作。

3.反正交错式

反正交错式即同一层中,不同列的货物以90°垂直码放,相邻两层的货物码放形式是另一层旋转180°的形式。这种方式不同层间咬合强度高,相邻层之间不重缝,码放后稳定性高,但操作较为麻烦。

4.旋转交错式

旋转交错式即第一层相邻的两个包装体都互为90°,两层间的码放又相差180°的形式。用这种方法码垛相邻两层之间咬合交叉,因此托盘货体稳定性高,不易塌垛。其缺点是码放难度大,而且中间形成空穴,会降低托盘装载能力。

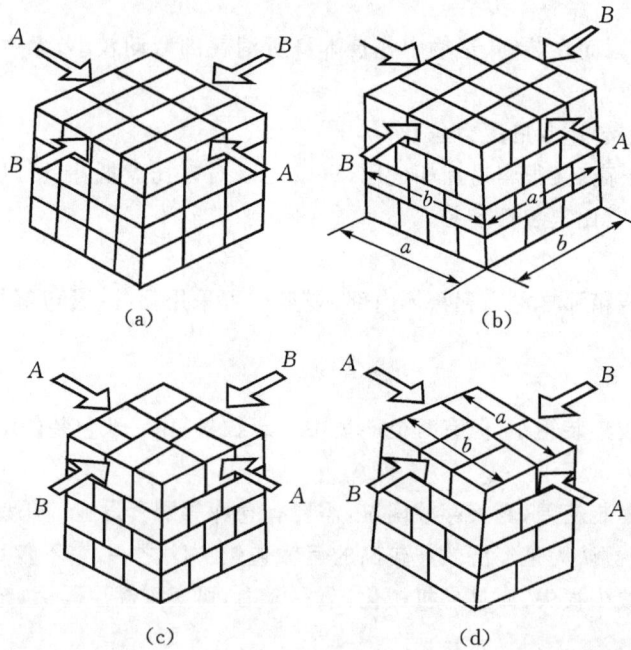

图 7-8 托盘货物码放方式

(二)货物堆垛的基本要求

货物堆垛是一项技术性的工作,在堆垛设计中应满足以下基本要求:

1.科学合理

做到科学合理需要注意以下几点:应根据物品的性质、形状、大小、容重、数量、包装等不同情况,确定相应的堆码方式;要按照物品的不同品种、规格、型号、等级、生产厂、进货批次等分别堆垛;应贯彻先进先出的原则;做好下垫上苫,创造良好的保管条件。

2.稳固安全

做到稳固安全需要注意以下几点:垛基要坚实牢固,能承受料垛的全部重量;单位面积的储存量应小于地坪(或楼层)最大承载能力;料垛高度要适宜,保证最下层的物品或包装不受损坏;降低料垛的重心,保持一定的垂直度;进行必要的加固,增强料垛的整体性和稳定性,防止料垛倒塌。

3.简易方便

做到简易方便需要注意以下几点:堆垛应尽量简化,使其容易堆码,省力省工,便于物品的收发查点,有利于实现装卸搬运机械化;人工作业时,其料垛高度不宜过高,尽可能采取立柱式或框架式托盘堆码。

4.整齐美观

做到整齐美观需要注意以下几点:料垛排列和料垛本身横竖成线,过目成数,标记料签明显可见。但如果过分追求形式,就会造成人力物力的浪费。

(三)托盘的紧固方法

托盘货物的紧固是保证货物稳定性、防止塌垛的重要手段。托盘货物紧固方法大约有以下九种。

(1)捆扎,即用绳索、打包带等对托盘货物进行加固以保证货物的稳固。其方式有水平、垂直和对角等捆扎方式,如图7-9所示。捆扎打结的方法有扎结、粘合、热熔、加卡箍等。在实训中主要采用这种紧固方法。

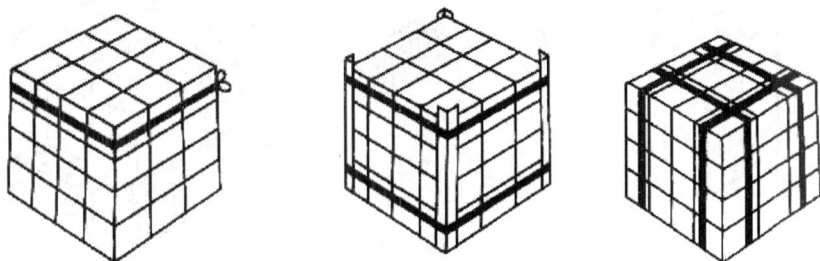

图7-9　托盘捆扎

(2)粘合紧固,即货垛层间用胶水或双面胶条粘结,防止层间滑动散垛,如图7-10所示。

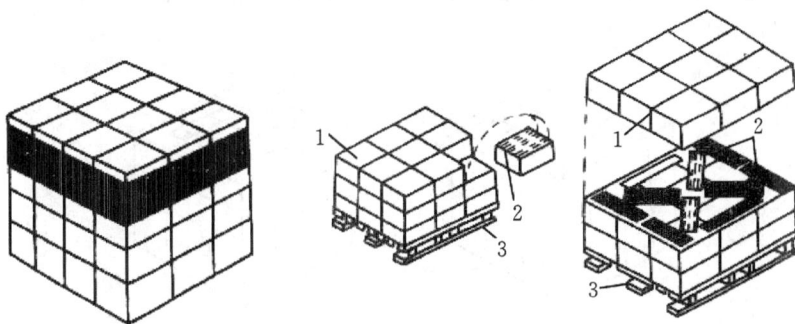

图7-10　托盘粘合紧固

(3)加框架紧固,即将框架加在托盘货物相对的两面或四面上后进行捆扎,增大货体刚性和稳定性。

(4)网罩紧固。网罩紧固主要用于装有同类货物托盘的紧固。

以上两步如图7-11所示。

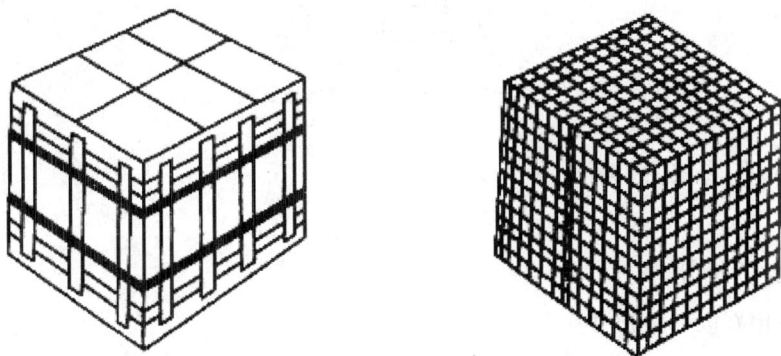

图7-11　托盘加框紧固与网罩紧固

(5)专用金属卡固定。在货体上部用专用金属夹卡卡住包装物,防止散垛。

(6)中间夹摩擦材料紧固,即将具有防滑性的纸板、纸片或软塑料片夹在各层货体间,增大摩擦力,防止货体散垛。

以上两步如图7-12所示。

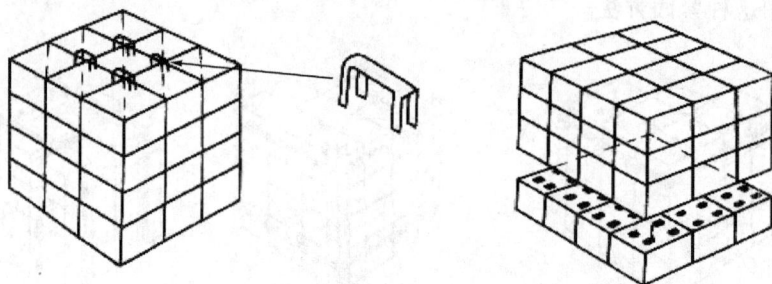

图7-12 托盘专用金属卡与摩擦材料紧固

(7)收缩薄膜紧固。将热缩薄膜套在货体上,进行热缩处理收紧货体。

(8)拉伸薄膜紧固。用拉伸薄膜将货物和托盘一起缠绕包裹紧固。

以上两步骤如图7-13所示。

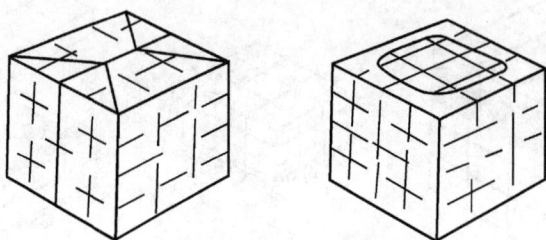

图7-13 收缩薄膜与拉伸薄膜紧固

(9)平托盘周边垫高紧固。将平托盘四边稍垫高,货物向中心靠拢,具体如图7-14所示。

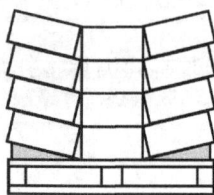

图7-14 平托盘周边垫高紧固

三、托盘的使用与管理

(一)托盘的使用

托盘的使用有以下两种方法:

1.托盘联运

托盘联运是托盘的重要使用方式。托盘联运又称一贯托盘运输,其含义是将载货托盘货体,从发货人开始,通过装卸、运输、转运、保管、配送等物流环节,将托盘货体原封不动地送达收货人的一种"门到门"运输方法。

由于采用了托盘,在物流过程中的各个环节,可以以托盘货体整体做处理对象,而不需逐个处理每件货物,这样就可大大减少人力装卸次数,节省劳务费用,防止事故及货损的发生,节省包装及包装费用,加快物流速度,取得很好的效果。托盘联运是社会化的问题,很难在一个行业、一个部门或一个小地区自行解决,因此,要解决托盘联运问题,必须实行全社会统一的托盘技术标准和托盘管理制度。实行联运的托盘有固定的尺寸标准和有限的种类,所以实行托盘联运也就限制了托盘在专业领域和特殊的运用。非联运托盘必然有其应用领域和存在的优势。

我国联运托盘的规格尺寸和国际标准化组织规定的通用尺寸是一致的,主要有三个规格,即:800×1000mm、800×1200mm、1000×1200mm,联运托盘都采用平托盘,以便于叉车、货架、仓库的标准化。

2.专用托盘

各个产业领域,各个流通领域,各工厂、车间、仓库内部都有提高工效、追求物流合理化的问题,因此,托盘专用也是托盘使用的宽广领域,是不可忽视的领域。

专用托盘是按某一领域的要求,在这一领域的各个环节,采用专用托盘作为贯通一气的手段,实际上,是这一个小领域的托盘联运。托盘专用则可按这一领域的特殊性选择设计效率最高的专用托盘,而无需照顾社会物流标准化的要求,因而托盘的选择更合理,在这一领域中有别的领域无法比拟的技术经济效果。在较大的托盘自用领域也可参照托盘联运的管理方式,组织托盘交换,以在这一领域中用尽可能少的托盘数量解决问题。

平板玻璃专用托盘的物流是托盘专用的典型例子。平板玻璃产量很大,也有较广阔的流通领域,但是这种产品不可能利用通用联运平托盘,其他形式的托盘也很难采用,平板玻璃专用托盘解决了其他种类不能解决的立装、紧固等问题,形成了这一领域的"门到门"贯通运输。但是,专用托盘的流通,有时要配以专用机具、设施,会降低这些机具设施的使用效率,限制了它的发展,这是专用托盘的缺点。在工厂物流系统中,为配合流水线作业,专用托盘使用领域也很广泛。如汽车工厂的零部件专用托盘,其流程是托盘装入零部件后,进入立体仓库保管,按装配计划,从立体仓库取出托盘进入装配流水线,内置的零件在一定装配位置装配完了后,空盘再回送至供应部门,如此往复使用。

(二)托盘的管理和联营体系

托盘在联运系统中的管理和集装箱有很大的不同,主要在于联运托盘种类少,尺寸及材料大体相同,托盘价格相差不大,因此,不需像集装箱那样严格计划返运,也不需像集装箱那样有明确的不可变的归属。基于这个特点,托盘可只保留一个数量的归属权,具体托盘则可在联营系统中广泛进行交换,而不强调个别托盘的归属和返盘。

联营共用托盘有以下几种方式:

1.对口交流方式

有关单位之间签订协议,各单位所属托盘可在若干有关单位之间运营,共同承担接收、回送等义务,到一定时期清算。

2.即时交换方式

以运输承担人和发货人为双方,当发货人发出一批托盘后,运输承担人则给予发货人同等批量托盘,这种方式在趋近一体化的欧洲采用颇为广泛。

3.租赁方式

托盘由托盘公司所拥有,托盘公司在各地设营业点,货主自己不备托盘,使用时从附近租赁公司租用,接货后空盘就近归还租赁公司,托盘公司拥有全部托盘并调配、维修、更新托盘。

4.租赁交换并用方式

租赁交换并用方式是运输当事人与货主之间采用交换方式,而与托盘公司之间采用租赁方式。

5.结算交换方式

结算交换方式是针对即时交换的缺点而制定的。即时交换方式容易出现现场空托盘数量不足的情况,空托盘无法及时回收与返还,致使托盘货物滞留,而影响整个发送过程的进行。采用结算交换方式,托盘流动方式与即时交换方式程序相同,只是不须在现场交换托盘,通过传票处理,在规定的日期内返还即可。对不能按期返还的或造成丢失的要支付赔偿金。由于该方式对托盘回收、返还的责任范围等均有明确规定,因而较即时交换方式更有优越性。

任务三　集装箱的运用与管理

一、集装箱的概念、分类与特点

(一)集装箱的定义

集装箱是一种具有以下特点的运输设备。

(1)具有耐久性,其坚固程度足以能反复使用。

(2)为便于商品运送而专门设计的,在一种或多种运输方式中运输时,无需中途换装。

(3)设有便于装卸和搬运的装置,特别是从一种运输方式转移到另一种运输方式时。

(4)设计时注意到便于货物装满或卸空。

(5)内容积为 $1m^3$ 或 $1m^3$ 以上。

通用集装箱也可定义为用于运输和储存若干单元货物、包装货物或散货的矩形箱体,它可以限制和防止发生货损货差,可脱离运输工具,作为单元货物进行装卸和运输,无需倒装箱内货物。通用集装箱既可以承受货物重量和冲击外力,也可以防止货物日晒雨淋。

(二)集装箱的分类

运输货物用的集装箱种类繁多,从运输家用物品的小型折叠式集装箱到 40 英尺(ft)标准集装箱,以及航空集装箱等,不一而定。

1.按集装箱用途分类

(1)通用干货集装箱。它是用来运输无需控制温度的一般件杂货最有代表性的一种箱型,也可称为杂货集装箱。这种集装箱通常为封闭式,在一端或侧面设有箱门。在全部集装箱中,此类集装箱所占比重最大,如图 7-15 所示。

(2)保温集装箱。它是为了运输需要冷藏和保温的货物,所有箱壁都用导热率低的材料隔热而制成的集装箱。保温集装箱又可分为三种:①冷藏集装箱。它是以运输冷冻食品为主,能保持所定温度的保温集装箱。箱内装有制冷机组的称为内藏式机械冷藏箱,箱内无制冷机而

图 7-15　通用干货集装箱

只在前端壁设有冷气吸入口和排气口的称为外置式机械冷藏集装箱,具体如图 7-16 所示。②隔热集装箱。它是为载运水果、蔬菜等货物,防止温度上升过大,以保持货物鲜度而具有充分隔热结构的集装箱。它通常用干冰作制冷剂,保温时间在 72 小时左右。③通风集装箱。它是为装运水果、蔬菜等不需要冷冻而具有呼吸作用的货物,在端壁和侧壁上设有通风孔的集装箱。

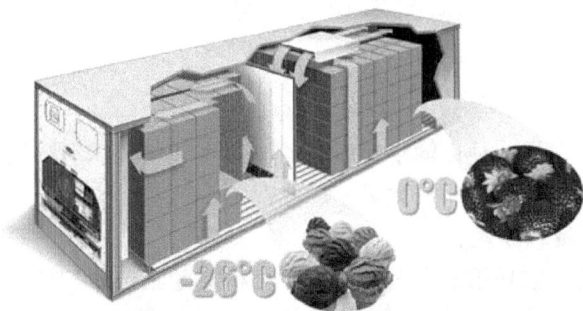

图 7-16　冷藏集装箱

(3)罐式集装箱。它是为运输酒类、油类和化学品类等液体货物而设置的集装箱。罐式集装箱有单罐与多罐,罐体四角由支柱、撑杆构成整体框架,具体如图 7-17 所示。

图 7-17　罐式集装箱

(4)干散货集装箱。它是为运输粉状或粒状货物而设有特殊结构的集装箱,具体如图 7-18所示。

图 7-18　干散货集装箱

（5）敞顶集装箱。它是箱顶及侧壁和端壁上面的一部分可以打开，货物能从上面装卸的集装箱。为了保持开口部分的水密性，常用帆布等覆盖，具体如图 7-19 所示。

图 7-19　敞顶集装箱

（6）汽车集装箱。它是一种运输小型轿车的专用集装箱，其特点是在箱的框架内安有简易箱底，无侧壁，其高度与轿车一致，可载运一层或两层。

2.按集装箱箱体材料分类

（1）铝合金集装箱。它是用铝合金型材和板材构成的集装箱，其特点是重量轻，但造价高。

（2）钢质集装箱。它是用钢材制成的集装箱，其优点是强度大，价格低，但重量大，防腐蚀性较差。

（3）玻璃钢集装箱。它是用玻璃纤维和合成树脂混合在一起制成薄薄的加强塑料，用粘合剂贴在胶合板的表面上形成玻璃钢板而制成的集装箱。它具有隔热性好、易清扫等特点。

（4）不锈钢集装箱。它与钢质集装箱相比，重量轻，防腐蚀性能高。

3.按集装箱结构分类

（1）内柱式集装箱和外柱式集装箱。侧柱和端柱设在箱壁内部的为内柱式集装箱，反之，为外柱式集装箱。两者各有优缺点：一般内柱式集装箱外表平滑，受斜向外力不易损伤，涂刷标志方便，加内衬板后隔热效果好；外柱式集装箱外板不易损坏，可省去内衬板。

（2）折叠式集装箱和固定式集装箱。主要部件能简单地折叠或分解，反复使用时可再次组合起来的集装箱称折叠式集装箱；反之，各部件永久组合在一起的为固定式集装箱。目前，主要使用固定式集装箱。

（3）预制骨架式集装箱和薄壳式集装箱。外板用铆接或焊接方法与预制骨架连成一体的集装箱，称预制骨架式集装箱；而薄壳式集装箱则把所有构件连成一个刚体，其优点是可减轻重量，共同承受扭力而不产生永久变形。当今集装箱多按薄壳结构理论设计。

4.按集装箱外部尺寸分类

集装箱的尺寸按国际标准化组织的国际标准分类,国际标准集装箱系列共分 13 种(可参看有关手册)。

(三)集装箱的特点

集装箱作为一种集合运输包装,有着其他包装形式所无法比拟的优点和优越性。

1.保护被包装物品

对被包装物品施以相当可靠的保护,对贵重、易碎、怕潮的高档商品尤为可贵。集装箱可有效防止货损、货差、偷盗,保证安全运输,可以最大限度地防止在流通中丧失生产中创造的价值。

2.节约包装材料和包装费用

据调查,使用集装箱后易碎物品的破损率大大降低,平板玻璃自 8％降到 1％,铁锅由 33％降到 0.5％,暖水瓶由 2.5％降到几乎为零。

3.大大提高劳动生产率

集装箱尤其对于杂货的运输,用机械搬运取代了人工搬运,为装卸运输和管理的自动化提供了必要条件。

4.加快周转

集装箱加快了汽船和货物的周转,减少了船码头的需要量。

5.降低费用

集装箱减少了理货手续,降低了运输费用。

二、集装箱的规格

为了有效地开展国际集装箱多式联运,必须强化集装箱标准化。集装箱标准按使用范围划分,有国际标准、国家标准、地区标准和公司标准四种。

(一)国际标准集装箱

国际标准集装箱是指根据国际标准化组织(ISO)第 104 技术委员会制订的国际标准来制造的国际通用的标准集装箱。现行的国际标准为 13 种,其宽一样(2438mm),长度有四种(12192mm、9125mm、6058mm、2991mm),高度有四种(2896mm、2591mm、2438mm、<2438mm)。

(二)国家标准集装箱

国家标准集装箱是指各国政府参照国际标准并考虑本国的具体情况,而制订本国的集装箱标准。

在我国现行国家标准《集装箱外部尺寸和额定重量》(GB1413-85)中对集装箱各种型号的外部尺寸、极限偏差及额定重量作了明确的规定。

(三)地区标准集装箱

此类集装箱标准,是由地区组织根据该地区的特殊情况而制订的,此类集装箱仅适用于该地区。如根据欧洲国际铁路联盟(VIC)所制订的集装箱标准而建造的集装箱。

（四）公司标准集装箱

某些大型集装箱船公司，根据本公司的具体情况和条件而制订集装箱船公司标准，这类集装箱主要在该公司运输范围内使用。例如，美国海陆公司的 35ft 集装箱。

此外，目前世界还有不少非标准集装箱。如非标准长度集装箱主要有美国海陆公司的 35ft 集装箱、总统轮船公司的 45ft 及 48ft 集装箱；非标准高度集装箱主要有 9ft 和 9.5ft 两种高度的集装箱；非标准宽度集装箱主要有 8.2ft 宽度的集装箱等。

三、集装箱的运用

（一）集装箱类型的选择

要正确选择集装箱箱型，首先要了解以下内容：

1. 货物特性

货物特性决定了运输要求，如危险品、易碎品、鲜活易腐品等货物特点不一，对箱型选择也就不同。

2. 货物种类与货名

为了保证运输货物安全无损，仅仅了解货物一般特性是不够的，例如对危险货物来说，不能只知道它是危险货物就满足了，要进一步了解它是属于哪一类危险货物，是易爆炸品、易燃品还是腐蚀性货物；还要具体了解它的货名。此外，还要知道它有无包装，是什么包装，货物是清洁的还是脏的，有无气味等。

3. 货物包装尺寸

由于我国货物运输包装目前尚无通用的标准尺寸系列，包装规格繁多，要选择相应的集装箱型号，必须了解货物包装尺寸，以便选择合适的配置方法，充分利用箱容容积。

4. 货物重量

任何集装箱可装货物的重量都不得超过集装箱的载重量，有时货物重量虽小于载重量，但由于该货是集中负荷而可能造成箱底强度不足，这时就必须采取措施，利用货垫使集中负荷分散。

5. 集装箱运输过程

在整个运输过程由哪几种运输工具运送，是否转运和换装作业，采用何种作业方式，运输过程中的外界条件如何，是否高温、多湿等都是运输过程中需要考虑的条件。运输过程不同，箱型也应不同。因此，箱型选择还应遵循如下原则：

①货物外部尺寸与集装箱内部尺寸相适应，以成公倍数为最佳；

②按货物比容选择最有利比容（或地面）的集装箱；

③优先选择自重系数较小的集装箱；

④集装箱外部尺寸与运输工具尺寸相适应，也以成公倍数为最佳。

箱型选择后，还应计算集装箱的数量。对于重货，即货物单位体积重量大于集装箱有效容积的单位容重，则用货物重量除以集装箱的额定载重量，即得到需要的集装箱数；对于货物单位体积重量等于集装箱的有效容积的单位容重，则无论按重量计算或按体积计算都可以求得集装箱的需要数量；对于暂不能判定是重货还是轻货时，可先按容积计算，求出每个集装箱可能装运的货物件数,再用货物件数乘以每件货物重量,并与集装箱的最大容重比较;如果货物重量小于集装箱最大载重量,那么就按货物总体积除以集装箱容积计算所需集装箱数;反之,则按货物总重量除以每个集装箱的最大载重量,计算所需集装箱的个数;对于拼装货物,应当轻、重货物搭配。为使配装效果较好,配装货物的品种宜少,以一种重货与另一种轻货配装为有利。拼装货物应是发至同一到达站的货物。同时,必须使所装货物的加权平均单位体积重量等于或接近于集装箱的单位容重,从而使集装箱的容积装满,标记载重量也得以充分利用。

(二)集装箱的管理

为了随时能够掌握和控制集装箱在周转使用过程中的各种状态,采用高效率的集装箱管理信息系统——集装箱编目控制系统——进行管理。集装箱编目控制系统将有关集装箱的固定特征,如箱号、箱类、箱型、尺寸、购(租)箱、地点、日期等资料,事先储存在计算机中,而集装箱的日常动态信息则使用特定的代码随时输入计算机。通过编目控制,不仅能够掌握及跟踪分布在国内外集装箱码头堆场、集装箱货运站、内陆货站、货主仓库及运输途中的有关集装箱地理位置和使用状态变化的动态信息,而且还可对各个运输环节的集装箱需求情况作出预测。此外,还可以汇总、统计、分析有关集装箱管理方面的各项经营指标。

任务四　集装箱装卸搬运机械系统

一、集装箱装卸搬运机械系统类型与组成

集装箱运输是一种先进的运输组织方式。集装箱的装卸用人力几乎是无法完成的,因此,为了完成集装箱的装卸、搬运和堆垛作业,需采用装卸效率高的集装箱专用机械设备。

不同装卸搬运工艺、作业场所需配备不同装卸搬运机械系统。集装箱装卸搬运机械系统按作业场所和装卸搬运工艺,常分为集装箱船装卸机械系统、集装箱堆场装卸机械系统、集装箱货运站装卸机械系统。

集装箱船装卸机械系统,主要实现船岸交接,对停靠的集装箱船舶进行装卸作业,一般情况下,常采用岸边集装箱装卸桥。在多功能综合码头上较多采用多用途桥式起重机、多用途门座起重机、高桥轮胎式起重机等。

集装箱堆场装卸机械系统,主要对集装箱进行分类堆放,实现集装箱搬运、堆垛作业,所采用的机械设备主要有集装箱跨运车、集装箱牵引车和挂车、叉式装卸车、正面吊运车、龙门起重机等。水平运输可采用不同的机械组成不同的装卸机械系统,如跨运车系统、轮胎式龙门起重机系统、轨道式龙门起重机系统、叉车系统等。其中,跨运车系统是用跨运车把卸到港口码头前沿地面上的集装箱搬运到集装箱场地的指定箱位上。该系统机动灵活,作业效率高。跨运车具有自取、搬运、堆垛以及装卸车辆等多种功能,适用于进口重箱量大,出口重箱量小的码头。轮胎式龙门起重机系统由于龙门起重机不能直接与装卸桥配合交接集装箱,因此该系统还需配备牵引车挂车,即在码头前沿与货场之间、前方堆场与后方堆场之间、堆场和货运站之间需要牵引车挂车用于水平搬运集装箱。该系统能有效利用堆场,减少堆场铺面的面积,有效防止集装箱损坏,适用于码头陆域面积较小而水中运转量较大的码头。我国大部分集装箱码头采用此系统。

二、岸边集装箱装卸桥

岸边集装箱装卸桥是集装箱码头前沿进行集装箱船舶装卸的专用机械。由于它具有效率高、车船作业简便、适用性强的优点，因此，在集装箱专用码头上大都安装有岸边集装箱装卸桥。

岸边集装箱装卸桥主要由带行走机构的门架、承担臂架重量的拉杆和臂架等几个部分组成。臂架可以分为海侧臂架、陆侧臂架和门中臂架三个部分。门中臂架是专门用于连接海侧和陆侧臂架的。臂架的主要功能是用来承受带升降机构的小车自重，而升降机构又是用来承受集装箱吊具和集装箱总重的。海侧臂架一般设计成具有可俯仰的性能，以便集装箱装卸桥移动时与船舶的上层建筑不发生碰撞。在特殊环境条件下，例如集装箱码头附近有飞机场，则可选择水平梭式臂架结构的型式，以降低其高度。岸边集装箱装卸桥如图 7-20 所示。

图 7-20 岸边集装箱装卸桥结构示意图

工作时，门架沿着与岸边平行的轨道行走，走行小车沿着臂架上的轨道往返于海陆两侧吊运集装箱，进行装船和卸船作业。在运用岸边集装箱装卸桥时，要选择和确定合适的性能参数。

岸边集装箱装卸桥起重量是指额定起重量加集装箱吊具的自重。由于集装箱装卸桥的吊具种类繁多，自重的大小不一，以及受作业条件的影响，世界各国岸边集装箱装卸桥起重量并不一致。确定起重量一般需考虑如下作业条件:①起吊集装箱船舱盖板的需要。②考虑装卸非国际标准箱的需要。非国际标准箱的最大总重量可达38t。③采用同时起吊两个20ft的集装箱的作业方式,两个20ft的集装箱最大总重为40.64t。④兼顾装卸其他重大件货的需要。目前,世界各国主要岸边集装箱装卸桥的起重量为45t、40.5t、37.5t、26.3t,相应的额定起重量分别为35t、30.5t、20.3t。我国集装箱码头采用的岸边集装箱装卸桥,其起重量一般为40.5t,额定起重量为30.5t。

岸边集装箱的起升高度由两部分组成,即轨道面以上的高度和轨道面以下的高度。它取决于集装箱船的型深、吃水、潮差、甲板面上装载集装箱层数、码头标高等因素。在确定起升高度时,应保证船舶轻载,高水位时能通过甲板上三层集装箱,并能堆高到四层;在满载、低水位时,能吊到船舱底最下一层集装箱。目前,岸边集装箱装卸桥,一般轨道面上起升高度都为25m,轨道面下起升高度为12m。

外伸距和内伸距是岸边集装箱装卸桥两个重要工作性能参数。外伸距是指集装箱装卸桥海侧轨道中心线向外至集装箱吊具铅垂中心线之间的最大水平距离。内伸距是集装箱装卸桥内侧轨道中心线向内至吊具铅垂中心线之间的最大水平距离。一般外伸距为35m、内伸距为11m,即可满足使用要求。

工作速度的选择应根据下列原则,并进行技术经济分析确定:①应满足整个集装箱码头装卸工艺效率的要求。岸边集装箱装卸桥是码头装卸工艺系统的关键设备,其生产效率高低决定着集装箱码头的能力。系统中装卸搬运机械的能力应与岸边集装箱装卸桥的能力相匹配。②对各机构工作速度进行合理的分配。③岸边集装箱装卸桥的小车行走速度的提高,会增加吊具的摆动引起对口困难,因此,应采取减摇装置等技术措施,保证工作速度的提高。④与工作速度有关的装置应尽可能与装卸机械通用,以便于维修。目前,岸边集装箱装卸桥的起升速度一般为:满载50～55m/min,空载120～130m/min,相应的生产率为30～50TEU/h。此外,还要合理选择基距、轮压等性能参数。

三、集装箱跨运车

(一)集装箱跨运车的功用和特点

集装箱跨运车是一种应用于集装箱码头和集装箱中转站堆场,具有搬运、堆垛、换装等多功能的集装箱专用机械。在集装箱码头上,可完成如下的作业:岸边集装箱装卸桥与前方堆场之间的装卸和搬运;前方堆场与后方堆场之间的装卸和搬运;后方堆场和货运站之间的装卸和搬运;对底盘车进行换装。

集装箱跨运车的主要优点是:可一机多用,减少码头作业机械的种类和数量,便于组织管理;机动性好,作业灵活,取箱对位快,装卸作业效率较高。

其主要缺点是:结构复杂,维护保养较困难,初始投资高,行走稳定性较差,堆场利用率较低。

(二)集装箱跨运车的组成

集装箱跨运车主要包括:车架、吊具与升降系统、动力及传动系统、转向及行驶系统、制动系统及液压系统、电控系统等,具体如图7-21所示。

图 7 - 21 集装箱跨运车

(三)集装箱跨运车的使用要求与技术性能选择

1.通用型和专用型

集装箱跨运车有专用和通用两种。通用型是指跨运车既能适应 20ft 的集装箱,又能适应 40ft 集装箱的装卸;专用型是指只能适应 20ft 或 40ft 一种集装箱的装卸。

标准集装箱码头,所装卸的集装箱既有 20ft 的又有 40ft 的,如采用专用型跨运车,配机台数要比通用型多一些,而通用型跨运车造价高些。

2.堆垛能力

跨运车种类很多,有的能堆两层,有的能堆三层,甚至四层。选用时,要与整个集装箱码头的堆存面积大小和箱量结合起来考虑。堆箱层数多,能提高单位面积堆有量,缩短搬运距离,但层数增多,会增加倒箱率,增加提箱时找集装箱的困难。目前采用跨运车方式的集装箱码头堆场,通常只堆两层,即要求跨运车能吊着集装箱跨越两层集装箱高的高度。

3.视野要求

跨运车的视野,关系着跨运车的安全性、迅速性和机动灵活性。对跨运车视野有如下三点要求:①在搬运途中,要能看到前方和后方,要能看到前车轮的外侧,要能看到司机室对面的车体外侧(借助于反光镜)。②通过箱位弄时,要能看到车体和集装箱之间的空隙,要能看到箱位弄的前方和后方。③在场地作业时,要能看到集装箱的型号,要能看到所装卸的集装箱和集装箱吊具的位置线。

4.起重能力

对于标准集装箱码头,集装箱跨运车的额定起重量按 ISOIAA 型 40ft 集装箱的最大总重量为 30.5t 计算。此外,还要考虑货物装卸过程中的偏载。箱内所装货物的允许偏心率为 10%。货物偏载时,要增加旋锁装置一端所受的力。

5.跨运车的工作周期

采用跨运车系统的集装箱码头,跨运车来往于码头、场地的过程有两种形式,即单循环工作过程和往复循环工作过程。单循环工作过程是指跨运车从码头前沿搬运重箱至场地,卸下集装箱后,从场地空车返回码头。往复循环工作过程是指跨运车从码头前沿搬运重箱至后方场地,卸下重箱后,从后方场地空车行驶至前方场地,并从前方场地搬运重物箱至码头前沿。

不同的工作过程有不同的工作周期。跨运车的工作周期取决于跨运车的搬运距离、行走速度和装卸集装箱的时间,跨运车的行走速度一般为23km/h。

跨运车回转时的行走速度和跨运车的回转半径有关。回转半径小,回转时车速要降低一些;回转半径大些,车速也可相应增加。此外,车速还与稳定性有关,车速过高,跨运车回转时有倾覆的危险。跨运车倾覆的极限速度一般为额定速度的1/3~1/2。

由于跨运车的起升高度不大,升降时间通常仅占整个工作周期的15%~20%,因此跨运车集装箱吊具的升降速度通常仅取150~200mm/s。

四、轮胎式集装箱龙门起重机

轮胎式集装箱龙门起重机是集装箱装卸、堆垛的高效专用机械。它的金属结构是由两条箱形主梁和两个Ⅱ型(箱型断面)支腿构成的龙门架,支承在橡胶充气的轮胎上,在货场上行走。装有集装箱吊具的起重小车沿主梁轨道行走,用以装卸底盘车和进行堆垛作业。起重机运行机构安装在支腿的下横梁,具体如图7-22所示。

图7-22　轮胎式集装箱龙门起重机

轮胎式集装箱龙门起重机的机构部分,主要有起升、小车运行和大车运行机构组成,并设有吊具减摇装置和回转装置。回转装置使吊具能在水平面内小范围回转(通常为±5°),以便吊具对准集装箱锁孔。轮胎式集装箱龙门起重机采用了机械液压装置或无线电感应装置,保持在货场上直线行走,并可做 90°直角转向,从一个货场转移到另一个货场。

轮胎式集装箱龙门起重机在货场上只能直线行走,当需要从一个堆场转移到另一个堆场时,必须转向行驶。但由于其跨距大,如按照一般车辆进行任意转向,转弯半径则很大,需占用相当大的堆场面积,因而在集装箱专用码头,均采用 90°直角转向方式,仅在货场相当宽敞的内陆集装箱中转站采用定轴转向方式。对于跨距小于 10m 的轮胎式集装箱龙门起重机,在货场条件允许的情况下,宜采用自由转向方式。

轮胎式集装箱龙门起重机与轨道式集装箱龙门起重机相比较,轮胎式集装箱龙门起重机具有机动性能好、不受轨道限制的优点,所以广泛用于集装箱堆场的堆垛、装卸作业。目前,常用的轮胎式集装箱龙门起重机起重量为 40t,跨度为 23.47m,起升高度为 12.22m、满载起升速度为9m/min～13.5m/min、空载起升速度为 16～27m/min、小车运行速度为 35～70m/min、大车满载运行速度为 25m/min、大车空载运行速度为 90～134m/min。

案例分析

如何利用带板运输持续降低物流成本

随着土地和劳动力成本的急速攀升,企业对于提高物流供应链效率的需求更为急迫,带板运输在中国市场上日益受到重视。近年来,在招商路凯的大力推动之下,许多中国企业成功实施了带板运输。据了解,在这些企业客户中,几乎所有的争议与挑战都聚焦在能否真正降低成本这个问题上。也就是说,企业在考虑是否使用带板运输时,最关心的是其对成本节约的贡献度。

众所周知,带板运输(见图 7-23)可以大幅提升物流运作效率,有效加强货物安全,而其对于成本节约的作用和效果则更为直接和显著。基于招商路凯多年行业经验及托盘共用实际效果,以 150km 范围内的托盘共用为例,通过托盘共用可为行业实现约 20% 的物流总成本节约。

图 7-23　带板运输

　　带板运输对车辆装载率及运输成本的影响,是目前国内企业最为关注的问题。是否会造成车辆装载率的严重损失,是推动带板运输过程中客户最大的顾虑。因此,如何持续提高装载率,成为带板运输推广过程中的一个重要方面。

　　事实上,客户更要关注影响带板运输效率的因素。在很多情况下,带板运输对车辆装载率的影响其实是很有限的,这从许多国内外实际运作中都能得到印证。相对于散货运输而言,带板运输可能造成车辆装载率下降25%甚至更高,但在货物较重或及时补货模式及整车运输比例低等情形下,带板运输对车辆装载率的影响基本可忽略不计。只有在长途运输或轻货整车运输情况下,带板运输致使车辆利用率的下降才会造成运输成本的上升。

　　运输里程对带板运输模式的影响也不容忽视。运输距离越短,带板运输的收益越大,某些特殊产品也适用于长距离带板运输。而伴随着劳动力成本上涨等外力推动下,带板运输的经济运距将会越来越长。

　　清楚了影响因素之后,就可以有的放矢地进一步提高车辆装载率。在带板运输模式下,进一步提高车辆装载率可以从以下四个方面着力进行:

　　首先,可以根据不同产品和订单组板类型,采用叠板或加高方式提高车辆装载率。国内车型标准不统一给带板运输的作业带来一定困难,因此客户在选择车型时应该尽量使用相对固定的主流车型。

　　其次,可以根据不同产品特性、配送距离、配送时效性,选择最适合的托盘装车模式,包括竖装、横装、一横一竖、匀重。而每种模式又有各自的优缺点,企业可以根据需要灵活应用。如竖装的优点是板与板之间空间大,装卸车速度最快,但也存在空间利用率低、空隙太大、在途中稳定性差等缺点,因此更加适合短距离中小车型、周转快的配送。而横装空间利用率最高,在途稳定性高,但装卸车速度慢,对于长距离大型车辆、单品加高堆码比较适用。一横一竖空间利用率及在途稳定性都较高,装卸车速度比横装快,适合各种距离,特别是不同品项拼板加高堆码。匀重则可以使每排车轴重量均匀,装车速度最快,但同时也降低了空间利用率。这种方式不适合轻重货物混装,只适合超重货物。

　　再次,利用 LOAD OPTIMIZATION 装车优化软件对堆码与装车作业进行优化,可以提高车辆装载率和作业效率。目前的堆码和装车过于依赖现场操作人员的经验及人工,缺少系统上的支持。选用合适的货载优化软件,可以提升5%～10%的装载率,加速仓库作业效率。不过这种方式也对企业提出了更高的要求,要求固定的车型和使用标准化的托盘。企业还要根据叉车工的技术水平,在车辆高度上预留一定的操作空间。

　　最后,选用适合托盘化运输的车辆,可以提高托盘的装载能力和空间利用率,也可以通过对现有车量的改造提高托盘装载能力。厢式车一定程度上影响了车辆的装载率与装卸速度。而选用合适的车型或者对现有车辆进行改造使其更适合带板运输,可以提高车辆的托盘装载能力和利用率。此外,零售商和供应商在装卸码头设计上也应考虑未来新型车辆的需求。

思考

　　1.托盘带板运输的作业流程是什么?

　　2.托盘带板运输的主要优势有哪些?

本章实训

托盘堆垛捆扎货物操作训练

一、实习目的

1. 熟悉物流托盘的特点和标准。

2. 了解集装单元化对于提高物流系统效率的作用。

3. 掌握托盘货物码垛、捆扎操作的方法。

二、实习内容

应用多种方式进行码垛,训练托盘码垛、捆扎的方法。

1. 使用器材

(1)塑料托盘;

(2)捆扎带;

(3)手动打包钳;

(4)各种尺寸的纸箱若干个。

2. 主要步骤

(1)在托盘上按照重叠式方法把纸箱码垛起来;

(2)分别用其他三种方法把纸箱码垛起来,记录下各种方法操作的大概时间;

(3)用捆扎带把码垛好的纸箱捆扎起来,并检查其捆扎的可靠性。

三、要求和注意事项

1. 学生应遵守实训单位的劳动纪律,服从安排,注意安全。

2. 实训过程中,学生应按实训指导及教师要求,进行参观。

3. 实训结束后,学生进行分组讨论并写出实训报告,报告包括如下内容:

(1)实训的目的和要求;

(2)实训的步骤;

(3)本次实训所获得的主要收获和体会。

四、考核与评价

根据实训表现及实训报告综合评定学生成绩。

项目八
物流信息技术与设备

📧 学习目的与要求

1.了解物流信息技术与设备在现代物流中的地位和作用。

2.理解条码技术、RFID 技术、EDI 技术、GIS/GPS 技术的概念、特征与功能。

3.领会条码技术、RFID 技术、EDI 技术、GIS/GPS 技术的基本工作原理和其在物流领域中的具体应用。

4.掌握条码和 RFID 设备的基本操作。

任务一　条码技术与设备

一、条码概述

(一)条码(bar code)

条码是由一组规则排列的条、空及其对应字符组成的标记,用以表示一定的信息。

条码通常用来对物品进行标识,该物品可以是用来进行交易的一个贸易项目,如一瓶啤酒或一箱可乐,也可以是一个物流单元,如一个托盘。所谓对物品的标识,就是首先给某一物品分配一个代码,然后以条码的形式将这个代码表示出来,并且标识在物品上,以便识读设备通过扫描识读条码符号而对该物品进行识别。条码不仅可以用来标识物品,还可以用来标识资产、位置和服务关系等。标准商品条码如图 8-1 所示。

6 902018 994262

图 8-1　标准商品条码

(二)代码(code)

代码即一组用来表征客观事物的一个或一组有序的符号。代码必须具备鉴别功能,即在一个信息分类编码标准中,一个代码只能唯一地标识一个分类对象,而一个分类对象只能有一个唯一的代码,比如按国家标准"人的性别代码"规定,代码"1"表示男性,代码"2"表示女性,而且这种表示是唯一的。我们在对项目进行标识时,首先要根据一定的编码规则为其分配一个代码,然后再用相应的条码符号将其表示出来。

在不同的应用系统中,代码可以有含义,也可以无含义,有含义代码可以表示一定的信息属性,如某厂的产品有多种系列,其中代码 60000—69999 是电器类产品,70000—79999 为汤奶锅类产品,80000—89999 为压力锅类炊具等,从编码的规律可以看出,代码的第一位代表了产品的分类信息,是有含义的。无含义代码则只作为分类对象的唯一标识,只代替对象的名称,而不提供对象的任何其他信息。

(三)码制

条码的码制是指条码符号的类型,每种类型的条码符号都是由符合特定编码规则的条和空组合而成。每种码制都具有固定的编码容量和所规定的条码字符集。条码字符中字符总数不能大于该种码制的编码容量。常用的一维条码码制包括 EAN 条码、UPC 条码、UCC/EAN－128 条码、交插 25 条码、39 条码、93 条码、Codabar(库德巴码)等。

(四)字符集

字符集是指某种码制的条码符号可以表示的字母、数字和符号的集合。有些码制仅能表示 10 个数字字符 0～9,如 EAN/UPC 条码;有些码制除了能表示 10 个数字字符外,还可以表示几个特殊字符,如 Codabar(库德巴码)。39 条码可表示数字字符 0～9、26 个英文字母 A～Z 以及一些特殊符号。

几种常见码制的字符集如下:

EAN 条码的字符集:数字 0～9

交插 25 条码的字符集:数字 0～9

39 条码的字符集:数字 0～9

字母 A～Z

特殊字符:－·＄％空格/＋

起始符:/

终止符:□

(五)连续性与非连续性

条码符号的连续性是指每个条码字符之间不存在间隔,相反,非连续性是指每个条码字符之间存在间隔。

从某种意义上讲,由于连续性条码不存在条码字符间隔,所以密度相对较高,而非连续性条码的密度相对较低。所谓条码的密度即是单位长度的条码所表示的条码字符的个数。但非连续性条码字符间隔引起误差较大,一般规范不给出具体指标限制。而对连续性条码除了控制条空的尺寸误差外,还需控制相邻条与条、空与空的相同边缘间的尺寸误差及每一条码字符的尺寸误差。

(六)定长条码与非定长条码

定长条码是条码字符个数固定的条码,即仅能表示固定字符个数的代码。非定长条码是指条码字符个数不固定的条码,能表示可变字符个数的代码。例如,EAN/UPC 条码是定长条码,它们的标准版仅能表示 12 个字符,39 条码则为非定长条码。

定长条码由于限制了表示字符的个数,其译码的误识率相对较低,因为就一个完整的条码符号而言,任何信息的丢失总会导致译码的失败。非定长条码具有灵活、方便等优点,但受扫描器及印刷面积的限制,它不能表示任意多个字符,并且在扫描阅读过程中可能产生因信息丢失而引起错误的错误译码。这些缺点在某些码制(如交插 25 条码)中出现的概率相对较大,可通过增强识读器或计算机系统的校验程度来加以克服。

(七)双向可读性

条码符号的双向可读性,是指从左、右两侧开始扫描都可被识别的特性。绝大多数码制都可双向识读,所以都具有双向可读性。事实上,双向可读性不仅仅是条码符号本身的特性,也是条码符号和扫描设备的综合特性。对于双向可读的条码,识读过程中译码器需要判别扫描方向。有些类型的条码符号,其扫描方向的判定是通过起始符与终止符来完成,如 39 条码、交插 25 条码、Codabar(库德巴码)。有些类型的条码,由于从两个方向扫描起始符和终止符所产生的数字脉冲信号完全相同,所以无法用它们来判别扫描方向,如 EAN 和 UPC 条码。在这种情况下,扫描方向的判别则是通过条码数据符的特定组合来完成的。对于某些非连续性条码符号,如 39 条码,由于其字符集中存在着条码字符的对称性(例如字符" * "与"P","M"与"一"等),在条码字符间隔较大时,很可能出现因信息丢失而引起译码错误。

(八)自校验特性

条码符号的自校验特性是指条码字符本身具有校验特性。若在一条码符号中,一个印刷缺陷(例如,因出现污点把一个窄条错认为宽条,而相邻宽空错认为窄空)不会导致替代错误,那么这种条码就具有自校验功能。如 39 条码、Codabar(库德巴码)、交插 25 条码都具有自校验功能;EAN、UPC 条码和 93 条码等都没有自校验功能。自校验功能也能校验出一个数量的印刷缺陷。对于大于一个数量的印刷缺陷,任何自校验功能的条码都不可能完全校验出来。对于某种码制,是否具有自校验功能是由其编码结构决定的。码制设置者在设置条码符号时,均需考虑自校验功能。

(九)条码密度

条码密度是指单位长度条码所表示条码字符的个数。显然,对于任何一种码制来说,各单元的宽度越小,条码符号的密度就越高,也越节约印刷面积,但由于印刷条件及扫描条件的限制,很难把条码符号的密度做得太高。39 条码的最高密度为 9.4 个/25.4mm(9.4 个/英寸),Codabar(库德巴码)的最高密度为 10.0 个/25.4mm(10.0 个/英寸),交插 25 条码的最高密度为 17.7 个/25.4mm(17.7 个/英寸)。

条码密度越高,所需扫描设备的分辨率也就越高,这必然增加扫描设备对印刷缺陷的敏感性。

(十)条码质量

条码质量是指条码的印制质量,其判定主要从外观、条(空)反射率、条(空)尺寸误差、空白区尺寸、条高、数字和字母的尺寸、校验码、译码正确性、放大系数、印刷厚度、印刷位置几个方面进行。条码的质量检验需严格按照有关国家标准进行。

条码的质量是确保条码正确识读的关键,不符合条码国家标准技术要求的条码,不仅会因扫描仪器拒读而影响扫描速度,降低工作效率,而且可能造成误读进而影响信息采集系统的正常运行,因此,确保条码的质量是十分重要的。

(十一)二维条码

二维条码(见图 8-2)是用某种特定的几何图形按一定规律在平面(二维方向上)分布的黑白相间的图形记录数据符号信息。在代码编制上巧妙地利用构成计算机内部逻辑基础的"0"、"1"比特流的概念,使用若干个与二进制相对应的几何形体来表示文字数值信息,通过图像输入设备或光电扫描设备自动识读以实现信息自动处理。它具有条码技术的一些共性:每种码制有其特定的字符集;每个字符占有一定的宽度;具有一定的校验功能等。同时还具有对不同行的信息自动识别功能、处理图形旋转变化等特点。其特点可以归纳为:

图 8-2 二维条码

(1)高密度编码,信息容量大。二维条码可容纳多达 1850 个大写字母,或 2710 个数字,或 1108 个字节,或 500 多个汉字,比普通条码信息容量约高几十倍。

(2)编码范围广。二维条码可以把图片、声音、文字、签字、指纹等可以数字化的信息进行编码,用条码表示出来,也可以表示多种语言文字,还可以表示图像数据。

(3)容错能力强,具有纠错功能。这使得二维条码因穿孔、污损等引起局部损坏时,照样可以正确得到识读,损毁面积达 50% 仍可恢复信息。

(4)译码可靠性高。二维条码比普通条码译码错误率百万分之二要低得多,误码率不超过千万分之一。

(5)可引入加密措施。二维条码保密性、防伪性好。

(6)成本低,易制作,持久耐用。

(7)条码符号形状、尺寸大小比例可变。

(8)二维条码可以使用激光或 CCD 阅读器识读。

二、条码识读设备

条码识读设备是指用来读取条码信息的设备。它使用一个光学装置将条码的条空信息转换成电平信息,再由专用译码器翻译成相应的数据信息。

目前,条码识读设备虽然种类繁多,但大体上可分为两大类,即在线式阅读器和便携式阅读器。在线式阅读器按其功能和用途,又可分为多功能阅读器和条类在线式专用阅读器。在线式阅读器一般直接由交流电源供电,在线阅读器除具有多种常用码制的功能外,根据不同需要还可增加可编程功能、可显示功能以及多机联网通信功能等。便携式阅读器则配有数据存储器,通常由电池供电,当数据收集后,先把数据存储起来,然后转储上万个条码在便携式阅读器中。便携式阅读器广泛应用于仓库管理、商品盘点以及各种野外作业中。

扫描器作为阅读器的输入装置,发展也很快,大体上可分为接触式、非接触式、手持式和固定式扫描器等。目前常用的有笔式、CCD式和激光式等。下面简单介绍几种常见的条码扫描器。

(一)笔式扫描器

笔式扫描器(见图8-3)是笔形的扫描器,笔头装有光元件。其扫描方式为在条码符号上从左到右,或从右到左将笔式扫描器进行移动而实现读取。扫描器需要操作员手持,以一定的速度移动。数据的读取是一次扫描决定的,当光笔通过斑点或缺损位置时无法读取。对于有弯曲面的商品,条码的读取也很困难。对于没有经验的操作者来说,容易造成首次读取失败。尽管这种扫描器在操作时存在着一定的局限性,但它价格低廉、坚固耐用和小巧灵活,因而目前应用仍较普遍。

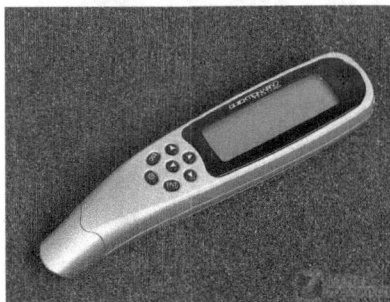

图8-3　笔式扫描器

(二)手持式扫描器

手持式扫描器(见图8-4)具有小型、宜于使用的特点。阅读时只需将读取头(光源)接近或轻触条码即可进行自动读取。手持式扫描具有以下优点:

(1)不需进行移动即可进行自动扫描读取条码信息;

(2)条码符号缺损对扫描器识读影响很小;

(3)弯曲面(300以内)商品的条码也可读取;

(4)扫描速度为30～100次每秒,读取速度快。

手持式扫描器所使用的光源有激光(氦—氖激光、半导体激光)和可见光LED(发光二极管)。LED类扫描器又称CCD扫描器,激光手持式扫描器又称激光枪。由于激光枪、CCD扫描器具有性能稳定、价格适中、首读率高、使用简便等优点,目前在条码扫描系统中应用最为普遍。

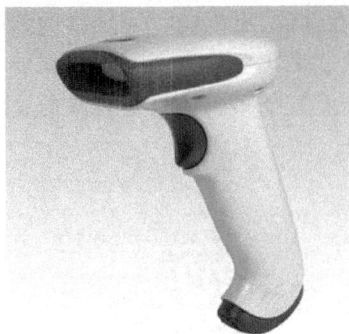

图8-4　手持式扫描器

(三)台式扫描器

台式扫描器(见图 8-5)的用途很广,大都固定安装在某一位置上,用来识读在某一范围内出现或通过的条码符号。用于超级市场 POS 系统的台式激光扫描器,对条码的方向没有要求,又称全方位扫描器,读取距离为几厘米到几十厘米。

由于台式激光扫描器具有性能稳定、扫描速度快等优点,目前在超级市场 POS 系统中应用最为普遍。为方便在不同场合的使用,现在台式激光扫描器的形状也多样化,有台灯式扫描器及其他各种形状的台式扫描器。

图 8-5 台式扫描器

(四)卡槽式条码扫描器

卡槽式条码扫描器(见图 8-6)是一种用于人员考勤的条码扫描器,手持带有条码符号的卡片在通过时即可实现读取。卡槽式条码扫描器目前在厂矿、宾馆、会议考勤管理等方面得到了广泛的应用。

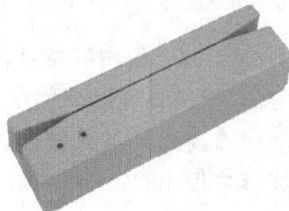

图 8-6 卡槽式条码扫描器

(五)便携式数据采集器

便携式数据采集器(见图 8-7)是为适应一些现场数据采集,如扫描笨重物体的条码符号而设计的。因为该种扫描器可以在物体的条码符号前扫描,因此又称为手持终端机、盘点机。它由电池供电,它有自己的内部存储器,可以储存一定量的数据,并在适当的时候将数据传输给计算机。由于所有的便携式数据采集器都有一定的编程能力,因此可以满足不同场合的应用需要。目前已经推出了能存储上万个条码信息的便携式数据采集器。

图 8-7 便携式数据采集器

三、条码技术在物流行业的典型应用

(一)库存管理中的条码应用

1.入库管理

入库时识读商品上的二维条码标签,同时录入货品的存放信息,将商品的特性信息及存放信息一同存入数据库。通过二维条码传递信息,有效地避免了人工录入的失误,实现了数据的无损传递和快速录入,将货品的管理推进到更深的层次,具体如图8-8所示。

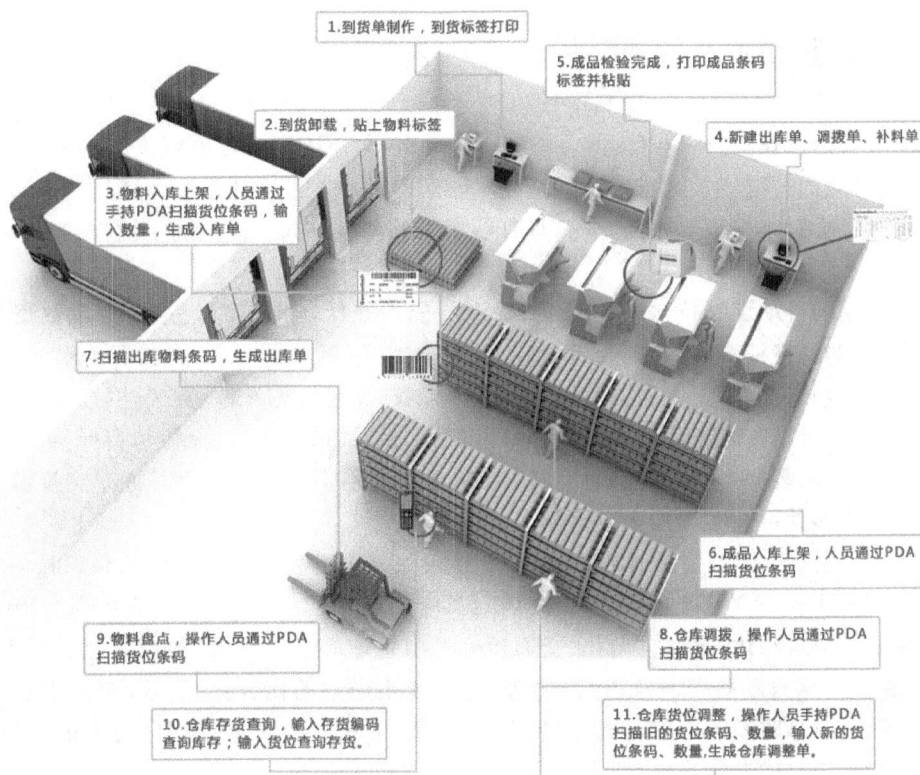

图8-8 产品入库管理中使用条码

2.出库管理

根据提货单或配送单,选择相应的产品出库。为出库备货方便,可根据产品的特征进行组合查询,可打印查询结果或生成可用于移动终端的数据文件。产品出库时,扫描货品上的二维条码,对出库商品的信息进行确认,同时更改其库存状态。

3.仓库内部管理

在库存管理中,二维条码可用于存货盘点。通过手持数据采集终端,收集库存货品信息,然后将收集到的信息由计算机进行集中处理,形成盘点报告。

(二)配送管理中的条码应用

二维条码在配送管理中具有重要的意义。配送前将配送货品资料和客户订单资料下载到移动终端中,到达配送客户后,打开移动终端,调出客户相应的订单,然后根据订单情况挑选货物并验证其条码标签,确认配送完一个客户的货物后,移动终端可以自动校验配送情况,并作出相应的提示。

任务二　无线射频技术与设备

一、无线射频技术的概念

无线射频识别技术(radio frequency identification,RFID),或称射频识别技术,是从 20 世纪 90 年代兴起的一项非接触式自动识别技术。它是利用射频方式进行非接触双向通信,以达到自动识别目标对象并获取相关数据,具有精度高、适应环境能力强、抗干扰强、操作快捷等许多优点。

目前常用的自动识别技术中,条码和磁卡的成本较低,但是都容易磨损,且数据量很小。接触式 IC 卡的价格稍高些,数据存储量较大,安全性好,但是也容易磨损,且寿命短。而射频卡实现了免接触操作,应用便利,无机械磨损,寿命长,无需可见光源,穿透性好,抗污染能力和耐久性强,而且可以在恶劣环境下工作,对环境要求低,读取距离远,无需与目标接触就可以得到数据,支持写入数据,无需重新制作新的标签,可重复使用,并且使用了防冲撞技术,能够识别高速运动物体并可同时识别多个射频卡。

近年来,无线射频识别技术在国内外发展很快,RFID 产品种类很多,像 TI、Motorola、Philips、Microchip 等世界著名厂家都生产 RFID 产品,并且各有特点,自成系列。RFID 已被广泛应用于工业自动化、商业自动化、交通运输控制管理等众多领域,如汽车或火车等交通监控系统、高速公路自动收费系统、物品管理、流水线生产自动化、门禁系统、金融交易、仓储管理、畜牧管理、车辆防盗等。随着成本的下降和标准化的不断深化,RFID 技术的全面推广和普遍应用将是不可逆转的趋势。

二、无线射频系统的组成及基本原理

(一)无线射频系统的组成

RFID 系统因应用不同,其组成会有所不同,但基本都由电子标签(tag)、阅读器(reader)和数据交换与管理系统(processor)三大部分组成。

电子标签(或称射频卡、应答器等),由耦合元件及芯片组成,其中包含带加密逻辑、串行EEPROM(电可擦除及可编程式只读存储器)、微处理器 CPU 以及射频收发及相关电路。电子标签具有智能读写和加密通信的功能,它是通过无线电波与读写设备进行数据交换,工作的能量是由阅读器发出的射频脉冲提供。

阅读器,有时也被称为查询器、读写器或读出装置,主要由无线收发模块、天线、控制模块

及接口电路等组成。阅读器可将主机的读写命令传送到电子标签,再把从主机发往电子标签的数据加密,将电子标签返回的数据解密后送到主机。

数据交换与管理系统主要完成数据信息的存储及管理、对卡进行读写控制等。

(二)无线射频系统的基本原理

RFID 系统的工作原理如下:阅读器将要发送的信息,经编码后加载在某一频率的载波信号上经天线向外发送,进入阅读器工作区域的电子标签接收此脉冲信号,卡内芯片中的有关电路对此信号进行调制、解码、解密,然后对命令请求、密码、权限等进行判断。若为可读命令,控制逻辑电路则从存储器中读取有关信息,经加密、编码、调制后通过卡内天线再发送给阅读器,阅读器对接收到的信号进行解调、解码、解密后送至中央信息系统进行有关数据处理;若为修改信息的命令,有关控制逻辑引起的内部电荷泵提升工作电压,提供擦写 EEPROM 中的内容进行改写,若经判断其对应的密码和权限不符,则返回出错信息。无线射频系统的工作原理具体如图 8-9 所示。

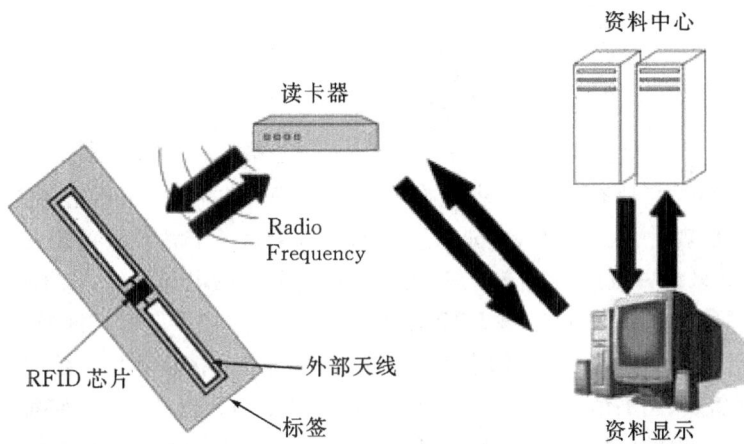

图 8-9　RFID 工作原理图

在 RFID 系统中,阅读器必须在可阅读的距离范围内产生一个合适的能量场以激励电子标签。在当前有关的射频约束下,欧洲的大部分地区各向同性有效辐射功率限制在 500MW,这样的辐射功率在 870MHz,阅读距离可近似达到 0.7m。美国、加拿大以及其他一些国家,无需授权的辐射约束为各向同性辐射功率为 4W,这样的功率将达到 2m 的阅读距离,在获得授权的情况下,在美国发射 30W 的功率将使阅读距离增大到 5.5m 左右。

三、无线射频系统的分类

根据 RFID 系统完成的功能不同,可以把 RFID 系统分成四种类型:EAS 系统、便携式数据采集系统、物流控制系统、定位系统。

(一)EAS 技术

electronic article surveillance(EAS)是一种设置在需要控制物品出入的门口的 RFID 技术。这种技术的典型应用场合是商店、图书馆、数据中心等地方,当未被授权的人从这些地方非法取走物品时,EAS 系统会发出警告。在应用 EAS 技术时,首先在物品上粘付 EAS 标签,当物品被正常购买或者合法移出时,在结算处通过一定的装置使 EAS 标签失活,物品就可以取走。物品经过装有 EAS 系统的门口时,EAS 装置能自动检测标签的活动性,发现活动性标签 EAS 系统会发出警告。超市 EAS 设备如图 8 - 10 所示。

图 8 - 10 超市 EAS 设备

EAS 技术的应用可以有效防止物品被盗。应用 EAS 技术,物品不用再锁在玻璃橱柜里,可以让顾客自由地观看、检查,这在自选日益流行的今天有着非常重要的现实意义。

典型的 EAS 系统一般由三部分组成:①附着在商品上的电子标签,电子传感器;②电子标签灭活装置,以便授权商品能正常出入;③监视器,在出口造成一定区域的监视空间。

EAS 系统的工作原理:在监视区,发射器以一定的频率向接收器发射信号。发射器与接收器一般安装在零售店、图书馆的出入口,形成一定的监视空间。当具有特殊特征的标签进入该区域时,会对发射器发出的信号产生干扰,这种干扰信号也会被接收器接收,再经过微处理器的分析判断,就会控制警报器的鸣响。根据发射器所发出的信号不同以及标签对信号干扰原理不同,EAS 可以分成许多种类型。关于 EAS 技术最新的研究方向是标签的制作,人们正在讨论 EAS 标签能不能像条码一样,在产品的制作或包装过程中加进产品,成为产品的一部分。

(二)便携式数据采集系统

便携式数据采集系统是使用带有 RFID 阅读器的手持式数据采集器采集 RFID 标签上数据的系统。这种系统具有比较大的灵活性,适用于不宜安装固定式 RFID 系统的应用环境。手持式阅读器(数据输入终端)可以在读取数据的同时,通过无线电波数据传输方式(RFDC)实时地向主计算机系统传输数据,也可以暂时将数据存储在阅读器中,一批一批地向主计算机系统传输数据。

(三)物流控制系统

在物流控制系统中,将 RFID 阅读器分散布置在给定的区域,并且阅读器直接与数据管理信息系统相连。信号发射机是移动的,一般安装在移动的物体或人的上面。当物体、人流经阅读器时,阅读器会自动扫描标签上的信息并把数据信息输入数据管理信息系统进行存储、分析、处理,达到控制物流的目的。RFID 物流仓储应用如图 8 - 11 所示。

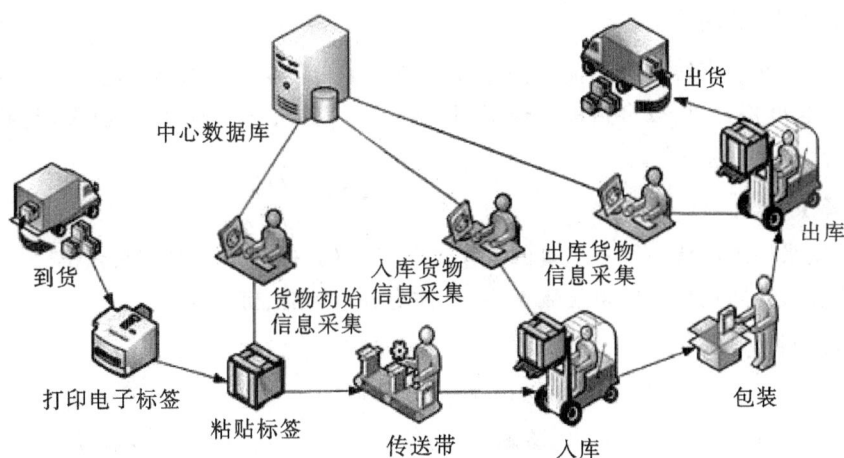

图 8-11　RFID 物流仓储应用

(四)定位系统

定位系统用于自动化加工系统中的定位以及对车辆、轮船等进行运行定位支持。阅读器放置在移动的车辆、轮船上或者自动化流水线中移动的物料、半成品、成品上,信号发射机嵌入到操作环境的地表下面。信号发射机上存储有位置识别信息,阅读器一般通过无线的方式或者有线的方式连接到主信息管理系统。

总之,一套完整的 RFID 系统解决方案包括标签设计及制作工艺、天线设计、系统中间件研发、系统可靠性研究、读卡器设计和示范应用演示六部分,可以广泛应用于工业自动化、商业自动化、交通运输控制管理和身份认证等多个领域,而在仓储物流管理、生产过程制造管理、智能交通、网络家电控制等方面更是引起了众多厂商的关注。

四、电子标签的特性

目前国内外市场普遍采用的防伪标签有条形码标签和激光防伪标签。由于条形码标签本身具有一些缺陷,各国企业一直都在探求一种更新、更完善的信息解决方案,射频识别技术(RFID)电子标签便应运而生。作为条形码标签的电子版本,电子标签具有更多条形码标签所不具备的优点:

(一)可远距离识别

条形码标签一般是通过近距离的手持光电设备进行信息的读取,而电子标签由于采用射频识别系统,随着工作频率的变化,识别距离也发生改变。通常较低频率的射频系统的识别距离较近,一般为几厘米到几十厘米,而高频、超高频系统的识别距离较远,可从几米到几十米。

(二)信息量大,可动态改变

电子标签是借助面积不足 $10mm^2$ 的芯片来记录商品信息的,存储在这些微小芯片中的信息量非常大。厂家可以根据各自的需要定义各型号产品的存储容量和每个扇区的字节数,并且扇区可以反复读写(读无限次,写 10 万次),使得标签内容可以动态改变,例如存储商品从产地至运输过程中的途经地、仓储信息、有效期等,也可方便地对原信息进行修改。

(三)可批量识别

条形码标签必须直线对准扫描,读写速度较慢,而且只能逐个识别。电子标签采用了防冲撞技术,读写速度快,且可以多目标同步识别。电子标签可在非静止状态识别,每秒同时最多能识别 100 个电子标签。

(四)安全性更高

电子标签采用国际统一且不重复的 8 字节识别内码,标签数据的存取有密码保护,排除了条形码标签和激光防伪标签的可复制性,安全性更高,数据更加安全。

(五)物理性能好

电子标签具有多样化、超薄的外形和良好的柔韧性,能够轻易地嵌入或附着在不同形状、类型的产品上。电子标签具有防水、防磁、耐高低温、可弯折的卓越性能,适应各种工作环境和工作条件,可在油渍、灰尘污染等恶劣的环境下工作,使用寿命长,一般可提供 10 年以上的服务。

五、无线射频技术在物流领域中的应用

无线射频技术以其独特的优势,逐渐地被广泛应用于工业自动化、商业自动化和交通运输控制管理等领域。随着大规模集成电路技术的进步以及生产规模的不断扩大,射频识别产品的成本将不断地降低,其应用将越来越广泛。表 8-1 列举了无线射频技术几个典型应用。

表 8-1　无线射频技术几个典型应用

典型应用领域	具 体 应 用
车辆自动识别管理	铁路车号自动识别是射频识别技术最普遍的应用。
高速公路收费及智能交通系统	高速公路自动收费系统是射频识别技术最成功的应用之一,它充分体现了非接触识别的优势。在车辆高速通过收费站的同时完成缴费,解决了交通的瓶颈问题,提高了车行速度,避免拥堵,提高了收费结算效率。
货物的跟踪、管理及监控	射频识别技术为货物的跟踪、管理及监控提供了快捷、准确、自动化的手段。以射频识别技术为核心的集装箱自动识别,成为全球范围最大的货物跟踪管理应用。
仓储、配送等物流环节	射频识别技术目前在仓储、配送等物流环节已有许多成功的应用。随着射频识别技术在开放的物流环节统一标准的研究开发,物流业将成为射频识别技术最大的受益行业。
电子钱包、电子票证	射频识别卡是射频识别技术的一个主要应用。射频识别卡的功能相当于电子钱包,实现非现金结算。目前主要应用在交通方面。
生产线产品加工过程自动控制	射频识别技术主要应用在大型工厂的自动化流水作业线上,实现自动控制、监视,提高生产效率,节约成本。
动物跟踪和管理	射频识别技术可用于动物跟踪。在大型养殖场,可通过采用射频识别技术建立饲养档案、预防接种档案等,达到高效、自动化管理牲畜的目的,同时为食品安全提供了保障。射频识别技术还可用于信鸽比赛、赛马识别等,以准确测定到达时间。

任务三　电子数据交换

一、EDI 的起源

EDI 的历史可以追溯到 20 世纪 60 年代末,欧洲和美国几乎同时提出 EDI 概念。1968 年美国运输业的许多公司,联合成立了一个运输数据协调委员会(TDCC),研究开发电子通讯标准的可行性,该委员会制订的方案形成了当今 EDI 的基础。

20 世纪 70 年代以后,信息技术的发展使计算机及通讯网络不断更新换代,通讯、交通手段的革新使得生产社会化、国际化,加速了国际贸易的发展,跨国公司不断涌现。这些跨国公司为了获得最佳的经济效益,必然要在全球范围内合理安排原料进货、加工、装配及销售等,而所有这些活动都要求有极高的效率和准确性,通过使用 EDI 可以很容易做到。EDI 能使从原料到生产、销售的整个过程的各个环节更紧密地结合,从而降低了生产成本。

另外,由于全球贸易额的上升带来了各种贸易单证、文件数量的增多,价格因素在竞争中所占比重逐渐减小,而服务性因素所占的比重逐渐增大。企业开始在订单、原材料采购、及时销售、降低库存及有效管理等各个环节,以及它们的有效协同配合中获取降低成本的新途径。因此,提高商业文件传递速度、处理速度、空间跨度及准确性,实现贸易"无纸化"成了贸易链中的所有成员共同的愿望。正是在这种背景下,以计算机、网络通讯和数据标准为基础的 EDI 应运而生,并显示出强大的生命力。

20 世纪 80 年代,德国、加拿大、英国、法国、澳大利亚、新加坡等国家都纷纷制订了自己的 EDI 标准,由于这些标准互不统一,无法进行国际间的运行,因此,开发国际 EDI 标准的工作成为当务之急。美国国家标准局特许标准委员会(ANSIASC)与欧洲的同行们联合研究国际标准。1985 年,由欧洲和北美 20 多个国家的代表开发了一种新的国际标准——EDIFACT (Electronic Data Interchange For Administration,Commerce And Transportation,中文为"用于行政管理、商业及运输的电子数据交换"),在联合国的支持下,1988 年该标准成为国际标准,称 UN/EDIFACT 标准体系。该标准的开发主要是由两个国际组织负责的,国际标准组织(ISO)负责开发句法规则和数据词典,联合国欧洲经济委员会(UN/ECE)负责开发单据标准。

现在世界各国都在加快 EDI 的推广应用工作,EDI 已经在全球范围内掀起了一场新的商业革命。

二、EDI 的概念

EDI 是 electronic data interchange 的缩写,译为"电子数据交换"。它是一种在公司之间传输订单、发票等商业文件的电子化手段,由于其发展和实施方法各有不同,因此并无统一的解释。

(1)国际标准化组织(ISO)的定义:商业或行政事务处理,按照一个公认的标准,形成结构化的事务处理或信息数据结构,是从计算机到计算机的数据传输。

(2)美国国家标准局 EDI 认证标准委员会的定义:独立组织之间通过电脑,以标准的语意结构来传输明确的业务或策略性信息。

(3)UN/EDIFACT 的定义：贸易伙伴电脑系统之间，以最少的人工介入方式交换标准格式的资料。

(4)在 ISO9735《用于行政商业运输业电子数据交换的应用级语法规则》(GB—14805)的定义：在计算机之间以商务的标准格式进行的商业或行政业务数据的电子传输。

EDI 工作原理如图 8-12 所示。

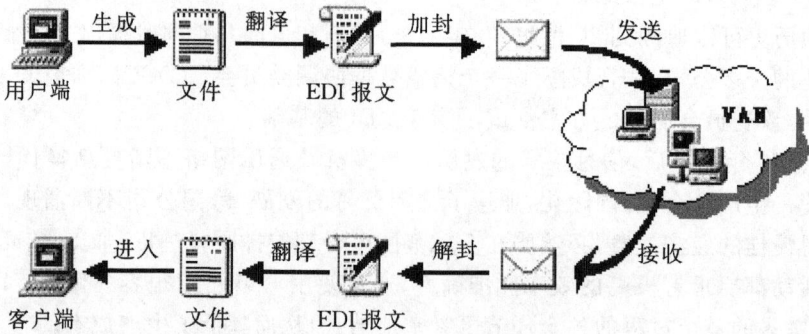

图 8-12　EDI 工作原理

三、EDI 的特点

由 EDI 的定义不难看出，EDI 作为企业自动化管理的工具之一，具有以下特点：

(1)EDI 是在企业与企业之间传输商业文件数据。

(2)EDI 传输的文件数据都采用共同的标准。

(3)EDI 是通过数据通信网络(一般是增值网和专用网)来传输数据。

(4)EDI 数据的传输是从计算机到计算机的自动传输，不需人工介入操作。

四、EDI 与电子邮件的区别

随着互联网的发展，越来越多的企业加入到互联网络。企业已经开始把网络服务融入到日常管理当中，电子邮件就是企业经常使用的一项基本服务。尽管电子邮件也可以用来传输数据，但和 EDI 相比，仍有着本质的区别。

(1)EDI 的传输内容为格式化的标准文件并有格式校验功能，而电子邮件为非格式化的。

(2)EDI 的处理过程为计算机自动处理不需人工干预，而电子邮件的处理过程需人工干预。

任务四　GPS 与 GIS 技术

一、GPS 技术

(一)GPS 的概念

GPS 即全球定位系统(Global Positioning System)，是美国从 20 世纪 70 年代开始研制，

历时 20 年,耗资 200 亿美元,于 1994 年全面建成,具有在海、陆、空进行全方位实时三维导航与定位能力的新一代卫星导航与定位系统。它通过接受美国发射的 24 颗卫星中任意 3 颗以上卫星所发射的导航信号,可以在任何地点、任何时候准确地测量到物体瞬时的位置,确切说是物体的经纬度、高度、速度等位置信息。经近 10 年我国测绘等部门的使用表明,GPS 以全天候、高精度、自动化、高效益等显著特点,赢得广大测绘工作者的信赖,并成功地应用于大地测量、工程测量、航空摄影测量、运载工具导航和管制、地壳运动监测、工程变形监测、资源勘察、地球动力学等多种学科,从而给测绘领域带来一场深刻的技术革命。

(二)GPS 系统的组成

GPS 系统包括三大部分:空间部分——GPS 卫星星座;地面控制部分——地面监控系统;用户设备部分——GPS 信号接收机。具体如图 8-13 所示。

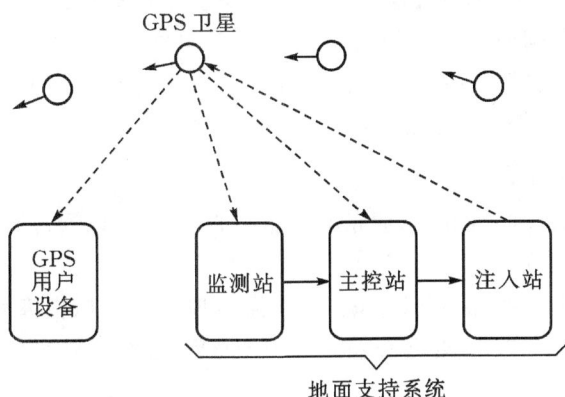

图 8-13　GPS 系统示意图

1.GPS 卫星星座

由 21 颗工作卫星和 3 颗在轨备用卫星组成 GPS 卫星星座,记作(21+3)GPS 星座。24 颗卫星均匀分布在 6 个轨道平面内,轨道倾角为 55°,各个轨道平面之间相距 60°,即轨道的升交点赤经各相差 60°。每个轨道平面内各颗卫星之间的升交角距相差 90°,一轨道平面上的卫星比西边相邻轨道平面上的相应卫星超前 30°。

在两万公里高空的 GPS 卫星,当地球对恒星来说自转一周时,它们绕地球运行两周,即绕地球一周的时间为 12 恒星时。这样,对于地面观测者来说,每天将提前 4 分钟见到同一颗 GPS 卫星。位于地平线以上的卫星颗数随着时间和地点的不同而不同,最少可见到 4 颗,最多可见到 11 颗。在用 GPS 信号导航定位时,为了结算测站的三维坐标,必须观测 4 颗 GPS 卫星,称为定位星座。这 4 颗卫星在观测过程中的几何位置分布对定位精度有一定的影响。对于某地某时,甚至不能测得精确的点位坐标,这种时间段叫做“间隙段”。但这种时间间隙段是很短暂的,并不影响全球绝大多数地方的全天候、高精度、连续实时的导航定位测量。GPS 工作卫星的编号和试验卫星基本相同。

2.地面监控系统

对于导航定位来说,GPS 卫星是一动态已知点。卫星的位置是依据卫星发射的星历——描述卫星运动及其轨道的参数算得的。每颗 GPS 卫星所播发的星历,是由地面监控系统提供的。卫星上的各种设备是否正常工作,以及卫星是否一直沿着预定轨道运行,都要由地面设备进行监测和控制。地面监控系统另一重要作用是保持各颗卫星处于同一时间标准——GPS时间系统。这就需要地面站监测各颗卫星的时间,求出钟差。然后由地面注入站发给卫星,卫星再由导航电文发给用户设备。GPS工作卫星的地面监控系统包括一个主控站、三个注入站和五个监测站。

3. GPS 信号接收机

GPS信号接收机的任务是:能够捕获到按一定卫星高度截止角所选择的待测卫星的信号,并跟踪这些卫星的运行,对所接收到的GPS信号进行变换、放大和处理,以便测量出GPS信号从卫星到接收机天线的传播时间,解译出GPS卫星所发送的导航电文,实时地计算出测站的三维位置,甚至三维速度和时间。

GPS卫星发送的导航定位信号,是一种可供无数用户共享的信息资源。对于陆地、海洋和空间的广大用户,只要用户拥有能够接收、跟踪、变换和测量GPS信号的接收设备,即GPS信号接收机,就可以在任何时候用GPS信号进行导航定位测量。根据使用目的的不同,用户要求的GPS信号接收机也各有差异。目前世界上已有几十家工厂生产GPS接收机,产品也有几百种。这些产品可以按照原理、用途、功能等来分类。

(三)GPS 系统的功能

(1)跟踪车辆、船舶。为了随时掌握车辆和船舶的动态,可以通过地面计算机终端,实时显示出车辆、船舶的实际位置。

(2)信息传递和查询。利用GPS系统,一方面管理中心可以向车辆、船舶提供相关的气象、交通、指挥等信息;另一方面,也可以将运行中的车辆、船舶的信息传递给管理中心,实现信息的双向交流。

(3)及时报警。利用GPS可以及时掌握运输装备的异常情况,接收求助信息和报警信息,迅速传递到管理中心,从而实施紧急求援。

(4)支持管理。GPS提供的信息可以实施运输指挥、监控、规划和选择路线,向用户发出到货预报等,有效地支持大跨度物流系统管理。

二、GIS 技术

(一)GIS 的概念

地理信息系统(Geographic Information System,GIS)是一种基于计算机的工具,它可以对在地球上存在的物体和发生的事件进行成图和分析。GIS技术把地图这种独特的视觉化效果和地理分析功能与一般的数据库操作(例如查询和统计分析等)集成在一起。这种能力使GIS与其他信息系统相区别,从而使其在广泛的公众和个人、企事业单位中解释事件、预测结果、规划战略等中具有实用价值。电子地图如图8-14所示。

(二)GIS 的组成

GIS由五个主要的元素所构成,即硬件、软件、数据、人员和方法。

1. 硬件

硬件是使用GIS系统所操作的计算机。今天,GIS软件可以在很多类型的硬件上运行,从中央计算机服务器到桌面计算机,从单机到网络环境。

图 8-14　电子地图

2.软件

GIS 软件是提供所需的存储、分析和显示地理信息功能的工具。主要的软件部件有：

①输入和处理地理信息的工具；

②数据库管理系统(DBMS)；

③支持地理查询、分析和视觉化的工具；

④容易使用这些工具的图形化界面(GUI)。

3.数据

一个 GIS 系统中最重要的部件就是数据。地理数据和相关的表格数据可以自行采集或者从商业数据提供者处购买。GIS 将把空间数据和其他数据源的数据集成在一起,而且可以使用被大多数公司用来组织和保存数据的数据库管理系统来管理空间数据。

4.人员

GIS 技术如果没有人员来管理系统和制订计划,并应用于实际问题,将会丧失价值。GIS 的用户范围包括从设计和维护系统的技术专家,到那些使用该系统并完成他们每天工作的人员。

5.方法

成功的 GIS 系统,具有良好的设计计划和自身的事务规律,这些计划和规律是通用的规范,但对每一个公司来说,具体的操作实践又是独特的。

(三)GIS 系统的功能

GIS 的基本功能是将表格型数据(无论它来自数据库、电子表格文件或直接在程序中输入)转换为地理图形显示,然后对显示结果浏览、操纵和分析。其显示范围从洲际地图到非常详细的街区地图,显示对象包括人口、输入、销售情况、运输线路以及其他内容。在许多情况下,这些地图能比一般表格或图形更为有效地帮助我们进行趋势和策略方面的研究,而且更易于将这类信息转化为其他形式的信息。一个优秀的 GIS 软件具有如下功能:

（1）存储和分析客观实体（具有特定位置和形状的地理要素，如点、线、面等）间的空间关系，或使它们相互连接并进行拓扑计算的功能。

（2）存储和分析各实体所附大量属性数据的功能。

（3）比简单的数据管理和查询更为强大的多层分析功能，使以图层形式组成的地图多层可视并进行多样化统计和逻辑操作。

（4）整理来源不同或范围不等的数据，以多种方式使之可视化的功能。

（5）强大的地理图形和图像处理功能。

总之，使现实世界中具有地理属性的信息实现数据地图化、数据可视化和思维可视化，从而为决策、分析提供支持，是 GIS 的根本目标。未来的地理信息系统更要求能产生和显示计划和决策带来的城市景观和区域景观的变化，并能够运用人工智能和专家系统进行决策支持。

三、GPS 技术在物流领域的应用

（一）物流配送

GPS 将车辆的状态信息（包括位置、速度、车厢内温度等）以及客户的位置信息快速、准确地反映给物流系统，由特定区域的配送中心统一合理地对该区域内所有车辆作出快速调度。这样便大幅度提高了物流车辆的利用率，减少了空载车辆的数量和空载的时间，从而减少了物流公司的运营成本，提高了物流公司的效率和市场竞争能力，同时增强了物流配送的适应能力和应变能力，如图 8 - 15 所示。

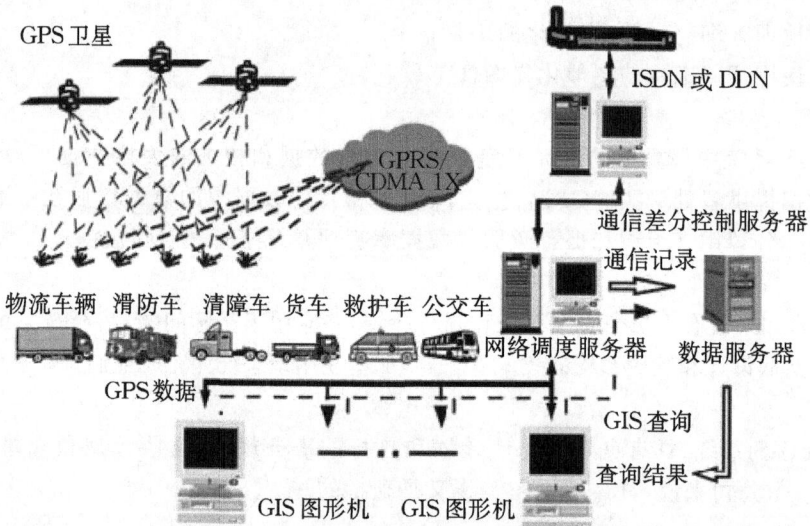

图 8 - 15　GPS 的物流配送应用

（二）动态调度

运输企业可进行车辆待命计划管理。操作人员通过在途信息的反馈，车辆未返回车队前即做好待命计划，提前下达运输任务，减少等待时间，加快车辆周转，以提高重载率，减少空车时间和空车距离，充分利用运输工具的运能，提前预设车辆信息及精确的抵达时间，用户根据具体情况合理安排回程配货,为运输车辆排解后顾之忧。

(三)货物跟踪

通过 GPS 和电子地图系统,可以实时了解车辆位置和货物状况(车厢内温度、空载或重载),真正实现在线监控,避免以往在货物发出后难以知情的被动局面,提高货物的安全性。货主可以主动、随时了解到货物的运动状态信息以及货物运达目的地的整个过程,增强物流企业和货主之间的相互信任。

(四)车辆优选

查出在锁定范围内可供调用的车辆,根据系统预先设定的条件判断车辆中哪些是可调用的。在系统提供可调用的车辆的同时,将根据最优化原则,在可能被调用的车辆中选择一辆最合适的车辆。

(五)路线优选

地理分析功能可以快速地为驾驶人员选择合理的物流路线,以及这条路线的一些信息,所有可供调度的车辆不用区分本地或是异地都可以统一调度。配送货物目的地的位置和配送中心的地理数据结合后,产生的路线将是整体的最优路线。

案例分析

条码移动解决方案在华润万家的应用

条码移动信息管理系统的最大特点在于以条码技术为核心,充分应用无线网络通讯技术和无线手持电脑终端,能快速方便地解决使用有线方式不易实现的网络联通问题,使网上的各种终端无需线缆介质,具有可移动性,实现了灵活可靠的自动化实时信息管理。

华润万家是中国最具规模的零售连锁企业之一,是中国香港规模最大、实力雄厚的国有中资控股企业集团——华润(集团)有限公司——旗下的一级利润中心。作为零售行业的领先企业,华润万家深知信息化管理对于保持企业竞争优势的重要性,因此在业务运营中积极采用无线网络通信技术结合条码管理提高工作效率,实现了业绩的迅速增长。

在华润万家的发展战略中,实现卖场和仓储管理模式的精确复制处于首要位置。而零售行业传统的管理模式依赖人工操作,难以适应日益增长的货物流转和库存控制需求。因此,应用先进的无线网络通信技术实现卖场和仓储管理的自动化,减少数据录入错误,提高仓库管理过程中的数据录入速度,提高库存管理水平已经成为一种必然。

一、项目实施的目标

在 2001 年,华润万家已经发展到了相当的规模,在库存控制和现场销售方面迫切要求实现自动化的实时管理,以缩短决策时间和运作时间。华润万家开始寻找能为其提供条码移动信息管理解决方案的承包商,其根本目标在于实现卖场和仓储管理的自动化,通过缩短数据录入时间和减少差错率来降低运营成本。

最终,经过对多家公司提供的条码系统的综合测试,北京爱创未来科技有限公司自主开发的条码移动信息管理系统成功中标。爱创作为国内供应链物流及执行系统的领军企业,长期从事以条码、RFID 技术为基础的供应链执行系统解决方案的推广和应用,业务主要覆盖软件开发服务、物流电子商务平台、供应链执行咨询、自动识别技术、行业解决方案应用等领域,拥有与诸多世界级企业合作的经验,其中包括 SAP、ORACLE、Microsoft、QAD、CISCO、Intermec、Datalogic 等。爱创公司十多年的专业知识与经验的积累以及和华润万家建立的稳固的合作关系是其能够赢得这一项目的关键。

目前,通过在应用过程中的不断改进,爱创条码移动信息管理系统在华润万家的应用已逐渐由原来的单一盘点功能扩大到收货、货位管理、盘点、查询等多个业务环节,大大提高了华润万家的物流运作与管理水平。

二、条码移动信息管理解决方案

爱创为华润万家构建的条码移动信息管理系统,包括收货管理、货位管理、盘点管理、变价管理和价格检查管理等主要功能模块,基本覆盖了华润万家在其门店运营中所需的功能。

爱创条码移动信息管理系统基于客户/服务器(C/S)结构,以集中服务为核心,针对仓储管理的需求,移动节点之间无需通信,在现场内部以无线 RF 网络拓扑结构为访问节点连接型。RF 移动终端在商店内部的任何地点,都能和服务器主机保持实时通讯。因此,在系统网络架构中,必须保证安装的 AP 点能对整个商店进行无线信号的全覆盖。如果商店的面积较大,在进行无线网络设计时,可以充分利用无线 RF 技术的网络扩展能力和无缝漫游特性,对商店的无线信号进行多个 AP 点的组合,即通过设置多个 AP 节点,做到信号的全覆盖,提高了无线网络的可靠性。同时,考虑到大型仓储商店的办公区可能与卖场不在同一区域,而且不便使用有线网络连接,因此商店与办公区之间可以采用无线网桥连接,使之成为统一的网络体系,便于网络的扩展和拆除。

三、条码移动信息管理系统的特点

1. 提高商品管理的准确性和工作效率

华润万家实施了条码移动信息管理系统后,以 RF 无线手持终端代替原来手工盘点,不仅减少了人力,提高了工作效率,数据的准确性也有了保证,并且避免了原来盘点必须闭门停止营业的现象,直接减少了因为停业造成的损失。

2. 对业务流程进行优化

管理的信息化对于应用层的信息化提出了更高的要求。华润万家在建店之初就购买和实施了一套零售业管理系统(MIS 系统),之后发现这套系统对信息化基础要求较高,对商品条码标准化要求也较高,即每个商品必须有条码、国标码或者店内码。所以必须全面推行条码化管理,使条码化管理和管理软件系统结合在一起,发挥出应有的效率,以实现现场对货物进行查询并决定是否需要进货、补货,并生成差异明细上报给 MIS 系统。

四、条码移动信息管理功能操作流程

1. 收货管理

收货管理要达到的目的是对到货商品与订单的单品名目及数量核对检查,并对商品条形码有效性及其在后台应用系统中的合法性进行检验,保障商品顺利通过超市收款台,最后自动生成收货清单。主要流程如下:

供货厂商按照订单要求将货品送到华润万家的收货处,超市验收人员在收货区利用 RF 手持终端调用后台数据库中相对应的订单,与供货厂商送来的商品逐一检查对照,并进行确认,包括物品编码、物品数量、生产地、品种、规格、包装时间、保质时间、旧价格、新价格、变更时间、条形码标准等信息。验收人员使用手持设备对后台服务器收货信息实时更新,同时记录收货时间和收货人,并可以通过 RF 手持终端与网络打印机相连,实时打印收货清单。如果在查

验过程中出现商品条码与后台系统不符或商品数量与订单上该商品数量不符等问题,可以拒收货物。

2.货位管理

货位管理是为了记录货位空间使用情况,同时粗放管理卖场货位上不同商品的销售情况,并利用历史数据加以分析,更加有效地使用货位空间,使空间利用率、商品进货量、商品的摆放最大限度地适应销售的需要。

操作人员查询货架上物品在货区的具体位置及空间状况,如 X 商品在 A 货区 B 通道 C货架 2 层,用叉车将物品送到位。当货位内的商品有大的移动时,负责商品上架的操作人员通过 RF 终端或 RF 车载大屏幕资料收集器实时将商品货位空间的变化情况记录到系统中。

通过每天的抽样盘点,工作人员查看快速销售的商品货位货量的存储情况、空间大小及物品的销售量,记录货仓的区域、容量、体积和装备限度。通过对历史记录的提取,并利用数学模型加以分析,给出优化的一次进货量、空间分配、商品摆放、快速销售各种情况相组合的目标方案。

3.盘点管理

在零售业中,盘点有以下几种:定期盘点、小循环盘点、抽样盘点。

定期盘点又叫大盘,流程如下:设置固定时间,如一个月或一个季度盘点一次,并将整个超市卖场划分为不同的盘点区域。将现场清点的商品数量输入到手持终端中并上传给后台数据库,后台数据库根据实时上传的资料与系统中资料进行比较,数量若有差异,系统实时通知手持终端的使用者重新盘点,系统同时自动生成盘点清单差异表提交上级处理。

小循环盘点又称小盘,流程如下:按商品销售速度、销售量等因素分类由系统软件设置出循环盘点周期表,根据循环盘点周期表、商品组织表和货物摆放区域表制订周期盘点计划表,并保证所有商品在大盘之前必须参加 4 次周期盘点。盘点操作过程中,手持终端显示商品最小库存量时,应及时下订单,做到及时补货。小盘做得好,大盘可以大大缩短时间。

每天抽样盘点的操作流程为:系统通过无线网络通知任意一台手持终端,进行现场实时抽样盘点。系统可以迅速得到结果,也可以与手持终端进行反复对话,实现现场查询和检验。

4.查询管理

自从华润万家条码移动信息管理系统上线后,工作人员可以随时随地通过手持终端进行商品信息、库存情况、变价核对、订单校验等方面的查询,并且使经理级管理人员的现场实时查询和店面的现场实时指挥工作变得非常方便、容易。

五、条码移动信息管理系统的应用效果

华润万家采用了爱创条码移动信息管理解决方案后,通过在每个门店中有规则地分布多个 AP,构成无缝无线网络,覆盖整个超市,保证了工作人员使用无线手持终端在超市的各个区域都能进行数据的实时提取、上传以及查询,使信息神经末梢延伸到了门店每个角落。该系统帮助华润万家提升了物流效率,加快了货物销售速度,增加了仓库吞吐量,从而使得华润万家能够以较少的仓库面积支持更多的门店,加快了其扩张速度;在货品、货位、价格管理等各个环节实时的信息采集和传输,大大加强了销售计划的准确性和灵活性,并杜绝了前端的差错;由于采用自动化技术,也减轻了员工的劳动强度和复杂程度,提高了员工生产效率,还实现了无纸化运营。

成为零售业的旗舰企业是华润万家追求的目标,因此,华润万家始终积极采用不断进步的

计算机网络技术。华润万家表示,今后将继续与爱创合作,借助其条码移动管理技术支持本身的业务发展,确保在零售行业中的领先地位。

本章实训

信息技术设备操作

一、实习目的

1.理解条码技术、RFID技术、GPS技术的工作原理。

2.了解条码技术、RFID技术、GPS技术在物流领域的具体应用。

3.掌握具体物流信息设备与软件的操作。

二、实习内容

1.了解物流仓储管理系统的基本操作流程。

2.利用WMS制作和打印货物的物流条码。

3.通过RFID手持终端完成货物出入库、盘点、信息查询等功能。

4.通过互联网电子地图进行路线选择和优化。

三、要求和注意事项

1.学生应遵守实训单位的劳动纪律,服从安排,注意安全。

2.实训过程中,学生应按实训指导及教师要求,进行参观。

3.实训结束后,学生进行分组讨论并写出实训报告,报告包括如下内容:

(1)实训的目的和要求;

(2)实训的步骤;

(3)本次实训所获得的主要收获和体会。

四、考核与评价

根据实训表现及实训报告综合评定学生成绩。

项目九
物流设备管理

学习目的与要求

1. 了解物流设施设备管理的内容、含义。
2. 了解设备配置的原则、步骤和经济分析方法。
3. 掌握设备保养、维护、维修的工作内容。
4. 掌握设备磨损理论、故障理论、更新理论和具体操作步骤及经济评价方法。

任务一　物流设备管理概述

一、物流设备管理的定义

物流设备管理,是指以企业生产经营为依据,通过一系列的技术、经济、组织措施,对设备的规划、设计、制造、选型、购置、安装、使用、维护、修理、改造,直至报废的全过程进行科学的管理。物流设备管理包括设备的物质运动和价值运动两个方面的管理工作。

物质运动是指从设备的设计、制造、选型、购置、安装、使用、维护、修理、改造,直至报废的物质运动过程;价值运动是指从设备的投资、折旧费、维护修理费、更新改造资金的提取和支出的资金运动过程。对物流设备的管理是对上述两种运动形态的全过程管理。对物质运动的管理称为设备的技术管理,对价值运动的管理称为设备的经济管理。其具体内容包括:

(1)根据设备的生产效率、投资效果、配套性和可靠性等,正确选用技术上先进、经济上合理、生产上适用的设备。

(2)根据设备的性能、使用要求、物流作业计划,合理使用物流设备,提高物流设备的使用率。

(3)及时、经常做好设备的维护保养工作,提高设备的完好率,延长设备的使用寿命。

(4)制定并认真贯彻物流设备的使用、维护、预防修理等管理制度。

(5)做好物流设备的验收、登记、保管、调拨、报废等日常管理工作。

(6)有计划、有步骤、有重点地进行设备的更新改造工作。

二、现代物流设备管理的一些概念

(一)设备寿命周期费用(LCC)

设备的寿命周期是指设备从规划、制造、安装调试、使用、维修、改造,直至报废的全过程。

从整体上保证和提高设备的可靠性、维修性和经济性,就要对设备实行全过程管理,这是设备管理改革的重要方向。

设备的寿命周期费用指设备在全过程中消耗的总费用,由原始费和使用费组成。原始费(设置费)是一次支出或集中在短期内支出的费用。自制的设备包括研究、设计和制造费用;外购设备包括价格、运输和安装调试等费用。使用费(运转维持费)是为了保证设备正常运行而定期支付的费用,包括能源费、固定资产税、保险费、维修费和操作工人工资等。设备寿命周期费用的计算公式为:

设备寿命周期费用＝购置费＋维持费用＋拆除费用－残值

设备周期费用的概念贯穿设备的一生,因此,追求寿命周期费用最为节省这一目标,必须贯穿设备运动过程的始终。只有在设备寿命一生中采取有效的管理措施,才能达到寿命周期费用最经济的目标,如图 9－1 所示。

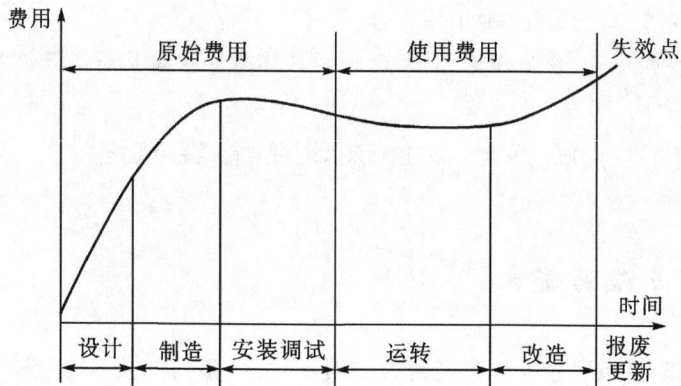

图 9－1　设备寿命周期费用示意图

因此,在进行设备经营决策时,不能只考虑设备寿命周期某一阶段(制造、采购、使用维修)的经济性,更要十分注重设备原始费和使用费总和的最经济。如在设计某种新设备时,既要考虑降低制造成本,又要考虑使用费用经济合理;在选择新设备时,不能贪图价格便宜,而要同时考虑到设备购置后的一系列其他费用。事实上,购置价格最便宜不一定寿命周期费用最低,而寿命周期费用最佳并不等于寿命周期费用最低,还应考虑设备的生产效率和对产量质量的保证程度等因素。在实际工作中,经济与技术是辩证的统一,因为经济效益是推动生产工具发展的直接动力,只有技术先进、经济合理的新机器设备才能得到广泛应用,所以设备管理的计划、购置、使用、更新、改造等环节均须按技术先进和经济合理的原则进行经济效益分析,以此作为对诸多方案进行评价、选择和决策的主要依据,这也是提高经济效益的重要途径。

总之,通过技术和经济的科学管理措施,对企业的重要生产设备进行综合管理,做到全面规划,合理配置,择优选购,正确使用,精心维护,科学检修,适时改造和更新,使设备经常处于良好的技术状态,不断改善和提高企业的技术装备素质,使设备周期费用最经济,综合效能最高。

(二)设备综合效率

现代设备管理的另一个特点就是追求设备综合效率最高为目标。所谓综合效率包括以下方面:产出生产量(production);品质(quality);交货期(delivery);成本(cost);安全、卫生、环境(safety、health、environment);工作士气(morale)。分析设备的综合效率可以从以下几个方面进行考核:

P——生产效率有没有提高的余地,动作时间能否缩短?

Q——品质稳定性、不良率是否增大,消费者抱怨情况。

C——材料有没有浪费?机械运转率高吗?间接人员是否过多?非作业时间多不多?

D——交货期是否经常有拖延?计划的准确度高吗?

S——有没有不安全的动作?环境中有没有安全隐患?设备操作正常吗?

M——员工精神状态怎样?人机关系配合怎么样?

PQCDSM通常可以作为设备综合效益的评价,在评价时可以采用定性定量方式进行。综合效益和寿命周期费用一起分析,可以进一步测算设备的费用效益,计算公式为:

$$费用效益 = \frac{综合效益}{寿命周期费用}$$

费用效益比值越大,说明选择的设备效益越好,而寿命周期费用最少,也越划算。

任务二　物流设备的配置

物流设备一般投资大,使用期限长。物流设备的配置与选择,是物流设备管理的开始阶段,更是影响物流设备管理水平和经济效益的关键,在配置与选择时一定要进行科学决策和统一规划。

一、物流设备配备的总体原则

设备选择总的原则是技术上先进、经济上合理。采用先进设备的目的,是为了获得最大的经济利益,而不是片面地追求技术上的先进。只有技术上先进和经济上合理两者一致时,先进的设备才有发展的生命力。一般说来,技术先进和经济合理是统一的。这是因为,技术上先进往往表现为设备的生产率高,能够保证作业质量。但是,由于种种原因,有时两者的表现是矛盾的。例如,某台设备的效率比较高,但可能能源消耗量大,或者设备零部件磨损快,这样从全面经济效果来衡量就不一定适宜。再如,某些先进设备自动化水平和生产效率都很高,适合大批量作业,在作业量还不够大的情况下使用,往往会负荷不足,而这类设备价格又高,从经济效果的角度看是不合算的,因此,这样的设备是不可取的。通过以上分析可以看出,在选择机器设备时,必须全面地考虑到技术和经济的要求。通常应考虑以下几方面:

(一)生产性

生产性又可以理解为实用性和适应性的原则,是指设备和设施的效率,如功率、行程、速率等一系列技术参数。物流设备的选择要与企业的业务量相匹配,力求做到设备的作业能力和现场作业量之间的最佳配合状态。当设备能力不能满足作业的要求时,物流受阻;反之,则表现为生产能力过剩,设备闲置。在选择设备时不必贪大求洋,要充分地考虑生产使用的要求,只有按照必要的功能去选择物流设备,才能获得最大的投资效益。

(二)节能性

节能性是指设备和设施利用能源和节约能源的性能,如热效率、能源利用率等。节能性能好的设备表现在热效率高,能源利用率高,能耗低和环保性能好。在当今能源紧张的情况下,节能性越来越成为配置设备考虑的一项重要因素。

(三)耐用性

耐用性指设备和设施的使用寿命的长短。该寿命表现在技术寿命和物理寿命两个方面。设备的技术寿命是指设备在技术上有存在价值的期间,即从设备开始使用,至被技术上更为先进的新型设备所淘汰的全部经历期,技术寿命的长短取决于设备无形磨损的速度。设备的物理寿命是指反映设备以全新状态投入生产开始,经过有形磨损,直到在技术性能上不能再使用为止时所经历的时间,它与设备的使用状况、维护保养状态有关。

(四)维修性

维修性是指设备和设施检查、维修的难易程度。选购设备和设施,要选择维修性好的设备,即设备和设施的结构合理,维修时便于检查和拆卸,零件互换性强,并且要求设备要配套,各种附属设备、配套设备、工具要齐全,便于购买和更换。

(五)可靠性和安全性

可靠性是指设备和设施的精度、准确度的可靠性等,也指设备在规定的时间和条件下,完成规定功能的能力,是物流设备功能在时间上的稳定性和保持性。

安全性是指物流机械设备在使用过程中保护人身、货物安全,主要包括设备的自动控制性能、自动保护性能,以及对错误操作的防护和警示性能。

(六)系统性

系统性是指在配备物流设施设备时,采用系统的观点和方法,对物流设备和设施所涉及的各个环节要全局考虑,同时对设备间的相互配合方面进行全盘的考虑。要全面系统分析物流设备的单机性能,进行综合评价,作出正确决策,使整体性能最优。

(七)灵活性

灵活性是指设备和设施的适应性要强,能适应不同的工作条件和环境,操作、使用要灵活,通用程度强。

(八)环保性

环保性是指在选择设备和设施时,要注意设备和设施的噪音以及排放物对环境的污染。

(九)经济性

经济性是指在选择设备和设施时,要充分考虑投资效果。它不仅仅指购置费用最低,还要考虑维护费用、维修费用,使设备的寿命周期费用最低。经济性是考虑设备的经济技术可行、经济上合理的重要依据和标志。

物流企业选择设备应从技术和经济方面通盘考虑上述的各种因素,才能为企业提供最优质的设备。

二、物流设备配备选择的过程

在物流设备规划选择方法上,最关键的问题是如何花最少的钱,达到最理想的物流运作目标。在进行物流设备配置时可以发现,最好的设备不见得最适合作业需求,但是最适合作业需

求的设备就是最好的。实践证明,物流设备规划与选择应该遵循以下步骤:

(一)描述物流作业功能需求

设备规划与选择方法论的第一个步骤,是详细说明设备必须履行的功能——服务于作业目标。所选设备用来做什么? 这个问题至关重要,这也是所有物流管理者在开始确定设备方案之前必须准确回答的问题。缺乏对设备作业需求的充分说明和设备应该具备的最佳能力的描述,将会导致所选设备不匹配的后果。令人遗憾的是,近些年来在中国的物流设施案例中,出现了太多"大马拉小车"和好大喜功的做法。例如,烟草制造业不问青红皂白就动辄上亿元的自动化仓库投入就有此等嫌疑。

在为物流中心指定恰当的设备之前,必须对作业、动作、流程,以及在运行的系统有一个清晰的理解。对仓库内的某个作业如何影响其他作业,从设备选择角度来看是极其重要的。例如,叉车搬运前,是否有必要选择规划可伸缩式输送系统以提高非单元化货品的卸货效率。

在具体操作中,应列举机械要求、空间需求,并让与备选设备有关的所有物流作业成员参与评论,以确认没有遗漏任何要素,并以此需求为出发点,着手制定设备/系统方案。下面举例说明在选择卸货设备和数据采集录入设备需要考虑的问题,如表 9-1 所示。

表 9-1 确定设备性能要求的考虑因素

设备用途	必须考虑的因素举例
卸货设备	1.现有的卸货设备是什么类型?(非新建物流中心) 2.需要卸货、搬运的单位载荷形式是什么? 3.货品单元重量(单元指大包装、托盘化包装等)是什么? 4.出货时采用什么形式的单位单元化容器? 5.卸货后,货品是否需要暂存,放在何处? 6.对物料搬运设备的限制性因素有哪些? 7.是否需要举升货品? 举升高度有多高? 8.作业效率指标要求是什么? 9.这种设备需要完成其他作业吗? 10.其他因素是什么?
数据采集、录入设备	1.需要录入的是什么样的数据? 2.数据录入时间要求是什么? 3.商品条码和物流条码情况是什么? 4.需要打印条码、标签和辅助单据吗? 5.托盘需要标签吗? 6.其他因素是什么?

(二)拟定初步方案

设备规划与选择的第二个步骤是初步拟定设备方案来满足已确定的作业要求。在设备规划过程中,其目的不是确定设备方案的详细规格,而是确定设备的一般分类。例如货架设备,首先要确定设备方案是以托盘货架,或者是悬臂式货架为分类依据;然后,在设备规划与选择过程中的第四和第五个步骤中,再制定更详细的规格形式,如镀锌还是表面喷塑工艺。在进行设备选择的方案的基础上,制定时间进度,即用管理工程的方法对设备购入及施工项目进行分析,明确应管理的项目,作出时间进度计划。

(三)设备预算

进行设备预算时需要制定基本预算书,即明确必要的物流作业设备项目,对设备购入、支持物流的信息系统设备制定预算书。目的不明的预算会浪费资金,也会造成计划进度的延迟,事后的费用追加也会造成资金的紧张和预算膨胀。因此,必须对设备的费用做一个比较详尽、可靠的预算。

(四)对设备进行经济技术评价

评估方案过程中,最重要的一点是定量(经济评估)与定性分析相结合。

定性分析就是对研究对象进行"质"的方面的分析。具体地说是运用归纳和演绎、分析与综合以及抽象与概括等方法,对获得的各种材料进行思维加工,从而去粗取精、去伪存真、由此及彼、由表及里,达到认识事物本质、揭示内在规律的目的。

定性分析常被用于对事物相互作用的研究中。它主要是解决研究对象"有没有"或者"是不是"的问题。在进行设备选择时定性分析常考虑的问题有:满足作业能力、满足物流量波动的能力、灵活性(方便重新布置)、空间利用程度、安全性和设备易维护性、工作条件和雇员满意度、方便管理程度、操作难度、故障率及故障损失、备品备件数量、可扩展性、人事问题、失业人员的处置需求、劳动合同约定和工会因素、投入使用时间、环境要求、公共关系效果等。

定量分析,也称为经济评价法,通俗讲就是用数字说话。首先是计算成本,通常成本分为两类,即投资成本和年运行成本。最普遍的投资成本是设备的采购、安装、调试费用。年运行成本是使用设备过程中不断发生的费用。典型的年运行成本项目包含物流作业人员的工资、设备维护费、税费和保险费等。

(五)选择物流设备和物流设备供应商

这个阶段的重要工作是说明设备需求的详细规格。同时应接触供应商,详细咨询供应商资质及设备的说明。对供应商的考核可以从以下几个方面入手:

1. 响应方面

响应方面包括货物供应商是否在承诺时间内提供设备并安装到位,是否在承诺时间内做好准备及业务处理工作等内容,服务偏差度是否在控制范围内。

2. 价格方面

价格方面包括供应商是否按照协议价格提供设备或安装服务,是否根据市场价的变化而调整价格并及时向采购办提供价格调整信息,所提供的设备价格是否高于市场上同品牌同型号原装产品的普遍价格。

3. 质量方面

质量方面包括货物类供应商供应的货物是否为原装正规产品,是否完全符合协议规定的质量、规格和性能,是否存在因包装、设计、工艺、材料或服务的缺陷而产生的故障,服务类供应商提供的例如会议场所、客房和饭菜质量等服务是否符合定点协议约定,保单的正确率、车辆维修的返修率是不是低于行业标准等内容。

4. 服务方面

服务方面包括售后服务是否及时、周到、良好等。

任务三 物流设备的使用管理

设备的使用是设备寿命周期中所占时间最长的环节。做好设备的使用管理工作,具有以下必要性:可以为设备创造良好的工作环境和条件;合理配备操作工人;严格操作程序,保证设备精度,减少设备的磨损,提高设备利用率,实现设备满负荷运转,发挥设备的综合效益。物流设施与设备的使用管理包括设备的组织管理、技术管理、安全管理和经济管理等具体内容。

一、设备使用管理的基本要求

物流设使用管理的基本要求是:保持设备良好的技术状态,进行合理的生产组织,充分发挥物流设备的效能,安全、高效、优质、低耗地完成所负担的作业任务,并取得最佳的经济效益。具体来说要做到以下几点:

(1)要为各类设备合理地安排生产任务。使用设备时,必须根据工作对象的特点,合理安排生产任务,避免人为的损失。这里包括两个方面的内容:一方面,要严禁设备超负荷运转,不要"小马拉大车";另一方面,也要避免"大马拉小车",造成设备和能源的浪费。

(2)切实做好工人操作设备的技术培训工作。工人在操作、驾驶、使用设备之前,必须学习有关设备的性能、结构和维护保养知识,掌握操作技能和安全技术规程等必须的知识和技能,经过考核合格后,方可使用设备。在管理中,要严禁无证者操作或驾驶。

(3)创造使用设备良好的工作条件和环境。要安装必要的防护、防潮、防腐、保暖、降温等装置,在环境恶劣的条件下(如雨天、风天等)禁止作业。

(4)要针对设备的不同特点和要求,制定一套科学的规章制度。需要制定的规章制度包括:安全操作规程、岗位责任制、定期检查维护规程等。在这些制度里,具体规定了各类设备的使用方法、操作和维护保养的要求,以及其他有关注意事项。

二、物流设备的正确使用

正确使用物流设备,包括技术合理和经济合理两方面内容。技术合理就是按有关技术文件上规定的物流机械设备性能、使用说明书、操作规程、安全规则、维护和保养规程,以及不同的工作状况、工作环境、自然条件下的使用要求,正确操作使用物流机械设备。经济合理就是在物流机械设备性能允许范围内,能充分发挥物流机械设备的效能,以高效、低耗获得较高的经济效益。

(一)物流机械设备正确使用的衡量标志

评价物流机械设备是否属于正确使用,可以由以下三个方面指标作为考察的主要标志。

1. 高效率

物流机械设备的使用,必须使其作业能力得以充分发挥。在物流作业流水线所需的设备中或综合机械化组合中,至少应使其主要物流机械设备的物流作业能力得以充分发挥。物流机械设备如果长期处于低效运行状态,那就是不合理使用的主要表现。

2.经济性

在物流机械设备使用已经达到高效率时,还必须考虑经济性的要求。经济性要求是使物流机械设备在完成一定工作量的物流作业时所需使用费成本最低。不同的物流机械设备,不同作业性质,都具有各自相应的经济性指标。如在码头前沿作业的港口抓斗起重机,各个港口的管理部门都制定有"最经济指标"。如果使用费成本经常高于这一定值,为不正确使用。

3.非正常磨损防护

物流机械设备的正常磨损是物质运动的规律,即使是正确使用和精良的维护保养,也是无法避免的。但是,非正常磨损往往可通过有效防护得到避免或者杜绝。机械设备非正常磨损的防护指标,一般以零部件和结构件的早期磨损、过度磨损、事故损伤频度以及各种使原有技术性能受到损害或缩短使用寿命的程度来考察机械设备是否正确使用。

以上三个标志是衡量物流机械设备是否做到正确使用的主要标志。要达到上述要求的因素是多方面的,有物流作业设计方面、专业人员素质方面和运行管理方面的因素,也有各种技术措施方面的因素等。正确使用物流机械设备就是对这些因素进行分析和研究,找出有效的解决办法。

(二)物流机械设备使用的管理制度

1.物流设备的"三定"管理

为了严格设备使用责任制度,一种有效的方法就是对设备使用者实行"三定"管理。所谓"三定"制度,是指对机械实行"定机"、"定人"、"定岗"。各机械拥有单位要通过"三定"制度,把人、机固定下来,确保机械使用过程中的每个环节、每项要求、每项工作都具体落实到每个人身上,做到人人有岗位、事事有专职、台台设备有人管理,责任到位。

一人操作一台或多台机械设备即为该机械设备负责人,承担班长职责;班组共同使用的设备以及一些不宜固定操作人员的机械设备应由所在班组的班组长设专人负责;多班作业或多人操作的机械设备应任命一人为总负责人。

对主要机械设备实行组长负责制,组长应选择责任心强、有一定技术水平和组织能力的人员担任。

2.机械操作交接班管理

对于连续运转和多班制工作的物流机械设备,要建立严格的交接班制度。物流机械设备交接班时,交接双方都要全面检查,做到不漏项目,交代清楚,由交方负责填写交接记录。接方核对相符签收后,交方才能下班。交接班制主要包括以下内容:交清本班次生产作业任务的完成情况;交清物流机械设备运转情况;交清保养修理与技术监测情况;填写本班运行记录。物流机械设备管理人员应经常检查交接班记录的填写情况,并作为操作人员日常考核的依据之一。

3.凭证操作制度

为了加强物流机械设备使用和操作人员管理,保证设备完全运转,一些物流机械设备如载货汽车、起重机等操作人员,需要经过该机种的技术考核合格后,取得操作证,方能独立操作该种机械设备。

4.岗位责任制度

为了加强操作人员和管理人员的工作责任心,安全高效地完成生产作业任务,必须遵守岗位责任制。岗位责任制内容主要包括以下内容:严格遵守"三定"制度、凭证操作制度、操作维护规程;加强学习,掌握技能,做好点检、日常维护、定期保养工作;参与所操作设备的检查和修理工作,并对外包修理项目进行技术验收;不违章作业,抵制违章指挥;认真执行交接班制度,填好设备运行记录;若发生事故,按有关规程采取相应的制止措施;管理好使用的工、属具等。

5.使用管理监督检查制度

为保证物流机械设备的正确使用管理,应根据有关规定,结合实际情况制定切实可行的使用管理、监督检查制度。

(三)物流机械设备正确使用的注意事项

正确、合理地使用物流机械设备,能使设备减轻磨损,保持良好的工作性能,更好地发挥设备的效能,延长设备的使用寿命。为此,在物流机械设备的使用中,应做好如下工作:

(1)健全组织保障体系,做好设备安装工作。从企业领导到一线操作人员都应树立起关心设备、爱护设备的思想,使人人都参与设备管理。在使用前要严格按质量标准安装设备,安装后要经试运转验收合格后才能投入使用。

(2)合理安排设备的工作量负荷。在安排设备工作量时,应根据设备本身的技术操作要求和物流作业的任务量,经过科学的计算,合理确定。不同物流机械设备,其性能、结构、效率、使用范围、工作条件和能力都不相同,所以在安排工作量时,要按照设备的不同技术条件分别确定,既要充分发挥设备的效能,有利于提高设备利用率,又要防止设备的过度疲劳和磨损,更不允许超负荷使用。合理安排设备的工作量也为设备的计划检修打下基础。

(3)加强对操作人员的规范管理。要做到正确使用设备,必须使设备的操作、使用人员熟知设备的性能、操作和使用程序。这就要求不断地对操作使用人员进行技术培训,严格考核制度,不断提高操作人员的操作技术水平。合格的操作人员必须做到“四懂四会”,即懂性能、懂结构、懂原理、懂用途,会使用、会维护保养、会检查、会排除故障。

(4)做好物流机械设备使用的技术供应工作。要及时提供规格、质量符合要求的燃油、润滑油、液压油、备品配件等,以及轮胎、钢丝绳等替换零部件,这是保证物流机械设备正常运行的物质条件。

(5)健全和完善物流机械设备使用管理制度,并督促制度的贯彻执行。同时,定期开展物流机械设备使用检查评比活动。

三、物流机械设备的维护保养管理

(一)物流机械设备保养管理的基本内容

物流机械设备要经常处于完好状态,除了正确使用设备之外,还要做好维护保养工作。维护保养工作做得好,设备不但能保持正常运转,减少设备的故障及修理次数,而且还能延长设备的使用寿命。

维护保养是指对设备进行清洁、润滑、紧固、调整、防腐、检查等一系列工作的总称,其目的是减缓设备的磨损,及时发现和处理设备运行中出现的异常现象。

由于物流机械设备结构、性能和使用方法不同,设备维护保养工作的具体内容也不完全一致。但设备维护保养的基本内容是一致的,即清洁、安全、润滑、防腐、检查。

清洁是指各种物流机械设备要清洁,做到无灰、无尘、整齐,保持良好的工作环境。

安全是指设备的保护装置要齐全,各种装置不漏水、不漏油、不漏气、不漏电,保证安全,不出事故。

润滑是指设备要定时、定点、定量加油,保证润滑面正常润滑,使设备运转畅通。

防腐是指要防止设备腐蚀,提高设备运行的可靠性和安全性。

要实现上述维护保养,必须加强维护保养管理,在维护保养过程中严格遵守有关作业制度和注意事项、操作程序、维护保养规程和规范。

(二)物流机械设备的三级保养制度

设备维护保养的方法很多,无论采用哪种方法,其目的都是为了使设备保持其良好性能,提高设备效率,降低成本,更好地为物流作业服务。

1.设备的日常维护保养

物流机械设备的日常维护是全部维护工作的基础。它的特点是经常化、制度化。一般日常维护保养包括班前、班后和运行中维护保养,参加日常维护保养的人员主要是操作工人。工人要严格按操作规程操作,集中精力工作,注意观察设备运转情况和仪器、仪表,通过声音、气味发现异常情况。设备不能带病运行,如有故障应停机检查及时排除,并做好故障排除记录。

日常维护保养的内容大部分在设备的外部,其具体内容有:搞好清洁卫生;检查设备的润滑情况,定时、定点加油;紧固易松动的螺丝和零部件;检查设备是否有漏油、漏气、漏电等情况;检查各防护、保险装置及操纵机构、变速机构是否灵敏可靠,零部件是否完整等。

2.设备的一级保养

设备的一级保养是要使设备达到整齐、清洁、润滑和安全的要求,减少设备的磨损,消除设备隐患,排除一般故障,使设备处于正常技术状态。通过一级保养,操作者要逐步熟悉设备的结构和性能。设备一级保养的具体内容有:对部分零部件进行拆卸清洗;部分配合间隙进行调整;除去设备表面斑迹和油污;检查调整润滑油路,保持通畅不漏;清洗附件和冷却装置等。

参加一级保养的人员以操作工人为主,维修工人为辅。保养一般在每月或设备运行500～700小时后进行。每次保养之后,要填写保养记录卡,由保养工作人员记录,并将其装入设备档案。

3.设备的二级保养

设备的二级保养,又称为年保,其主要目的是延长设备的大修周期和使用年限,使操作者进一步熟悉设备的结构和性能,使设备达到完好标准,提高及保持设备的完好率。

设备二级保养的具体内容有:根据设备使用情况进行部分或全部解体检查或清洗;检查、调整精度,校正水平;检修电器箱、电动机,修整线路;对各传动箱、液压箱、冷却箱清洗换油;修复和更换易损件。

参加二级保养的人员以维修工人为主,操作工人为辅。保养时间一般是按一班制考虑,一年进行一次,或设备累计运转 2500 小时后进行。保养后,要填写保养记录卡。

任务四　物流设备的维修管理

物流机械设备在使用过程中,由于各零件的磨损、老化、腐蚀或由于不正常操作等原因,在使用了一定的寿命期限后,其技术性能和使用性能必然会下降,使维持费用增加,这时必须根据不同情况,采取修理、更新和技术改造等补偿措施。

一、物流设备的磨损理论

(一)设备磨损的分类

设备的磨损包括设备使用过程中的磨擦摩损,零件的老化、贬值、陈旧等,包括有形磨损和无形磨损两个方面。

1.设备的有形磨损

设备的有形磨损是指设备发生实体上的磨损,即机器设备在使用过程中因震荡、摩擦、腐蚀、疲劳或在自然力作用下造成的设备实体的损耗,也称物质磨损。有形磨损又可以分为两种情况:

(1)第一种有形磨损:在使用过程中,由于摩擦、应力及化学反应等原因造成的有形磨损,又称为使用磨损。表现为:零部件尺寸变化,形状变化;公差配合性质改变,性能精度降低;零部件损害。

(2)第二种有形磨损:不是由于使用而产生的,而是源于自然力的作用所发生的有形磨损,又称自然磨损。表现为:金属件的生锈、腐蚀、相交件和塑料件的老化等。

(3)有形磨损规律。

设备有形磨损的发展过程具有一定的规律性,一般分为三个阶段。第Ⅰ阶段:初期磨损阶段。此阶段磨损速度快,时间跨度短,对设备没危害,为必经阶段,称为"磨合"或"跑合"。第Ⅱ阶段:正常磨损阶段。此阶段为最佳运行状态,磨损速度缓慢,磨损量小,曲线呈平稳状态。第Ⅲ阶段:急剧磨损阶段。此阶段磨损速度非常快,丧失精度和强度,事故概率急升。设备有形磨损示意图见图9-2。

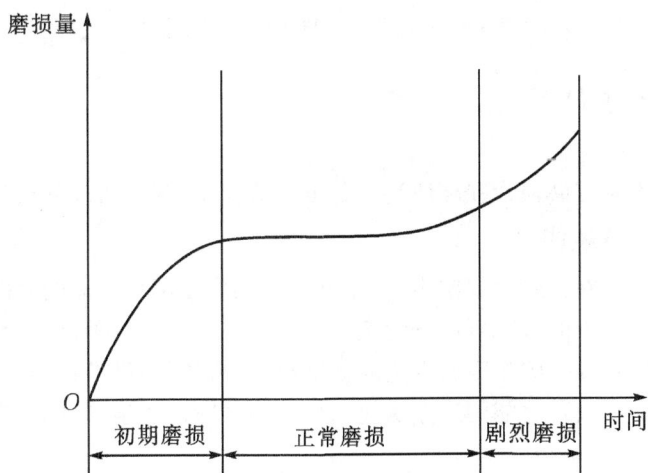

图9-2 设备有形磨损示意图

2.设备的无形磨损

设备的无形磨损不表现为实体的变化,却表现为设备原始价值的贬值,又称为精神磨损。无形磨损分为两种情况:

(1)第一种无形磨损:由于设备制造工艺的不断改进,劳动生产率不断提高,致使生产同种设备所需要的社会平均劳动减少,成本降低,从而使原已购买的设备贬值,该种磨损不影响设备功能。

(2)第二种无形磨损:由于社会技术的进步,出现性能更完善和效率更高的新型设备,致使原有设备陈旧落后,丧失部分或全部使用价值,又称为技术性无形磨损。这种磨损的后果是生产率大大低于社会平均水平,因而生产成本大大高于社会平均水平。

(二)设备磨损的补偿

要保持设备的正常运行,并使其处于良好的技术状态,就必须对其磨损进行必要的补偿。根据磨损的情况不同,采取补偿的方式也不一样。对于有形磨损的补偿是修理,对于无形磨损的局部补偿是技术改造,而对于不可消除的有形磨损和无形磨损的完全补偿是设备的更新,如图9-3所示。

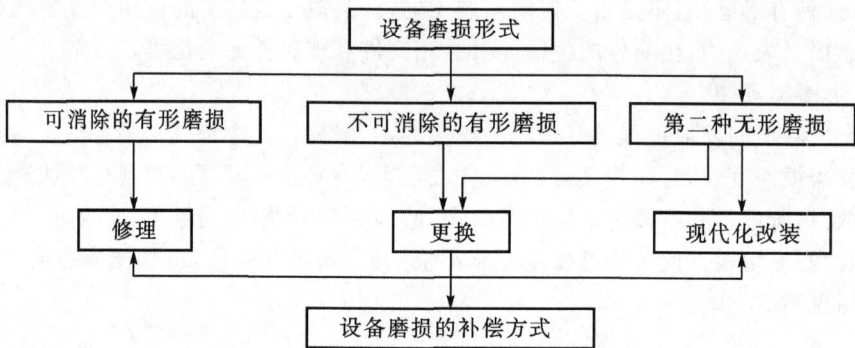

图9-3 设备磨损与补偿的相互关系

二、物流设备的维修管理

设备修理是对设备的磨损或损坏所进行的补偿或修复,其实质是补偿设备的物质磨损。

(一)设备的故障规律

设备故障是指设备在其寿命周期内,由于磨损或操作使用等方面的原因,使设备暂时丧失其规定功能的状况。设备的故障可以分为突发故障和劣化故障两种。

(1)突发故障:突然发生的故障。发生时间随机,较难预料,设备使用功能丧失。

(2)劣化故障:由于设备性能的逐渐劣化所引起的故障。发生速度慢,有规律可循,局部功能丧失。

实践证明,可维修设备的故障率随时间的推移呈图9-4所示曲线形状,这就是著名的"浴盆曲线"。设备维修期内的设备故障状态分三个时期:

(1)初始故障期。该阶段故障率比较高,故障主要是由于材料缺陷、设计制造质量差、装配失误、操作不熟练等原因造成。随着设备使用过程中的不断调整改进,故障发生率会随着时间

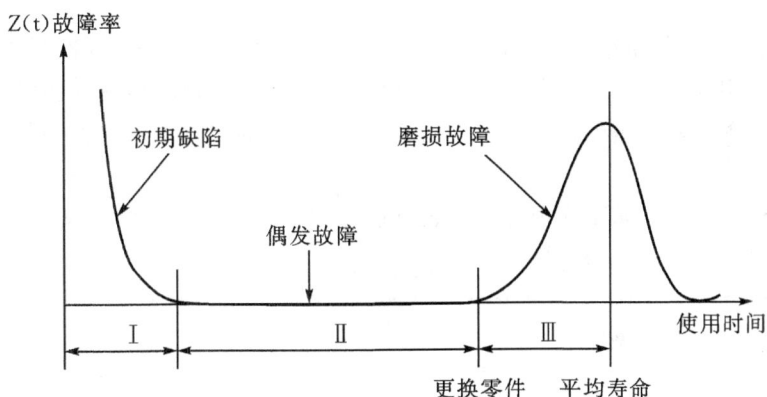

图 9-4　设备机械故障曲线

延长而下降。

（2）偶发故障期。该阶段设备已经进入正常运转阶段，故障率低且稳定。故障原因多为操作失误、保养不善、使用不当等外部随机因素引起的。偶发故障期是设备的实际使用期，通常持续相当长的时间。在使用过程中应严格注意故障发生前的异常现象并及时消除，使故障率得到适当降低。

（3）耗损故障期。该阶段设备的零件已经老化，故障率急剧升高，磨损严重，有效寿命即将结束。通过有计划地更换零件与维护保养可以减少故障，延长设备的使用寿命。

故障发生率的统计描述是决定设备维修管理的重要依据。在初期故障期，主要找出设备可靠性低的原因，进行调整和改进，保持设备故障率稳定；在偶发故障期，应注意提高操作工人与维修工人的技术水平；在耗损故障期，应加强设备的日常维护保养、预防检查和计划修理工作。

(二)物流设备的修理类别

根据维修内容和技术要求以及工作量的大小，对设备维修工作进行划分，预防修理分为大修、项修（中修）和小修三类。

1.小修

设备小修是工作量最小的计划维修。对于实行状态监测维修的设备，小修的内容是针对日常点检、定期检查和状态监测诊断发现的问题，拆卸有关部件，检查、调整、更换或修复失效的零件，以恢复设备的正常功能。对于实行定期维修的设备，小修的主要内容是根据掌握的磨损规律，更换或修复在维修间隔期内即将失效的零件，以保证设备的正常功能。

2.项修

项修也叫中修，是项目维修的简称。它是根据设备的实际情况，对状态劣化已难以达到生产工艺要求的部件进行针对性维修。项修时，一般要进行部分拆卸，检查、更换或修复失效的零件，必要时对基准件进行局部维修和调整精度，从而恢复所修部分的精度和性能。项修的工作量视实际情况而定，项修具有安排灵活、针对性强、停机时间短、维修费用低、能及时配合生产需要、避免过剩维修等特点。对于大型设备、组合机床、流水线或单一关键设备，可根据日常检查、监测中发现的问题，利用生产间隙时间（节假）安排项修，从而保证生产的正常进行。目前中国许多企业已较广泛地开展了项修工作，并取得了良好的效益。

3.大修

设备的大修是工作量最大的计划维修。大修主要包括以下内容：对设备的全部或大部分部件解体；修复基准件，更换或修复全部不合格的零件；修复和调整设备的电气及液、气动系统；修复设备的附件以及翻新外观等。大修要达到全面消除修前存在的缺陷，恢复设备的规定功能和精度。

设备大修、项修与小修工作内容的比较见表9-2。

表9-2　设备大修、项修、小修工作内容比较

修理类别 标准要求	大修	项修	小修
拆卸分解 程度	全部拆卸分解	针对检查部位，部分拆卸分解	拆卸、检查部分磨损严重的机件和污秽部位
修复范围 和程度	维修基准件，更换或修复主要件、大型件及所有不合格的零件	根据维修项目，对维修部件进行修复，更换不合格的零件	清除污秽积垢，调整零件间隙及相对位置，更换或修复不能使用的零件，修复达不到完好程度的部位
刮研程度	加工和刮研全部滑动接合面	根据维修项目决定刮研部位	必要时局部修刮，填补划痕
精度要求	按大维修精度及通用技术标准查验收	按预定要求验收	按设备完好标准要求验收
表面修饰 要求	全部外表面刮腻子、打光、喷漆，手柄等零件重新电镀	补漆或不进行	不进行

(三)设备维修方式

设备的维修方式是企业选择的一项设备维修制度，是指设备的维修保养、检查、修理中采取的一系列技术组织措施的总称。目前的维修方式主要有事后维修方式、预防维修方式、改善维修方式、改造维修方式等维修制度。

1.事后维修方式

设备发生故障或性能、精度降低到合格水平以下，因不能再使用所进行的非计划性维修称为事后维修，也就是通常所称的故障维修。

物流设备发生故障后，往往给生产造成较大损失，也给维修工作造成困难和被动。但对有些故障停机后再维修而不会给生产造成损失的设备，采用事后维修方式可能更经济。例如对结构简单、利用率低、维修技术不复杂和能及时获得维修使用的配件，且发生故障后不会影响生产任务的设备，就可以用事后维修方式。

2.预防维修方式

为了防止设备的功能、精度降低到规定的临界值或降低故障率，按事先制定的计划和技术要求所进行的修理活动，称为设备的预防维修。国内外普遍采用的预防维修方式是定期维修和状态监测维修。近年来国外提出的以可靠性为中心的维修(RCM)和质量维修(QM)也属于预防维修方式。

(1)定期维修。这是一种以设备运行时间为基础的预防维修方式,具有对设备进行周期性维修的特点。根据设备的磨损规律,事先确定维修类别、维修间隔期、维修内容及技术要求,维修计划按设备的计划开动时数可作较长时间的安排。

定期维修方式适用于已充分掌握设备磨损规律和在生产过程中平时难以停机维修的流程生产设备、自动化生产线中的主要生产设备及连续运行的动能生产设备。

实践经验表明,实行定期维修方式的同类设备的磨损规律是有差异的。即使是同型号的设备,由于出厂质量、使用条件、负荷率、维护优劣等情况的差别,按照统一的维修周期结构安排计划维修,也会出现以下问题:一是设备的技术状况尚好,仍可继续使用,但仍按规定的维修间隔期进行大修,造成维修过剩。二是设备的技术状态劣化已达到难以满足产品要求的程度,但由于未达到规定的维修间隔期而没有安排维修计划,造成失修。为了克服上述弊端,吸收状态监测维修的优点,对实行定期维修的设备也采用了设备状态监测诊断技术,以求切实掌握设备的技术状态,并适当调整维修间隔期。

(2)状态监测维修。

状态监测维修是以设备实际技术状态为基础的预防维修方式。一般采用设备日常点检和定期检查来查明设备技术状态。状态监测维修可以针对设备的劣化部位及程度,在故障发生前,适时地进行预防维修,排除故障隐患,恢复设备的功能和精度。

实行这种维修方式时,如采用精密监测诊断技术判断设备技术状态,亦称预知维修。

状态监测维修方式的主要优点是既能使设备经常保持良好状态,又能充分利用零件的使用寿命。对于有生产间隙时间(指两班制生产的第三班和法定节假日,国外称为"维修窗口")和企业生产过程中可以安排维修的设备,均可采用这种维修方式。

设备状态精密监测诊断技术宜用于重大关键设备、生产线上的重点设备,不宜解体检查的设备(如高精度机床),故障发生后会引起公害的设备等。利用日常点检、定期检查和简易诊断技术来获取设备状态信息的方法则会广泛应用。

3.改善维修方式

所谓改善维修,是采用新工艺、新方法对设备维修作业工艺进行改进,改善维修对提高维修水平、提高设备维修质量有极大的促进作用。

4.改造维修

对设备结构进行改造的维修活动,称为改造维修。改造维修意在提高设备的性能或增强设备的可靠性。此种施工应持慎重态度,应事前有论证、有批准,事后有评估。

对在用设备的维修,必须贯彻预防为主的方针。应根据企业的生产方式、设备特点及其在生产过程中的重要性,选择适宜的维修方式,通过日常和定期检查、状态监测和故障诊断等手段切实掌握设备的技术状态。根据产品质量产量的要求和针对设备技术状态劣化状况,分析确定维修类别,编制设备预防性维修计划。修前应充分做好技术和生产准备工作,尽可能地利用生产间隙时间,适时地进行维修。维修中积极采用新技术、新材料、新工艺和现代管理方法,以保证维修质量,缩短停歇时间和降低维修费用。

应提倡结合设备维修改造,对频发故障部位或先天性缺陷进行局部结构或零部件的改进设计,结合设备维修进行改装,以达到提高设备的可靠性和维修性的目的。

任务五　物流设备的更新和技术改造

随着设备在生产中使用年限的延长,设备的有形磨损和无形磨损日益加剧,故障率增加,可靠性相对降低,导致使用费上升。其主要表现为设备大修理间隔期逐渐缩短,使用费用不断增加,设备性能和生产率降低。当设备使用到一定时间以后,继续进行大修理已无法补偿其有形磨损和全部无形磨损,虽然经过修理仍能维持运行,但很不经济,而解决这个问题的途径是进行设备的更新和改造。

一、物流设备的更新

(一)设备更新的概念

从广义上讲,补偿因综合磨损而消耗掉的机械设备,称为设备更新。它包括总体更新和局部更新,即包括设备大修理、设备更新和设备现代化改造。从狭义上讲,设备更新是指以结构更加先进、技术更加完善、生产效率更高的新设备去代替物理上不能继续使用,或经济上不宜继续使用的设备,同时旧设备又必须退出原生产领域。

根据目的不同,设备更新分为两种类型:一种是原型更新,即简单更新,也就是用结构相同的新设备来更换已有的严重性磨损而物理上不能继续使用的旧机器设备,主要解决设备损坏问题。另一种更新则是以结构更先进、技术更完善、效率更高、性能更好、耗费能源和原材料更少的新型设备,来代替那些技术陈旧,不宜继续使用的设备。

(二)设备的报废

有设备的更新就先有设备的报废,设备的报废必须按制度、按程序进行。设备经长期运行使用,不断磨损、老化,生产效率、安全性、可靠性不断下降,对这些设备就应进行报废处理。凡满足下列情况之一者,就可以办理设备报废。

(1)经长期使用或发生重大、特大事故,基础件已严重损坏,修理后其技术性能也不能达到生产工艺要求的;

(2)设备老化,技术性能落后,耗能高(超过定额标准20%以上),效率低,经济效益差的;

(3)维修费用过高(一次大修超过原值50%以上),继续使用经济上不合算的;

(4)机型已淘汰,性能低劣,又不能降级使用的;

(5)主要零、部件无法补充而长期失修的;

(6)严重污染环境,危害人身安全与健康,进行改造又不经济的。

设备报废后,要认真处理残体,回收残值。对于危险性和危险性大的设备,如起重设备、叉车等,除按一般报废程序办理外,还需办理报废申报与注销手续。

经检验评定判废的设备,由检验单位出具书面报告,同时报送该设备使用登记的安全监察机构。设备报废后,使用部门应将该设备使用证、使用登记表、检验报告及时向原使用登记的安全监察机构办理报废注销手续。原使用登记的安全监察机构确认后,在上述文件上加盖报废和注销标记,并收回设备的使用证和注册铭牌。同时应及时销毁报废设备,防止其流失而给社会构成事故隐患。

(三)设备更新的时机

设备更新必然要考虑经济效益,那么什么时候更新在经济上最有利,即要选择更新的时机。设备更新时机的选择要以设备的寿命时间长短为依据。由于计算的依据不同,设备的寿命周期可以分为物质寿命、技术寿命、经济寿命。

1.设备的物质寿命

设备的物质寿命又称为自然寿命或物理寿命,是指设备实体存在的时间的长短,即设备投入使用到报废所经历的时间。换句话说,就是到了设备的物质寿命,设备已经无法正常使用。

2.设备的技术寿命

设备的技术寿命是指设备在技术上有存在价值的时间,即从设备开始使用到到技术落后而被淘汰所经历的时间。设备的技术寿命取决于设备的无形磨损速度。科学技术的发展加快了设备的更新换代的速度,使设备的技术寿命缩短。要延长设备的技术寿命必须进行设备的技术更新改造。

3.设备的折旧寿命

设备的折旧寿命是指设备从购进到其在财务账簿上账面价值为零所经历的时间,此时,设备的累计折旧已经完全补偿设备的固定资产投入。

4.设备的经济寿命

设备的经济寿命是指以设备的使用费用来最经济地确定的使用年限,通常是指设备平均使用费用最低的年数。超过该年数,如不进行设备更新改造,设备的费用就会大幅增加。一般情况下,设备的经济寿命终了,也就是设备更新的最佳时期,前提条件是在设备达到经济寿命年限以前,该设备技术上仍然可用,不存在技术上提前报废问题。

5.其他方面

除了考虑设备的技术经济寿命方面,此外,还应在以下时机考虑对设备进行更新,主要包括:

(1)宏观环境给予的机会或限制。例如,国家鼓励技术更新,出台相应的优惠更新政策或制裁继续使用陈旧落后设备的政策;国家鼓励行业的发展,使企业有很好的投资机会;与企业有关的国际市场出现有利于投资或紧缩的新形势等。

(2)微观环境中出现的机遇。例如,对方以较低的费用出让优良设备,而本企业可用。对于信息灵通、社会关系良好、背景条件有利的单位及个人,遇到这种机会的概率较大。

(3)企业生产经营的迫切需要。如某物流企业所处的经济环境正值国家大量投入发展,业务量增长很快,有很好的市场时期。

(四)设备的经济技术寿命的计算

设备的经济寿命一般认为是设备更新的最佳年限,对经济寿命的计算主要有低劣化系数法和年金法。

1.低劣化系数法

低劣化系数法是指随使用年限的延长,设备的技术寿命会越低劣,设备的维持费用会越来越高的现象。低劣化系数法计算经济寿命的公式为:

$$T=\sqrt{\frac{2K}{\lambda}}$$

式中,T——设备经济寿命;

K——设备的原始价值；

λ——每年增加的维持费用

【例9-1】某物流设备的原值是320000元，每年增加的维持费用是10000元，试求该设备的经济寿命。

解：设备经济寿命为：

$$T=\sqrt{\frac{2K}{\lambda}}=\sqrt{\frac{2\times320000}{10000}}=8(年)$$

即在设备使用8年后更换设备是合算的。

2. 年金法

如果设备的残值不是常数，设备的运行成本不与设备的作业量成正比，设备的年维持费用的增长额不是定值，在考虑设备的资金时间价值的条件下，年平均总费用可以用年金法求取。在贴现率 i 为常数时，年平均总费用最小所对应的年限即是设备的经济寿命。设备的年平均总费用的计算公式为：

$$A_{cj}=\left[K_0-\frac{S_J}{(1+i)^j}+\sum_{n=1}^{j}\frac{C_n}{(1+i)^j}\right]\left[\frac{i(1+i)^j}{(1+i)^j-1}\right]$$

式中，A_{cj}——设备使用 j 年的年平均总费用；

S_j——设备使用到 j 年末的净值；

K_0——设备的原值；

i——年利率；

j——设备的计算期（年）；

n——设备的使用年数；

C_n——第 n 年的设备维持费用。

【例9-2】某物流配送中心购置小型货车，购置价格为100000元，贴现率为8%，年维持费用和年末残值如表9-3所示，试确定其经济寿命。

表9-3　小型货车维持费用以及残值表　　（单位：元）

年数	1	2	3	4	5	6	7
年维持费用	10000	12000	14000	16000	20000	25000	36000
年末残值	90000	70000	60000	42000	28000	15000	8000

解：根据公式 $A_{cj}=\left[K_0-\frac{S_J}{(1+j)^j}+\sum_{n=1}^{j}\frac{C_n}{(1+i)^j}\right]\left[\frac{i(1+i)^j}{(1+i)^j-1}\right]$，把已知条件代入，并假设 j =1，2，3，4，5，6，7，分别计算年平均总费用 A_{cj} 为：

年数 j	1	2	3	4	5	6	7
总费用 A_{cj}	56000	33384	32218	33679	34306	35115	36133

可见，在3年时有最小的年平均总费用，则该汽车的经济寿命为3年。

二、物流设备的技术改造

（一）物流设备技术改造的概念

设备的现代化技术改造是指为了提高企业的经济效益，通过采用国内外先进的、适合我国情况的技术成果,改变现有设备的性能、结构、工作原理,以提高设备的技术性能或改善其安全、环保特性,使之达到或局部达到先进水平所采取的重大技术措施。

对现有企业的技术改造,包括对工艺生产技术和装备改造两部分内容,而工艺生产技术改造的绝大部分内容还是设备改造,所以设备工作者要重视技术改造。技术改造包括设备革新和设备改造的全部内容,不过其范围更广泛,既可以是一台设备的技术改造,也可以是一个工序、一个流程,甚至一个生产系统的技术改造。

(二)设备技术改造的目标与着眼点

企业进行设备改造主要是为提高设备的技术水平,以满足生产要求,在注意经济效益的同时还必须注意社会效益。为此,企业应注重从以下几个方面进行物流设施设备的技术改造。

(1)提高设施设备的工作能力提高效率。

设备经过改造后,要使原设备的技术性能得到改善,提高设施设备的工作能力并提高效率,使之达到或局部达到新设备的水平,满足物流作业的要求。比如:改普通货架为重力式货架,提高了仓库的存储能力,并提高了作业的效率,节省了工作环节和费用;增加起重机械的吊具和叉车的叉具,实现"一机多用";改进费事费时的机械式台秤,改为电子秤,提高工作效率;改以往的普通货车为专用货车,实现合理运输等。

(2)通过技术改造,改变作业流程,实现机械化操作。

物流作业流程的规划,依赖于设施设备的配置,通过设施设备的技术改造改变落后的物流作业流程。比如:通过条码技术和射频技术的使用,改变靠人力识别、记录、输送物品信息的作业流程;采用托盘技术改变运输、装卸、搬运、储存的作业流程,从而实现机械化操作。

(3)提高设备运行安全性。

安全是最大的节约,对影响人身安全的设备,应进行针对性改造,防止人身伤亡事故的发生,确保安全生产。

(4)要大力提升物流企业的信息化水平。

利用现代信息技术改造传统物流,推广条形码、EOS(电子订货系统)、EDI(电子数据交换)、DRP(配送需求计划)、ASS(自动分拣系统)等先进的物流技术,提高物流企业货物存储、分拣、加工、配送等环节的服务效率和运作质量,充分整合物流信息资源,建立公共信息平台,实现资源共享、数据共用、信息互通。

(5)进行标准化与模块化改造。

当前,经济全球化特征日渐明显,中国入世更加快了企业的国际化进程。物流装备也需要走向全球化,而只有实现了标准化和模块化,才能与国际接轨。因此,标准化、模块化成为物流装备发展的必然趋势。标准化既包括硬件设备的标准化,又包括软件接口的标准化。通过实现标准化,可以轻松地与其他企业生产的物流装备或控制系统对接,为客户提供多种选择和系统实施的便利性。模块化可以满足客户的多样化需求,可按不同的需要自由选择不同功能模块,通过灵活组合,增强了系统的适应性。同时模块化能够利用现有空间,根据货物存取量的增加和供货范围的变化进行调整。

(6)智能化与人性化改造。

科技的进步使物流装备越来越重视智能化与人性化设计,以降低工人的劳动强度,改善劳动条件,使操作更轻松自如。

世界领先的林德公司推出多项改进设计,使叉车更具人性化。例如,叉车的低重心设计,使上下更加方便;侧向座椅设置,使驾驶叉车更容易;配有电子转向功能,不管搬运多重的货物,所需同转向力均小于 10 牛顿,仅为传统堆垛车的 1/10,使操作更为轻松;其自动对准功能与故障自我诊断功能使叉车更加智能化。再如,堆垛机的地上控制盘操作界面采用大屏幕触摸屏和人机对话方式,堆垛机的各种状态与操作步骤均能清楚地显示出来,即使初次使用也能操作自如。今后,智能化操作盘将成为更多自动仓库系统供应商的优先选择。

(7)绿色化与节能化。

随着全球环境的恶化与人们环境保护意识的增强,有些企业在选用物流装备时会优先考虑对环境污染小的绿色产品或节能产品。因此,有远见的物流装备供应商也开始关注环保问题,采取有效措施达到环保要求。如尽可能将废气排放量减少到最低水平,采用新的装置与合理的设计,降低设备的震动、噪音与能源消耗量等。

本章实训

物流设备日常保养与管理

一、实习目的

1.认识物流设备维护管理的重要意义。

2.掌握物流设备日常维护保养的主要内容与基本步骤。

3.能够对常见物流设备故障进行简单分析。

4.掌握典型物流设备的保养操作。

二、实习内容

1.叉车的清洁操作。

2.叉车的机械部件润滑保养作业。

3.电动叉车的蓄电池充电与养护作业。

4.对实训室现有物流设备建立台账。

5.制定实训室物流设备维护保养计划。

三、要求和注意事项

1.学生应遵守实训单位的劳动纪律,服从安排,注意安全。

2.实训过程中,学生应按实训指导及教师要求,进行参观。

3.实训结束后,学生进行分组讨论并写出实训报告,报告包括如下内容:

(1)实训的目的和要求;

(2)实训的步骤;

(3)本次实训所获得的主要收获和体会。

四、考核与评价

根据实训表现及实训报告综合评定学生成绩。

参考文献

[1] 钟静,王魁. 物流设施与设备[M]. 长沙:湖南人民出版社,2007.

[2] 邓爱民. 物流设备与运用[M]. 北京:人民交通出版社,2009.

[3] 周全申. 现代物流技术与设备实务[M]. 北京:中国物资出版社,2003.

[4] 蒋祖星. 物流设备与设施[M]. 北京:机械工业出版社,2008.

[5] 王晨. 现代物流设施与设备[M]. 青岛:中国海洋大学出版社,2011.

[6] 吕广明. 物流设备与规划技术[M]. 北京:中国电力出版社,2009.

[7] 张弦. 物流设施设备应用与管理[M]. 武汉:华中科技大学出版社,2009.

[8] 蒋亮. 物流设施与设备[M]. 北京:清华大学出版社,2012.

[9] 黎红,陈御钗. 物流设施设备基础与实训[M]. 北京:机械工业出版社,2011.

[10] 王海文,丁玉书. 物流设施设备管理[M]. 北京:电子工业出版社,2013.

[11] 刘敏. 物流设施与设备操作实务[M]. 北京:电子工业出版社,2011.

[12] 陈修齐. 物流设备与设施[M]. 北京:人民邮电出版社,2011.

[13] 黄照伟. 物流技术与设备[M]. 北京:人民交通出版社,2009.

[14] 邓顺盛,石文明. 物流机械设施与设备[M]. 北京:化学工业出版社,2010.

[15] 罗宗桥,高峰编. 搬运机械的结构与使用维修:内燃叉车与起重机[M]. 北京理工大学出版社,2004.

[16] 江华,尹祖德. 叉车构造、使用、维修一本通[M]. 北京:机械工业出版社,2010.

[17] 冯其河. 叉车技术实训教程[M]. 南京:东南大学出版社,2013.

[18] 秦同瞬,杨承新. 物流机械技术[M]. 北京:人民交通出版社,2005.

[19] 李宏. 起重机操作工培训教程[M]. 北京:化学工业出版社,2009.

[20] 罗毅,王清娟. 物流装卸搬运设备与技术[M]. 北京理工大学出版社,2007.

[21] 于英. 物流技术装备[M]. 北京大学出版社,2010.

图书在版编目(CIP)数据

物流设施设备认知与操作/魏波主编.—西安：
西安交通大学出版社,2013.12(2023.8 重印)
ISBN 978-7-5605-5862-2

Ⅰ.①物… Ⅱ.①魏… Ⅲ.①物流-设备管理
Ⅳ.①F252

中国版本图书馆 CIP 数据核字(2013)第 290476 号

书　　名	物流设施设备认知与操作
主　　编	魏　波
责任编辑	赵怀瀛

出版发行	西安交通大学出版社
	(西安市兴庆南路 1 号　邮政编码 710048)
网　　址	http://www.xjtupress.com
电　　话	(029)82668357　82667874(市场营销中心)
	(029)82668315(总编办)
传　　真	(029)82668280
印　　刷	西安日报社印务中心

开　　本	787mm×1092mm　1/16　印张 14.375　字数 348 千字
版次印次	2014 年 2 月第 1 版　　2023 年 8 月第 5 次印刷
书　　号	ISBN 978-7-5605-5862-2
定　　价	38.00 元

如发现印装质量问题,请与本社市场营销中心联系。
订购热线:(029)82665248　(029)82667874
投稿热线:(029)82668133
读者信箱:xj_rwjg@126.com